U0136025

警察與國家發展：
臺灣治安史的結構與變遷

陳添壽 著

蘭臺出版社

自序─從蟾蜍山到龜山的書寫之路

　　這本書寫的時間斷斷續續長達15年之久，對我的人生而言極具有歷史性的意義。因為，我是自從在桃園龜山中央警察大學擔任專任教職以來，我似乎注定就要從事臺灣治安史的專題研究，尤其是受到學校教學環境的影響，我在通識教育中心所開設的課程，也一直都是圍繞著與這一有關的主題。所以，2010年2月我有了《臺灣治安制度史─警察與政治經濟的對話》一書的出版，接著2012年8月我又有了《臺灣治安史研究─警察與政經體制關係的演變》的第二本書出版。

　　細說這兩本書的誕生，從許多發表過論文的重新檢視，到整理付印的完成過程，我每次幾乎都有似被剝掉一層皮的感覺。因為從書的取名，就可以預知書裡內容的可能枯燥乏味，說自我安慰的話，是學術專業領域，是教學與研究心得。因此每一次要彙集出書，我都要再三鼓起很大的勇氣，在與出版社洽談的時候，自己總會考慮市場銷售數量有限的問題，於是我就會浮現要打退堂鼓的念頭。可是又想，這書裡的內容都是自己累積到了一個階段的作品，如果不把它整理印出來，又總覺自己的研究工作進度好像停滯不前。為了讓自己永保不斷向前的動力，最後還是決定出版，好讓自己能繼續往前走，去探索新的研究主題。

　　我就是在這樣極複雜與矛盾的心境下，自己一步一步緩緩慢行，走得既孤芳又自賞，我才一路走出自己陸續出版有關「臺灣治安史研究」的途徑來。我曾在我出版《臺灣治安史研究─警察與政經體制關係的演變》的自序中提到，我的撰寫與出版《臺灣治安史》三階段。第一階段出版《臺灣治安制度史

—警察與政治經濟的對話》，我將其列爲【臺灣治安史文集之
1】；第二階段出版《臺灣治安史研究—警察與政經體制關係
的演變》，我將其列爲【臺灣治安史文集之2】；第三階段則
是本書的出版，我將其列爲【臺灣治安史文集之3】。然而，
這三個階段的研究工作也將隨著本書的出版暫時畫下休止符。

　　雖然我曾自勉將來能寫出一本比較通俗版《臺灣治安史》
或完成青年時期夢想《臺灣政治經濟思想史》，但是我深知沒
有團隊支持，想要獨立完成會將是一件極具艱難的目標，自己
必須具備很堅強的意志力、體力、財力才能勝任完成。未來或
許條件許可，採取先以【臺灣治安史文集之4】、【臺灣治安
史文集之5】的方式來接續出版，才不會給自己和出版社帶來
精神上和財政上的太大壓力。

　　我由衷的感謝蘭臺出版社盧瑞琴社長，她不計盈虧的爲
我出版有關「臺灣治安史研究」的這三本書。不止於此，蘭
臺已先後爲我出版的專書，還包括「文創產業與管理類」的
《 文化創意與產業發展》（2007）、《臺灣經濟發展史》
（2009）、《臺灣創意產業與策略管理》（2009），和《文創
產業與城市行銷》（2013）等四本，乃至於計畫出版比較軟
性的「專欄雜文與網路類」書，如《名人文化紀事—廣播文
集》、《文創漫談—專欄文集》和《拙耕園瑣記－臉書文集》
等。

　　回首來時路，我在2000年2月由於受到個人生涯轉折和國
內政局變化的影響而改換工作；2004年7月我因爲家庭因素，
全家搬離溫州街的溫州公園旁公寓，住進位在萬隆蟾蜍山旁的
新家，從此我得才擁有屬於自己的一間小書房。細數這些年來
出版的書籍，幾乎都是在這一段期間，我自己一個字一個字慢

慢敲打電腦鍵盤的書寫下來。如果又遇到自己一時無法排解的難題，我都會利用從萬隆蟾蜍山的住家，在搭車前往桃園龜山校園的途中，閉目思索、再思索而得以解惑，這其中的酸甜苦辣，只能點滴在自己心頭。

尤其是在撰寫《警察與國家發展：臺灣治安史的結構與變遷》的過程中，雖然我已有臺灣治安史研究文集之1和之2的書寫基礎，但是還會有一些爭議性論點存在，特別是牽涉到史觀的個人看法時，往往更讓我陷入長考與苦思。因此，在第一章緒論，我特別針對臺灣治安史結構與變遷的特質，提出「相互主體性」與「歷史整合性」的新思維，主要強調臺灣是由一個移民社會所發展形成的國家。

因此，我接受只要曾經居住在臺灣這一塊土地上，無論是原住民族、漢族（閩南人、客家人）、荷蘭人、日本人，或是1949年隨中華民國政府來臺的所謂外省人，以及現在正快速增加中的新移民，都可以透過「相互主體性」與「歷史整合性」的庶民史觀，予以應有的人權尊重與公平對待。

所以，我將第二章原住民時期治安史的結構與變遷定位為民會治安；第三章荷蘭、西班牙時期定位為商社治安；第四章鄭治時期定位為軍屯治安；第五章清治時期定位為移墾治安；第六章日治時期定位為殖民治安；第七章與第八章分別將中華民國治安史定位為戒嚴治安與解嚴治安；第九章結論是臺灣已逐漸走上法治治安的階段。

上述這些論述或許尚不完全成熟，或許也還存在部分癥結，都有待時間和新資料的檢驗與印證，但這些需要進一步釐清的爭議性觀點，都是研究者自己必須要承擔的責任。藉此，我謹以本書向孕育我的這塊土地與人民致上敬意。因為有你們

我才得以成長。在這領域的研究，我要特別對考試委員、臺大政治系蕭全政教授，和中央警察大學警政管理學院院長章光明教授致上敬意，這一路走來如果沒有他們兩位的鼓勵，我的臺灣治安史研究這一系列三本書，是無法順利如願來完成的。

　　最後，我要感謝這麼多年來學校所提供我教學與研究的環境，和師生同仁的相互砥礪。尤其我要對特別厚愛我的長官，表示虔誠的感恩之意，他們有過要安排我接任行政上的主管職務，他們也都能包容和成全我要專心致力於教學與研究的心願。他們在我人生旅程的這段學術研究途中，增添了不少光彩的歷史記憶。

　　　　　　　　　　　　　　　　　　陳添壽　謹識
　　　　　　　　　　　2015年6月25日初稿於警察大學誠園，
　　　　　　　　　　　　　　7月20日修於萬隆安溪書齋。

目 次

中　編：現代警察與國家發展的軍領治安（1895~1987）

下 編：後現代警察與國家發展：臺灣警管治安年代(1987~迄今)

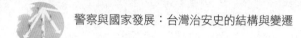
表目次

圖目次

第一章　緒論

※如果我們能為自己的歷史自豪，就是要看清楚我們的道德責任，我們不是要對當年的警察做什麼，而是身為他們後代的我們，扛起這份超越時間、延續好幾代的集體道德責任。※

（Michael J. Sandel）—哈佛大學政治倫理學教授

第一節 動機與目的

當臺灣1987年宣布解嚴之後，警察與國家發展的關係產生了很大的變化，不僅是政經體制的轉型，經濟發展也開始隨著中國大陸的改革開放，逐漸促使臺灣經濟發展從依賴美國市場轉向以依賴中國大陸市場為主；同時，其亦相互牽動臺灣政治權力板塊的重組。[1]特別是2000年民主進步黨（下簡稱民進黨）的依法取得執政，和隨著2008年政黨再輪替的將執政權轉移中國國民黨（下簡稱國民黨），中華民國民主化的警察與國家發展議題逐再成為眾人關注的焦點。[2]

由於政黨為贏得選舉和取得執政機會，擬定了各項國家發展政策，而政策的執行和結果，關係到社會人民的支持度，這是國家發展的常軌。所以，政治經濟理論突顯了警察與國家發

---

[1] 對於臺灣係指現在中華民國政府統治權所能及之意，基本上，它涵蓋臺灣本島、澎湖、金門和馬祖；大陸或中國大陸則是指相對於臺灣而言，泛指俗稱的中華帝國，包括本文所指自元帝國、明帝國和清帝國等政權。因此，本文主要使用西曆年代，必要時才註明各朝代的年號，對於「國號」名稱的使用，皆依其當時的統治政權的名稱稱之，有時純為求行文流暢而使用，儘量不涉主權、國號、國際承認、國際地位等爭議性議題，亦無任何隱射的政治意涵。另外，也由於本文的研究涉及諸多古代地名或歷史考證的文字，本文亦儘量採用今名及現代白話來論述。

[2] 民進黨是在1986年9月宣佈成立，參閱：黃德福，《民主進步黨與臺灣地區政治民主化》，（臺北：時英，1992年4月），頁47；中國國民黨雖成立於1911年的中國南京，但其統治臺灣的政權是指1945年10月從日本政權接收至2000年5月將政權轉到民進黨手中，2008年5月起第二次政黨輪替，國民黨取得執政權。2012年5月國民黨再度執政。

展之間的關係。換言之，它是一種動態性、有組織的機構，它塑造了各類型社會團體和活動的潛在行為過程，也允許或阻礙新型社會組織形式的出現。[3]因此，不同的政治經濟政策決定了特定國家不同的發展走向。[4]

特別是當今在中國大陸經濟發展崛起之後，臺灣與中國大陸之間的關係，更引發國際上越來越多國家的關注，和憂心臺灣政經發展的過度向中國大陸傾斜。[5]這一現象突顯了本文所要分析政治經濟學中政治體制、經濟市場與社會文化之間相互關係的重要性，亦即論述警察（police）與國家（state）發展之間的關聯性，有必要從臺灣治安史的結構與變遷加以分析。

一、研究動機

臺灣從1624年開始受到荷蘭強權（great power）、歷經1662~1683年明鄭、1683~1895年大清帝國、1895~1945年日本軍國的統治，以及1945年中華民國接收臺灣之後所面對的美國強

---

[3] 本文所指的「政府」，是指擁有主權的廣義政府（the state），或稱為國家機關（器），近似於政府（government）。state強調政治上的國家組織，而country是指地域意義上的國度。參閱：王振寰，《誰統治臺灣？轉型中的國家機器與權力結構》，（臺北：巨流，1996年9月），頁xi。

[4] Richard Franklin Bensel, 吳亮 等譯，《美國工業化政治經濟學（1877~1990）》，（吉林：長春出版社，2008年1月），頁13。

[5] 紀登斯（Anthony Giddens）於2002年4月間，應中華民國民進黨政府邀請來臺，紀登斯也藉機強調「第三條路」（The Third Way）不但是歐美政經潮流，也具有一定的普世價值；同時，提到兩岸關係的複雜性是歷史難解的問題。有關紀登斯的重要著作，See *The Nation-State and Violence* （Cambridge: Polity Press,1985）；*Mordern Social Theory* （Cambridge: Polity Press,1988）；*The Third Way：The Renewal of Social Democracy* （Cambridge: Polity Press, 1998）。

3

權，乃至於當前面臨網際網路的全球化挑戰。檢視人類過去歷史在不同時代的發展經驗，有少數國家因在英明而有遠見的政治家領導下，把握經濟發展機會，經由不斷的努力，乃超越其他國家，而創造了輝煌政權；也有少數因為未能掌控時代脈動而失掉政權，和喪失了國家發展的契機。對照臺灣而言，亦即當國際政經環境激烈的變動時刻，國際環境的因素也都會影響國家發展，特別是國家安全和治安的環境。

換言之，臺灣歷經了4百年多來的政經發展，在國際強權國家的環伺下，是如何從無到有、嘗試建立制度，乃至於推動現代化的發展，臺灣是如何掙扎於「在地性」與「國際化」，或是「殖民化」與「現代性」，亦或「依賴」與「依賴發展」的桎梏中，臺灣的警察與國家發展到底如何生存於國際強權的陰影下，其間的互動關係又對臺灣治安結構與變遷的影響如何？因此，國際涉外性治安議題遂引發本文研究的動機之一。

同時，長期以來，臺灣內部一直面臨集體認同結構的變化。不同政權甚至於不同國家的統治臺灣，其組成的政治權力結構與運作方式也都關鍵性影響警察與國家發展扮演的角色。因此，在政治體制上，不論是原住民時期的村社體制、荷蘭和西班牙統治時期（下簡稱荷西時期）的重商體制、鄭氏王國統治時期的受封體制、清帝國統治時期的皇權體制、日本統治時期的帝國體制，及中華民國統治時期的威權和威權轉型體制，乃至民主體制，臺灣在歷經這麼多階段的不同政權統治，其政治體制的運作機制是如何影響警察與國家發展的治安結構與變遷？因此，政治性治安議題是引發本文研究動機之二。

人類自有文明以來，由於人口不斷地增加，原本沒有建立財產權的狩獵採集生產方式逐漸造成資源的耗費，於是有武力

爲基礎的權勢興起，建立共有制或私有制的財產權、發展農業並且形成國家組織，這是第一次的經濟革命；而人類第二次經濟革命是因技術與知識的結合，以及組織的改變所造成不斷創新的轉變。[6]

檢證臺灣經濟發展的產業結構與發展，從第一級的漁牧農產業開始，經1860年代晚清時期近代化工業的初露曙光、到日治臺灣末期的農工業轉型，以及中華民國政府統治臺灣的1963年，臺灣由第二級產業的工業（製造業）產值超越農業，乃至於到1988年的工業產值被第三級的服務性產業所取代。臺灣經濟發展在歷經結構性的改變，其市場與不同政權所推動的經濟政策關係爲何？經濟政策的制定與內容又爲何？是自由開放或保護管制政策所實施的效果？經濟政策是否具有延續性？或有政策中挫現象而停滯發展？而更重要是其所引發經濟安全議題在警察與國家發展中的治安結構與變遷又如何？[7]因此，經濟性治安議題引發本文研究動機之三。

另外，臺灣社會的形成，基本上歷經初民社會、移墾社會、定耕農業社會、殖民社會，與公民社會的發展過程。換言之，臺灣政權更迭與市場轉向的頻繁，導致臺灣社會上不同族群並立，有抗爭、有融合，因而形成臺灣的多元文化，更孕育出臺灣社會發展的獨特性。檢視臺灣社會發展的動力，其結構性的主要發展因素還有內在的、底層的，尤其是屬於民間活力

---

[6] Douglass C. North, 劉瑞華 譯，《經濟史的結構與變遷》，（臺北：時報文化，1999年10月），頁ix-x。

[7] Richard Franklin Bensel, 吳亮 等譯，《美國工業化政治經濟學（1877~1990）》，（吉林：長春出版社，2008年1月），頁1。

的企業和非企業社會。[8]因此，代表臺灣民間私部門的社會文化對公部門警察與國家發展中治安結構與變遷的影響爲何？因此，這一社會性治安議題引發本文研究動機之四。

二、研究目的

本質上，本文「治安史」雖具有從「史」（history）[9]的時間演變，來論述臺灣警察與國家發展的「史觀」，但它並非全然的「政治史」或「經濟史」，而是基於上述的研究動機，希望透過政治經濟學的研究途徑來達成以下的目的：

首先，從不同階段統治臺灣的涉外性議題治安，探討其在國際性因素的影響之下，對於警察與國家發展的治安結構與變遷，其所造成的衝擊和影響，不論是正面的或是負面的，都希望透過本分析而將其相互影響的結果顯現出來，以達到全面性因應涉外性治安問題的目的。

其次，希望藉由分析臺灣在不同階段國內政治性治安議題、經濟性治安議題，和社會性治安議題來釐清警察與國家發展的角色。透過對不同政權實施的經濟政策所導致民間社會資方產業的資本累積危機（accumulation crisis），和非資方

---

[8] 企業（enterprise）指的是個體公司，產業（industry）指的是某些企業集合體如汽車產業，在本文中有時依行文需要而互用，參閱 Michael E. Porter, *Competitive Advantage: Creating and Sustaining Superior Performance*（New York: The Free Press, 1985），pp. 56-61.

[9] 「史」與「志」是不同的，史是時間的演變中看政治，可有主觀的史觀；志是於政治中看時間的變遷，不可有史觀，是客觀、是事實，且應由多人進行志書的撰寫，地方志應詳今略古。參閱：謝嘉梁、林金田 訪問，劉澤民 紀錄，《文獻人生——洪敏麟先生訪問錄/洪敏麟口述》，（南投：國史館臺灣文獻館，2010年6月），頁190。

的文化、農民、勞工階層所造成政府正統性危機（legitimacy crisis）之間糾葛關係的檢證，提供政府擬定警察政策的參考。

最後，是要藉由政治經濟學功能主義的整合理論，針對臺灣治安結構與變遷所受到國際政經因素，和國內因素的政治體制、經濟政策和社會文化之間關係所制約的實證之外，也要從中定位警察與國家發展中歷經不同政府型態時期所扮演的角色。

換言之，本文的個案實證分析採取的是政治經濟學的研究方法，透過政府、市場與社會之間的互動，分析警察與國家發展的關係，並從中藉由影響環境因素群的涉外性治安、政治性治安、經濟性治安、社會性治安等四項研究途徑，來檢視臺灣在歷經不同年代治安史的結構與變遷，並歸納出結論與提出建議。

第二節　研究途徑

一、警察與國家發展的意義

根據上述，警察與國家發展有如政府與市場、社會之的關係，基本上相互存在著汲取性（exploitative）、保護性（protective）、生產性（productive）的關係。[10]透過汲取性與

---

[10] 汲取性指的是政府以其本身或其在市場社會的關係人利益的極大化為目標，從市場上汲取資源以維持政府在各部門的生存與權力運作，政府對於社會正義有其不可或缺的功能，政府要確保社會發展中過渡時期以及轉型陣痛期能夠合情、合理與合法的運作，也要防杜資本家的壟斷與剝削經濟利益。保護性指的是某一領域內唯一能合法擁有武力的組織，以維持國內政經秩序與對抗外來威脅。政

生產性使政府能取得必要資源，以鞏固國家公權力基礎，並使
政府能順利運作，以履行市場社會的保護；保護性與生產性則
是促使市場社會獲得應有的照護與競爭，並有能力支持政府的
資源汲取。

　　因此，檢視這三者關係都存在於任何政策制定與實施的
角色，與其分為三種本質不同的角色，不如將其視為同一政
策的三種性質。[11]因為，「角色」（role）指的是在特定情境
中受到他人認可或期望的行為模式，亦即「警察角色」（role
of police）是指警察在特定情境中受到他人認可或期望的行為
模式。換言之，警察與國家發展的角色亦沒有特定的本質或型

府除了確保國家安全之外，尚須保護國內企業的運作秩序、保護自
然生態、調解勞資衝突，以及提升國民的公共健康，如果單靠市場
是無法提供這些財貨與勞務的，或者在數量上是無法滿足所有需求
的。因此，「夜警國家」的緣起，就是典型政府的保護性。生產性
指的是政府不只是提供基層教育、交通、資訊等公共投資和設施，
因外部性而需要政府輔助的市場失靈（market failure）現象，政府
有時會強力介入與私人市場競爭，更會完全壟斷某一生產部門，以
創造社會利潤。生產性角色最具體顯現在公（國）營，甚至於黨營
企業的經營政策上。此外，國內健保政策、推動十項建設，以及設
置科學園區和文創產業發展園區等，皆是充分展現國家機關所扮
演生產性角色。參閱：陳添壽，〈臺灣產業發展中的政府角色分
析（1945-1995）〉，收錄：陳添壽，《文化創意與產業發展》，
（臺北：蘭臺，2007年9月），頁206。See James E. Alt, and K. Alec
Chrystal, *Political Economics* （California: California University Press,
1983），pp. 28-29.

[11] 蕭全政，《臺灣地區新重商主義》，（臺北：國家政策研究資料中
心，1989年4月），頁19-20；另外，也有學者甘脆將這種經濟體
制，概稱為資本主義的混合經濟化，堀江忠男，李相斗譯，《經
濟體制變遷》，（漢城：三星文化財團，1973年3月），頁35。

態，它的性質與功能，隨歷史條件、政治經濟社會或策略的不同而轉變。如果說警察與國家發展是一種特定的政治形式，是一個策略場域，也是政治策略的執行。它提供結構性的特權給某些政治策略，可能是父權、封建，或是官僚主義，甚至是社會主義。[12]

　　由於警察的發端並存於國家的起源，作為一種公共權力，警察在其成立之初，既是國家權力的組成部分，也是國家權力的標誌和象徵，並一直作為國家全能釋放的保證之一。所以，對於警察與國家發展隨著不同階段變遷而有不同的界說。[13]換言之，警察作為公權力在早期和國家權力融合在一起，隨著國家的立法權、執法權和司法權的劃分，警察已從司法權中退出來，單一地成為國家行政管理權的一部分。

　　梅可望指出，警察業務有國家安全的保衛、犯罪的預防、

---

[12] See Bob Jessop, *State Theory: Putting Capitalist State in Their Place*（Cambridge: Polity, 1990），p.272-354; Bob Jessop, *The Capitalist State*（Oxford: Martin Robertson, 1982），p.253.

[13] 以1989年5月21日警政署所列出的警察業務為例，當時主辦業務有13項87目。13項指的是：1.行政警察業務項有5目、2.警備保安業務項有11目、3.經濟警察業務項有7目、4.交通警察業務項有6目、5.戶口管理業務項有5目、6.消防救災項有8目、7.民防工作項有11目、8.外事警察業務項有5目、9.社會保防工作項有5目、10.安全檢查工作項有6目、11.犯罪預防業務項有9目、12.違警處理項有2目、13.入出境管理項有5目。協辦業務有6項20目，包括：1.協辦行政警察業務項有4目、2.協辦警備保安業務項有3目、3.協辦經濟警察業務項有4目、4.協辦交通警察業務項有3目、5.協辦民防工作項有4目、6.協辦犯罪預防業務項有2目。參閱：張淵菘、章光明，〈臺灣警察業務發展史〉，《「臺灣警政回顧」成果發表會—臺灣地區警政發展史研究成果報告》，（桃園：桃園縣警察之友會，2011年11月7日），頁73-107。

犯罪的壓制、公共安寧秩序的維護、交通管制與交通事故的處理、善良風俗的維持、災害的防止與搶救、戶口查察、爲民服務，及諸般行政的協助與其他行政執行事項等十大項；而楊永年則將其分爲：行政、刑事、督察、戶口、保防、民防、保安、訓練等八大項；[14]李湧清是從當代民主社會警察的本質思考認爲，警察是秩序維護者，也就是社會秩序的維持；犯罪壓制者，也就是犯罪案件的防制；服務提供者，也就是爲民衆提供必要的服務；[15]章光明則認爲警察具有秩序維護、執法及服務等三項角色。[16]

因此，就警察業務的內容而論，其角色與職能的定義是很難明確強加區分。[17]基於警察是執行國家的法令，國家對市場社會的汲取性、保護性及生產性角色，是警察業務所應具備維護政權的汲取性、犯罪打擊的保護性，以及公共服務的生產性功能。所以，本文對於警察「角色」一詞的定義與處理則採取與「業務」、「型態」、「功能」相互使用。[18]同時，將警察角色整合界定爲：重視戰時軍人與國家安全的「維護政權」、

---

[14] 楊永年，〈警察行爲〉，《警學叢刊》（第30卷第6期），（桃園：中央警大，2000年5月），頁203-216。

[15] 李湧清，〈論當代民主社會中警察的角色與功能〉，《警學叢刊》（第30卷第6期），（桃園：中央警大，2000年5月），頁86。

[16] 章光明，〈警察與政治〉，《警學叢刊》（第30卷第6期），（桃園：中央警大，2000年5月），頁178。

[17] 梅可望，《警察學原理》，（桃園：中央警大，2000年9月），頁287。

[18] 章光明，〈從政治改革論我國警察業務功能之演變〉，《中央警察大學學報》，（桃園：中央警大，1999年5月），頁1-34；章光明，〈警察與政治〉，《警學叢刊》（第30卷第6期），（桃園：中央警大，2000年5月），頁179。

重視秩序維護與打擊犯罪的「執行法律」，及重視福利傳輸與效率追求的「公共服務」等三個角色，而只是特別比較指出其中較為偏重那一種角色而已。[19]

因此，警察與國家發展是基於公權力的賦予，必須從市場社會汲取資源，並利用此資源去創造、支持其行政性與強制性（coercive）機關。在此關係下，警察必須負責維持秩序，提供和創造市場的生利環境，保護企業的投資信心與伸張社會公平正義，否則資金外流或投資意願低落可能導致資本累積危機，進而引發警察與國家發展所存在的正統性危機。當然警察與國家發展對於效率追求與福利傳輸亦正代表著對市場社會的服務性角色。

所以，對於「治安」（policing）一詞係由統治（rule）慢慢演變而來，所謂維持秩序，是保持安定之義，亦即延伸透過法律的手段來治理紛亂，並使其安定之意。而治安的對象是市場與社會，所憑藉的是法律。所以，「警察人員」又被稱之為「治安人員」，乃至於「情治人員」，正說明警察是維繫社會治安的主要力量，這種力量來自法律的賦予，成效則視相關法律制度的健全與否而定。而就治安的組織層級而言，在傳統時期，基本上包括了宮廷警衛、京城治安、地方治安、基層治安、邊界與水上治安，甚至於特務機關等等。尤其是傳統治安體系行政、司法不分，負責治安的人員鮮有專職，形成「亦法亦警」、「亦兵亦警」的警政（policing）制度。

---

[19] 陳添壽，〈政經轉型與警察角色的變遷之研究〉，《警學叢刊》（第33卷第2期），（桃園：中央警大，2002年9月），頁34；陳添壽，〈近代經濟思潮與臺灣產業發展之探討：政府和警察角色的變遷〉，《第三屆通識教育教學觀摩資料彙集》，（桃園：中央警大，2007年12月），頁1-37。

承上述，通常地方行政首長，行政、司法、警察等權力集於一身的「政軍警同體」的治安制度。行政首長即警察首長，行政體系即警察體系，並無明確的劃分。換言之，所有治安方面的職官，不過於必要時發生鎮壓的力量而已！[20]然而，本文對於「治安」的定義，儘量從職權的範圍區考量，凡是職權與維護區域秩序、安全有關的人員皆該屬之。換句話說，凡是職權為一般行政或單純保疆衛土者，則儘量排除在警察業務外，以突顯「治安」的側重治理紛亂，秩序維護的特點。

臺灣雖然已於1895年割讓給日本，但是完整的現代警察制度在日本統治，乃至於中華民國政府統治臺灣之後，經過一段時間的磨合，才逐步建立完整體系。因此，本文在使用「警察」一詞時，會依行文的方便和「治安」、「警政」交互使用，有時候對於日治臺灣以前的所謂傳統治安，也會以傳統警察角色來論述，只是本文為表示其間的差異，而採取以傳統治安或傳統警察稱之。

二、研究途徑

依據庫恩（Thomas Kuhn）的典範（paradigms）理論指出，典範是科學社群所共有的範例，它包含理論、研究方法、研究工具等等的學科基礎，能夠界定具有挑戰性的研究問題，提供解決問題的線索，並且保證只要研究者有足夠的分析能力，能夠全力以赴，必然能獲得答案。[21]雖然社會科學的研究領域很難精確或「通則化」（generalization），但通則化仍不

---

[20] 梅可望，《警察學原理》，（桃園：中央警察大學，2000年9月），頁62。

[21] See Thomas S. Kuhn, *The Structure of Scientific Revolutions* （Chicago: Chicago University Press, 1962）.

失爲社會科學的研究方法之一。

　　基本上，人群的合作秩序可分爲長成的秩序和作成的秩序兩種。前者如市場，後者如原始的部落或現代政府的組織型態。長成的秩序是其成員依據共同抽象的行爲規範互動而自發形成的，這些行爲規範例如財產權、家庭制度、倫理道德和法律傳統等等，主要是一些經過文明演化過程的沉澱與轉化，證明確實有利人群。作成的秩序則是由某一權力核心依據群體共同具體的目的，著意安排每一成員的活動而形成的。長成的秩序和作成的秩序不管在概念上或實際上，也正式成爲自由經濟與統制經濟的分界。從廣義的論述，也就是分別運用在強調市場與政府之間的不同角色，亦即一般將政治經濟學的整合理論分爲以強調經濟力爲先而影響國際關係的功能主義論（functionalism），和以突顯政治力在整合過程扮演重要角色的新功能主義論（neo-functionalism）。[22]簡言之，政治經濟學源自於政府、市場、社會的同時存在。

　　國家（state）與市場（market）的歷史關係，無論市場產生了國家，或是國家產生了市場，或者是各自獨立地發展起來的，暫且不論，不管它們各自的起源爲何，國家與市場總是獨立存在，具有各自的邏輯，並且相互影響。the state譯爲國家、國家機器、國家機關，或廣義的政府、政府機關、公司政府、受封政府、邊陲政府、殖民現代性政府、黨國政府等型態的政府，指的是擁有主權的政府，如中華民國政府、美國政府，以

---

[22] 參閱：高朗，〈從整合理論探索兩岸整合的條件與困境〉，收錄：包宗和、吳玉山 主編，《爭辯中的兩岸關係理論》，（臺北：五南，2000年4月），頁41-75。

有別於government（政府）僅所指擁有主權的政府中的行政部門，不包括立法及其他部門的狹義政府，如馬英九政府、歐巴馬政府。本文依不同政權統治的時期而交互使用，指的不僅是行政系統，也包括司法、立法等機關。

因此，本論文將以政治經濟學研究途徑（political economy approach）透過政府、市場、社會之間的相互關係，將警察與國家發展同時化約於國際環境的涉外性治安，和國內環境的政治性治安、經濟性治安、社會性治安等研究途徑加以分析。

（一）、警察與國家發展的涉外性治安研究途徑

根據上述政治經濟學的研究途徑，檢視警察與國家發展的國際涉外性治安議題可化約爲以武力爲基礎的競爭性國家系統（a system of competing states），及以生產技術爲基礎的世界性資本主義系統（a world capitalist system）。競爭性國家系統從政治權力的角度出發，分析國家如何實現其作爲行爲主體的自主性（autonomy），強調政府對國家資源的支配關係。[23]紀登斯（Authony Giddens）指出，政府是在一定領域內，最主要的權力容器（power container），即現有權力集中的中心。[24]

世界性資本主義系統則從市場利益的角度出發，強調市場中財貨生產與交換體系的運作，市場形成了發現的過程，也就是一種用於創造、移動與散播知識的過程，而若是此一自由交易與競爭的機制不存在，則社會便無法支配這些知識。由於孕育市場的自升力量才讓所有人得以從大量的訊息、知識以及常

---

[23] Theda Skocpol, *States & Social Revolutions* （Cambridge：Cambridge University Press,1979）, pp.19-24.

[24] Anthony Giddens, *The Nation-State and Violence* （Cambridge: Polity, 1985）, p.13.

識中獲得益處，於是市場的必要性變得更大，而其凌駕政府手段的地位也越發明顯，整個社會變得更爲複雜，而市場運作機制亦即企業廠商在政府不介入下爲社會的經濟合理化過程。[25]

因此，競爭性國家系統是強調偏重政府的政治體制和經濟政策，而世界性資本主義系統強調國際市場和民間社會。亦即政府指的是國家機關（the state），特別是政治體制和經濟政策；民間社會指的是市場和企業，其間的分野在於公權力的有無。「民間社會」可細分爲「市民社會（civil society）」、「政治社會（political society）」和「經濟社會（economic society）」。所謂「市民社會」是經濟體制和政治體制之間的社會互動領域，主要是由親密團體（特別是家庭）、社團（尤其是自動結社者）、社會運動，及各種形式的公共溝通所組成；「政治社會」包括政黨、政治性組織和政治性的公眾（尤其是涉及國會與其它民意機關者）；「經濟社會」則由從事生產與分配的組織所組成，通常指公司、合作社等。[26]

根據上述理論的核心，在概念上都將使政府與市場分處光譜中的兩個極端位置，兩者是互相對立，是互斥，不相統屬的；但在實際運作上，兩者存在著互生、互剋關聯，並互爲限制或制約關係。換言之，經濟或企業所關心的是手中市場資源的有效利用，而國家或政治所關心的是政府資源的權力擴大。

所以，廣義的政府即政治權力體系，主要是追求資源汲取

---

[25] N. Gregory Mankiw, *The Principles of Economics* （Ohio: South-Western, 2004），p.23.

[26] 參閱：馬中慧，〈從戰後政經變遷論我國公共安全體系的發展〉，（桃園：中央警大犯罪防治研究所博士論文，2009年6月），頁16。

的利益極大化（maximization）；而廣義的市場即經濟利益，屬於民間活力為主的企業社會所追求產業發展的利潤極佳化（optimization）。布勞岱爾（Fernand Braudel）指出，政府是政治權，也是經濟權，我們不能期待作為經濟世界中心的國家，在國際上放棄其特權利益，在一國之內誰能指望握著資本和政府，並獲得國際支持的統治集團，願意公平競爭和放棄自己的統治地位。[27]這是國際強權國家的政治經濟利益觀，它是制約一個國家的政治體制和經濟政策，也同時影響民間社會在國內外政經權力體系中的運作。

承上所論，警察與國家發展的涉外性治安就如同重商主義（mercantilism）所指出，是由近代政治家的社會實踐發展而來，主張市場要服從警察與國家發展的目標。此觀點特別強調實力原則在市場中的作用，及國際經濟因素的對立本質，而經濟的互賴關係必有其政治基礎，從而為國際衝突開闢了另一戰場，並形成一個國家利用和控制另一個國家機制所導致的國際衝突。

換言之，當1453年東羅馬帝國解體以後，中古封建制度為君主獨裁國家及商人資本主義（merchant capitalism）所取代，政治家及貿易商也多關注國家與市場貿易。資本主義和現代國家同時在市場經濟的範圍內出現，兩種運動之間的巧合不止一端，它們的基本相似之處在於，兩者都建立一種級制，資本的等級表現含蓄，國家的等級顯得突出和惹人注目；另一個相似點是，如同資本主義一樣，現代國家採用壟斷的手段投資致

---

[27] Fernand Braudel, 施康強 等譯，《15至18世紀的物質文明、經濟和資本主義》（卷三），（臺北：貓頭鷹，2000年3月），頁34、568。

富。

　　而當這些逐漸建立起來的民族國家，為因應市場轉向所開始重構的經濟關係時，國際政治秩序的組織原則便成為第一優先考量。因此，國家與市場這兩似不相隸屬又極為相關的權力體系，就彼此交織在一起，貫穿整個人類社會的歷史，也因為政治與經濟的相互作用而日益增強，逐漸成為決定政經關係與發展的關鍵因素。[28]

　　因此，警察與國家發展的涉外性治安，必須積極追求國家民族的利益，並以其所處的世界權力體系，衡量自身所擁有的力量，做為計算國家民族利益的標準。這種強調警察與國家發展利益的生存法則，經由獨裁政體及計劃性經濟的運用，建立起連結國內外政經的網絡。但過於強調警察與國家發展利益的結果是，軍警力量成為所有政治德行的基礎，同時也犧牲了人民的權利與自由。市場利益必須遷就和受限於警察與國家發展的利益。

　　所以，警察與國家發展的因素確定市場與社會發展關係，此一正是經濟民族主義所謂國家建設最基本的信條，突顯了國家採取關稅提高，或是藉由限制國際勞工的引進和管制資金的流動，來對於本國產品市場、本國勞工就業和本國資本的形成，進行保護性經濟政策。

　　檢視近代警察與國家發展的反映了政治、經濟和軍警權力的擴張，以及社會的反動。因此，警察與國家發展決定了市場和社會發展的順序，制定優先政策，以克服稟賦

---

[28] Robert Gilpin, *The Political Economy of International Relations*（N. J.：Princeton University Press, 1987）, p.5.

（endowment）因素的不足。[29]亦即國家發展理論在過去幾百年中，經歷了無數變革，從重商主義、帝國主義、保護主義、德國歷史學派到今日的新保護主義，其名稱雖不斷改變，但基本主張都偏重於強調警察與國家發展是：第一、國際政經利益中，主要行為和經濟發展的工具；第二、深切關注國家安全和政治利益在組織與處理國際經濟關係時的重要性；第三、重視經濟活動與政治活動的相互影響，以及認識到市場必須在社會與國家發展的競爭下運作。[30]

承此觀點，警察與國家發展的涉外性治安起因於國際經濟活動成為唯一且永遠不變的「零和遊戲」（zero-sum game），一個國家獲益必導致另一個國家的相對損失；追求權力與財富通常互相矛盾，尤其是軍備競賽；而且缺乏一套完整的社會、

---

[29] 諸如重商主義（mercantilism）分為二類：一類是保護本國海外經濟利益，以利國家安全與生存的防守性觀點，即溫和派重商主義（soft mercantilism）；另一類是將國際經濟視為帝國主義（imperialism）及民族主義向外擴張的重要領域，這種較為激進的觀點，可稱為強硬派重商主義（hard mercantilism）。同時，重商主義又可分為財政性重商主義與產業性的重商主義。代表財政性重商主義者如荷蘭東印度公司和法國，由於強調政府對於生產過程的獨占利益和財政性剝奪，以支持對外殖民戰爭和絕對王權的擴張，以至於無法促進近代資本主義的發展；代表產業性的重商主義者如以清教徒革命後的英國為主，由於代表新興中產階級的意志與利益的政府，採取了一系列商業重商主義措施，符合了當時英國體制的政經結構性關係的特質，有利於促使近代資本主義快速成長。

[30] 1929年發生在美國的經濟大蕭條（great depression）導致了1930年6月美國國會通過了「斯莫特─霍利關稅法案」（Smoot-Hawley Tariff Act）調升進口關稅，以保護本國商品，不但沒有幫助美國渡過經濟危機，反而擴大為1930年代的經濟大恐慌。Dixon Wecter, 秦傳安 編譯，《經濟大蕭條時代》，（臺北：德威，2009年1月），頁26-29。

國家和外交政策理論。特別是當過度膨脹警察與國家發展的發揮市場影響力，主觀地認為警察與國家可以解決國家經濟力脆弱的問題，或快速可以提昇國際地位和完成國家發展的目標。所以，廣義說來，外事警察是政治警察、是行政警察、是刑事警察，也是經濟警察。

因此，涉外性治安可以泛指會牽扯到其他國家的犯罪案件，有關聯國家的就會啓動涉外治安單位開始偵辦，此時處理的方式及效率就會影響到政治性、經濟性、社會性治安層面議題，乃至發展到國家安全的層次等問題，因而引發涉外性治安突顯在國家主權、領土、宗教、氣候變遷、國境與海防安全、漁權與海洋資源權益、外事與移民、海盜、劫機、走私、人口販運、危險物及武器販運、非法毒品販運、偷渡[31]、跨國金融犯罪、跨國詐欺、跨國網路犯罪、貪汙與賄賂、洗錢、恐怖份子活動等相關議題上警察業務的變遷。

（二）、警察與國家發展的政治性治安研究途徑

警察與國家發展的政治性治安是以政府中心理論的受到重視，起自斯科奇波特（Theda Skocpol）與伊文斯（Peter Evans）等主張「找回國家」（Bringing the State Back in）。[32]國家因對

---

[31] 偷渡係非法入境的通俗說法，偷渡犯罪是指違反入出國管理法規而跨越國境的行為。由於偷渡問題大多屬非正常管道的勞務流動，易為國際組織犯罪集團所操控，嚴重影響各國社會治安。

[32] See Theda Skocpol, *States and Social Revolutions* （Cambridge, Mass.:Cambridge University Press,1979）；Peter Evans, Dietrich Rueschemeyer and Theda Skocpol, *Bringing the State Back in* （Cambridge: Cambridge University Press, 1985）；Peter Evans, *Embedded Autonomy: States and Industrial Transformation* （Princeton: Princeton University Press, 1995）.

市場與社會具有強大影響力，國家應視爲一自主的制度和組織，亦即將國家視爲在一個領域內，具有壟斷合法暴力的一套行政、立法、司法、國防和警察的組織和制度。

所以，警察與國家發展的第一項任務是要讓國民服從，控制社會中的潛在暴力，防止可能出現的各種偏激行動，並且代之以「合理暴力」（reasonable violence）；第二項任務是程度不同地監督經濟活動，管制財富的流動，掌握一大部分國民收入，以保證政府的開支；第三項任務是參與精神生活，沒有精神生活，任何社會都不能維繫，警察與國家發展有選擇地贊同宗教或向宗教讓步，藉以從宗教的強大精神價值中吸取補充的力量，同時，警察與國家發展還始終監視著往往向傳統挑戰的文化活動。

因此，缺乏警察與國家發展的市場和社會，將只是一個缺少方向感且毫不協調的瘋狂機器；而對於組成市場必要性的經濟與政治因素缺乏反抗能力的警察與國家發展，將會迅速變成一頭冷血怪獸，吞噬人民，並使人民生活更爲窮苦。[33]由於警察與國家發展和市場、社會依然處於不同的領域，無論每一方面對其他方面有多大的影響，社會仍是地區經濟的基礎，商業爲各地區經濟製造網絡，而警察與國家發展則具有調解各種足以威脅任何一方面正常運作危機的功能，雖然有時警察與國家發展令人難以相信能夠獨自面對國際性治安的能力，以成功地確保國人的生命和財產安全；相對地，也很難相信一個不受約

---

[33] 霍布斯所指的巨靈（Leviathan），或譯爲「利維坦」，語出聖經中敘述一個力大無窮的吃人妖魔或巨獸，霍布斯是以此比喻一個強大國家的政府對民間社會所汲取關係人利益的極大化爲目標，參閱：Thomas Hobbes, 朱敏章 譯，《利維坦》，（臺北：商務，2002年9月）。

束的國際強權可以維持國際的政經秩序。

　　所以，警察與國家發展逐有「經濟愛國主義」（economic patriotism）之稱。警察與國家發展的政府中心理論偏重「政權」（regime）特性的分析，而忽略國家的制度性和歷史性，以及其相對面市場所亟欲代表的民間社會。對警察與國家發展強調國家利益的本質，表現在第一波中是追求權力；第二波是追求經濟發展；而第三波才是社會福利。亦即政府中心理論所引發的政治性治安凸顯在王位之爭、王室與貴族、黨派爭鬥、中央與地方、政府與人民之間權力機制的運作，和警備保安、戶口管理、民防、安全檢查等治安相關議題上警察業務的變遷。

　　（三）、警察與國家發展的經濟性治安研究途徑

　　警察與國家發展的經濟性治安是以市場中心理論的起源於18世紀歐洲啟蒙時代古典經濟學（Classical Economics），和19世紀馬夏爾（Alfred Marshall）新古典經濟學派（Neo-classical Economics）的整合。市場中心理論認為政治與經濟分屬不同領域，隨著市場經濟轉向應從效率、管理和消費者選擇的利益出發，不應受到政治干預，除了警察與國家發展在捍衛國家安全和維持社會治安等必要介入之外，警察與國家發展應該退居第二線。[34]

　　所以，市場為中心理論強調企業自由競爭、生產分工及財富累積的正當性，認為市場那隻看不見的手（invisible hand）所建立的機制，可以確保所有個體利益及彼此間互動關係的自由表現，群體利益應當是所有個體私有利益的總和。所以，

---

[34] 陳添壽，《臺灣治安制度史——警察與政治經濟的對話》，（臺北：蘭臺，2010年2月），頁348。

一切皆決定於市場價格機能，強力主張警察與國家發展和市場之間的關係應該是分離的，也因此忽略了受制於因市場資訊的缺乏、不當誘因、獨占扭曲和外部性的市場失靈（market failure），特別是生產與分配過程中弱肉強食的不公平現象。

因此，市場為中心理論認為代表警察與國家發展的政府只不過是匯集民意，制定遊戲規則的中立行政組織而已。所以，在國際政經利益方面，強調跨國企業與國際貿易的市場利益，而無視於國家主權立場與自主性的存在；經濟發展與政治並非有必然的關聯性，但認為政治體制會制約經濟活動，卻也同時受到市場利益的反制。據此，檢證19世紀末資本主義的發展，與1870年以後帝國主義的動亂，及1914年第一次世界大戰爆發之間並不存在任何重大關聯，經濟發展是完全建立在市場利益轉向的基礎上，是可以與政治並行不悖。

換言之，市場中心理論經濟性治安起因於：第一、市場奉最大效益、最高經濟成長及個人利益至上為圭臬；第二、容易形成漫無限制的世界經濟主義，既不承認各國皆有其特性，也未考慮各國利益的滿足；第三、同時受到唯物主義、利己主義與個人主義的影響，僅計算市場上物品交換，而忽視社會利益。因此，基本上排斥警察與國家發展的介入市場經濟。

承其觀點，從比較利益原理形成的國際分工，與逐漸擴張的市場互賴關係，促使充滿競爭卻又缺乏規範的國家體系奠定了和平合作的基礎。具體而論，市場中心理論並未將警察與國家發展或治理視為自主的、具有決定影響力的機關，而僅將其視為社會團體競爭或遊說的應變項，而非自變項，其理論可謂「經濟理論」或「市場理論」，而非「政府理論」。亦即市場理論當涉及經濟利益而出現失序狀況時，有必要藉由治安單位

協助處理此類型事件，以免影響到正常市場經濟的運作，進而引發在獵場、水權、地權、糧荒、稅賦、查緝非法經濟活動等市場利益相關治安議題上的警察業務變遷。

（四）、警察與國家發展的社會性治安研究途徑

警察與國家發展的社會性治安是出現於19世紀中葉的馬克思階級理論，主要認為經濟推動政治發展，和政治衝突起因於財富分配過程中的階級鬥爭。因此，政治衝突將終結於市場和階級的消除。儘管社會中心理論承認帝國主義階段的資本主義開創了國際市場經濟，但以階級為中心理論的馬克思主義（Marxism）觀點對於無產階級定義，是很難適用於財產權（property right）普遍化、價值多元化的近代社會，而且強調工人階級的貧窮化理論也與實際經濟發展的結果不完全符合。

馬克思主義（Marxism）認為對生產工具的控制，也無法作為階級分類的標準，而強調剝削觀點的勞動價值論，亦隨著勞動在生產過程中所占比率的遞減而被否定。近年來更隨著蘇聯解體、東歐國家及中國大陸轉向市場經濟，所謂的「國家機關是資產階級的管理委員會」已非國際強權主義國家的發展主流。因此，以「階級」為中心理論所引發的社會性治安當修正以「公民」為中心理論的社會性治安，較為符合關心社會公平與正義。亦即社會中心理論所引發國家內部動盪、民心不安、抗爭不斷等類型事件，其所導致社會性治安在醜首（不良風俗）、竊盜、殺人、流氓、賭博、酗酒、交通事故、消防救災、弱勢族群、貧富不均、勞工、環保、消費者意識等違反社會公平正義相關治安議題上警察業務的變遷。

綜合上述治安議題的變遷，經濟民族主義以政府為中心理論的政治性治安、經濟自由主義以市場為中心理論的經濟性治

安，和馬克斯主義（Marxism）以社會為中心理論的社會性治安等三項議題之間的互動關係，亦同時嵌入警察與國家發展所連結到涉外性治安議題之中。

換言之，從涉外性治安、政治性治安、經濟性治安與社會性治安的糾葛、相互影響，而所構成的綜合性治安因素形塑了國家發展的傳統治安、軍領治安，和警管治安等不同階段的治安史變遷。其相關議題所引發的治安項目可歸納、分類如表1-1。

表1-1　警察與國家發展的治安性議題分類表

議題	國際性環境治安因素	國內性環境治安因素			警察與國家發展的綜合性治安角色
分類	涉外性治安議題	政治性治安議題	經濟性治安議題	社會性治安議題	傳統治安年代、軍領治安年代、警管治安年代的三階段角色變遷。
項目	主權、領土、宗教、國境與海防安全、魚權與海洋資源權益、外事與移民、瘟疫（瘧疾、痲瘋病等流行性疾病）、氣候變遷、走私、偷渡、危險物及武器販運、人口販運、劫機、非法毒品販運、貪污與賄賂、網路犯罪、跨國詐欺、跨國金融犯罪、恐怖份子活動等所引發的治安議題。	政治與宗教、王位或王室與貴族、中央與地方、政府與人民、政黨與政黨等權力剝奪與限制所引發的治安議題。	樵採、漁獵、水資源、地權、糧荒、稅賦等經濟活動與市場行為的管制與操縱所引發的治安議題。	鹹首（不良風俗）、竊盜、殺人、姦淫、流氓、賭博、酗酒、毒品、電玩、色情事件、暴力事件、交通事故、消防救災、弱勢族群、貧富不均、勞工、環保、消費者意識等社會動員與壓制所引發的治安議題。	傳統治安年代、軍領治安年代、警管治安年代的三階段角色變遷。

資料來源：本文研究

第三節　理論架構

　　承上警察與國家發展的論述，本文針對臺灣治安史結構與
變遷的特性，提出「相互主體性」與「歷史整合性」的思維。
這一深層意義，亦有要突顯臺灣所有各族群的文化、思想觀念
和生活習性，是移民社會發展的包容特性。本文接受只要曾經
居住在臺灣這一塊土地上，無論是原住民、漢人（閩南人、
客家人）、荷蘭人、日本人，或是1949年隨國民政府來臺的所
謂「外省人」、「新臺灣人」[35]，以及現在正增加中的外籍新
娘，甚至為這塊土地打拼的外國企業和員工，都是要透過「相
互主體性」與「歷史整合性」的庶民史觀予以尊重和公平對
待。

　　格羅秀斯（Hugo Grotius）提出的「分割主權」概念，亦
即公司可以正當干預主權國家，而成為東印度殖民的基礎。[36]
所以，本文透過「歷史整合性」分析，來釐清臺灣治安史中
「殖民」與「被殖民」的「分割主權」概念。「相互主體性」
則是根據「歷史整合性」的將整體性先區分政經發展的空間與
時間之後，來確定臺灣治安史結構與變遷中的實存地理和歷
史。因此，「相互主體性」的「分割主權」概念，不僅是關照
臺灣這一塊土地，且是以警察與國家發展的涉外性治安、政治
性治安、經濟性治安、社會性治安為分析對象，在面對任何時

---

[35] 這裡的「新臺灣人」所指的是：主張中華民國式的臺灣主體意識，
　　和臺獨式臺灣主體意識的融合體。

[36] Edward Keene, *Beyond the Anarchical Society: Grotius, Colonialism
　　and Order in World Politics* （Cambridge: Cambridge University Press,
　　2002）.

期統治政權的興替，都要以接受和寬容的人民意識，來思考治安史中警察與國家發展的現象。

因而「相互主體性」亦可突顯對臺灣先後出現在每一時期統治政權都是採取包容的歷史觀，而從共同開發與經營臺灣的角度化解所謂「外來政權」的爭議。換言之，本文就是要從「庶民史觀」角度來論述警察與國家發展的臺灣治安史結構與變遷，亦即要拋棄「統治者史觀」，避免流於每次政權轉移就會出現維護執政者的官方立場來詮釋歷史。

承上所述，本文對所謂「本土」概念的處理，主要是認為使用「本土」字眼容易出現分離與對立。本文認為改以「主體」比較能深入表達認同臺灣的這塊土地意識。這是強調「土地共同體」觀點的突顯對臺灣這塊土地的人文與人本的關懷，亦即不會產生「本土」與「非本土」的對抗意識，而衍生成省籍、族群和社會的衝突。因此，相互接受主體認同的概念，不僅認同「臺灣」這個名詞，也包括了認同臺灣的制度、生活方式、歷史文化和社會型態。換言之，只要建立了集體認同的「庶民意識」，當可釐清臺灣社會尚存所謂「臺灣意識」、「中國意識」、「日本意識」，乃至於「美國意識」的偏頗意識型態。

具體而言，如果把「主體性」當作絕對價值，則只要能夠發展主體性即可，若把個體做為一個部份歸屬於一個整體，與整體本身和其他共存於該整體的個體之間形成一種互為主體、互相依存、互惠互補的關係，則非但不壓抑其主體性，反而有助於其主體性的充實。[37]亦即論述警察與國家發展中治安史結

[37] 陳昭瑛，〈論臺灣的本土化運動：一個文化史的考察〉，《臺灣文學與本土化運動》【東亞文明研究叢書84】，（臺北：臺大出版中

構與變遷的隱含臺灣歷史、族群、文化、社會與政經發展，幾百年來一直處於「國家」形成的過程。

因此，臺灣「相互主體性」的「互不否認主權」概念，可由原住民族的來源、漢人移入後的土著化和定著化、日治時期的臺灣民族運動，以及中華民國移居者政府的統治，乃至於當前臺灣「生命共同體」的建立等不同階段來檢視。鑒之，這是臺灣治安史中警察與國家發展的獨特經驗。「相互主體性」與「歷史整合性」的庶民史觀發展，終將成為一項臺灣珍貴的歷史資產。

同時，臺灣治安史中的警察與國家發展也要進一步針對社會變遷的前現代、現代和後現代的歷史分期，來探討每一分期臺灣治安史結構與變遷的特性，也就不能無視於「現代性」（modernity）是最早發生於西方的，亦即是歐洲的傳統社會經由政經社會、科技、文化各層面的轉變而形成的一種新的社會型態。這個新的社會型態也就是政治經濟學整合理論的功能主義，其所強調科技在生產與組織領域的應用，民族政治國家的出現、個人權利的重視等，而這個起源於歐洲的新社會型態在過去不斷向外輸出滲透，到了二次大戰之後幾乎已擴張到整個世界。[38]

心，2009年10月），頁165。

[38] 霍布思（Thomas Hobbes）指出，國家之生殖為何，殖民地是矣。蓋一國家獲得新土地，或本無人民，或因戰爭導致人口稀少，故命一官長率人民而移往居住。殖民地既成立，則或自成一國而脫離本國之管轄（古代多有之），此正如子長離開父親而居；此時期本國稱為母國，彼此之關係只為榮譽的友誼的。又如羅馬之殖民地，則仍屬本國所管，故不自為國，特本國之一省耳。此類殖民地之權利範圍，以其本國給與之允許狀（license of letters）所列為根據。

尤其到了後冷戰時期的1997年發生亞洲金融風暴，和2008年的全球金融海嘯之後，以美國為首偏重於市場自由經濟態勢，已有逐漸傾向政府採取監督金融自由程度，和重視社會貧富不均所衍生的現象，而兼顧政府、市場與社會間三者均衡的「新國家論」（neo-statism）。

因此，「存有」的歷史和「言語」的歷史是有落差的，就像「發現臺灣」或「發現美洲」一樣，在地理大發現的時代以前，這些地方和這裡的人類早已就存在許久，「歷史」和「發現」之說，的確有知識論的主體性問題。過去臺灣史的研究、編寫、解釋、教育長期操縱在主政的統治者手中，不斷的「被發現」而邊陲化。臺灣人也被地緣政治剝奪了世界，喪失了作為人的條件。臺灣人成為沒有歷史記憶的人群，更缺乏立足斯土斯民的主體意識。

承上所論，本文採取「相互主體性」論述，對於臺灣治安史的結構與變遷，突顯其與統治政權之間的關係，本文接受原住民族是最早擁有臺灣這塊土地的獨立發展時期，也就對於後來在臺灣建立政府的荷蘭東印度公司、鄭氏王國、清國、日本和戰後的中華民國政府，不刻意強調其所謂「外來政權」或「殖民政府」的意涵，而以「相互主體性」觀點，一律使用「統治」一詞，諸如「荷蘭與西班牙佔據時期」（簡稱荷西時期）、「（明）鄭氏王國統治時期」（簡稱鄭治時期）、「清領時期」（稱清治時期）、「日本占據時期」（簡稱日治時期）、「中華民國時期」（簡稱國治時期，包括國民黨政府執政時期、民進黨政府執政時期），來檢證各時期治安史結構與

Thomas Hobbes, 朱敏章 譯，《利維坦》，（臺北：2002年9月），頁118。

變遷。

　　無論政權是有意識或無意識的政策，咸認為其兼具促進警察與國家發展的的「現代性」功能。亦即我們都生活在歷史之中，任何現實問題都是歷史問題的延續，無論多麼遙遠的歷史故事也都包含現代性，以釐清「殖民」與「移民」，以及使用「荷據」、「日據」與「荷治」、「日治」的爭議。

　　換言之，本文希望藉由政治與經濟整合理論，分析警察與國家發展的對人、事、物、土地、財產的支配關係，以及經濟對土地、勞力、資本、技術的不同組合與分工，導出權力體系與經濟社會合理化過程，來實證分析臺灣治安史結構與變遷，其在歷經原住民時期、荷西時期、鄭治時期、清治時期、日治時期、國治戒嚴和解嚴時期的涉外性、政治性、經濟性、社會性治安。

　　同時，也從中發現警察與國家發展亦意涵「開放的在地化」特質，其所形塑「在地化」與「國際化」過程的「雙重化」，和彰顯具有「依賴發展」所形塑「殖民（依賴論）化」與「現代（發展論）化」的「殖民現代性（依賴發展論）」觀點，更要從中探討警察與國家發展中所扮演維護政權、執行法律、與公共服務的角色。[39]

---

[39] 所謂「國家發展理論」（theories of national development）在18、19世紀之時，已將所謂「發展」（development）的概念，普遍地被使用於人類社會變遷的探討。尤其到了第二次世界大戰之後，不僅是社會學者，經濟學者更對「發展」的概念加以外延和作內涵的詮釋，以用來界定和測量一個國家程度的指標。所以，一般對「國家發展理論」的探討，主要有「現代化理論」（modernization theory），和「依賴理論」（dependency theory）。然而，不論套用「現代化理論」或「依賴理論」來詮釋臺灣發展的經驗都有其盲

因此，本文除了探討「國家性」（stateality）的主題之外，更要根據政治與經濟整合理論的「新國家論」（neo-statism），來建構一套整體性的警察與國家發展思維。亦即「相互主體性」觀點不但要來處理當前「國家認同」的爭議，同時也要結合「歷史整合性」觀點，以因應臺灣治安史中的警察與國家發展，其所面臨全球化的涉外性治安、政治性治安、經濟性治安，和社會性治安議題。

　　根據圖1-1，主要分成三大部分：第一部分是本文研究主題，藉由理論意涵的釐清；第二部分是從警察與國家發展的透過研究客體的環境因素，分為國際環境因素所包含競爭性國家體系、世界性資本主義體系、全球性公民社會體系導出的涉外性治安議題，以及國內環境因素所包含政府的國家機關，和民間社會的政治社會、經濟社會、公民社會所導出國內政治性、經濟性、社會性的治安議題，同時可以將國際性和國內性的治安議題化約成綜合性治安議題；第三部分是最後的研究成果呈現前現代傳統治安年代的偏重戰時軍人和國家安全的維護，現代軍領治安年代的偏重秩序維護和打擊犯罪的執行法律，以及後現代警管治安年代的偏重福利傳輸和效率追求的公共服務。最後是提出警察與國家發展的未來模式。

點，於是有些學者著重國家與社會在臺灣發展過程中所扮演的角色，亦即要把此兩者的理論，和臺灣發展的歷史與結構綜合起來，用這種「綜合途徑」（comprehensive approach）方式，來檢證臺灣發展的經驗，甚至將其特性稱之為「依賴發展理論」。參閱：陳添壽，《臺灣政經發展策略》，（臺北：黎明，1996年3月），頁1-6。

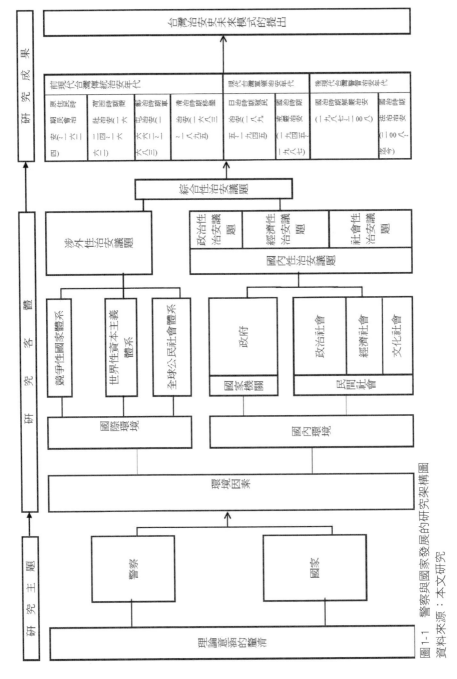

圖1-1 警察與國家發展的研究架構圖

資料來源：本文研究

31

第四節　研究範圍

　　承上所述，警察與國家發展深受國內外政經環境的影響，因此，檢視臺灣治安史的結構與變遷，根據華勒斯坦（Immunal Wallerstein）分析現代世界體系對於國際政經發展的分期：1450年以前是中世紀教會時期；1450~1640年資本主義農業和歐洲世界經濟興起，形成絕對君主制和國家主義；1640~1750年是重商主義的荷蘭強權時期，荷蘭共和國在1600年前後以整個的進入資本主義時代，如此一個新型的民族國家，也才有足夠實力成為17世紀的強權國家。[40]

　　因此，根據華勒斯坦的分期方式提供了本文在處理臺灣治安史分期從1624年以前的原住民時期開始、荷西時期和鄭氏王國時期的參考；另外，1763~1833年是產業革命的英國強權時期；第一次世界大戰後則由美國稱強至今，這也提供了本文對近代臺灣治安史分期的依據，尤其布勞岱爾（Fernand Braudel）所指出「世界時間」的概念，將經濟史分成幾個長時段，而與臺灣治安史在17世紀已開始逐步進入資本主義市場經濟的時代相契合。[41]

---

[40] Immunal Wallerstein, *The Modern World-System, Vol.1: Capitalist Agriculture and the Origins of the European World-Economy in the Sixteenth Century*（New York: Academic Press, 1974）；*The Modern World-System, Vol.2: Mercantilism and Consolidation of the European World-Economy, 1600-1750*（New York: Academic Press, 1980）；*The Modern World-System, Vol.3: The Second Era of Great Expansion of the Capitalist World-Economy, 1730-1840s*（New York: Academic Press, 1989）.

[41] 參閱：布勞岱爾，《15至18世紀的物質文明、經濟和資本主義（卷

雖然左派大師霍布斯邦（Eric Hobsbawn）指出，過去的一切，或者說，那個將一個人的當代經驗與前代人經驗承傳相連的社會機制，如今已經完全毀滅不存，這種與過去割裂斷絕的現象，是20世紀末期最大也最怪異的特色之一。[42]所以，新歷史主義指出，歷史充滿斷層，歷史由論述構成，可以藉由各種論述去還原歷史，而該種論述，是根據當時的時間、地點、觀念建構的。歷史並不是對史實單一的記載，亦並不是對於過去的事件的單純的紀錄。亦即新歷史主義可用來檢視臺灣治安史的結構與變遷，由於它往往是受到每一時代政權興替割裂歷史的影響，如荷蘭政府走了，來了鄭氏王國、清帝國政權；鄭氏政府、清帝國政府走了，來了日本政權；日本政府走了，來了中華民國政府。亦如克羅齊（Giovanni Croce）所指出，一切歷史都是當代史。[43]

　　所以，歷史上所發生的現象都是相互關聯的，特別是經濟活動，它不能脫離周圍的政治和社會環境，不能離開當時當地的可能限制而孤立存在，許多相關理論都有其歷史背景，歷史基礎是特別加深了時間觀念，集中焦點在歷史的特殊環境或過程。尤其是每一世代的思想都是建基於前一世代的，沒有一種

　　一～三）》，其書中提出三層經濟活動的概念，第一層（卷一）是日常生活的結構：可能和不可能，第二層（卷二）是形形色色的交換，第三層（卷三）是世界的時間，（臺北：貓頭鷹，2000年3月）。 Eric Hobsbawn, 鄭明萱 譯，《極端的年代（1914-1991）》（上冊），（臺北：麥田，1997年2月），頁7。

[42] Eric Hobsbawn, 鄭明萱 譯，《極端的年代（1914-1991）》（上冊），（臺北：麥田，1997年2月），頁7。

[43] Giovanni Croce, *The New Cambridge Modern History, Vol.I* （Cambridge: Cambridge University Press, 1961），p. XIX.

思想是憑空突發的，我們可以體認到歷史的延續性、思想知識的連貫性。換言之，臺灣治安史的結構與變遷是要以長時間、遠距離、寬視界的宏觀「大歷史」（macro-history）角度加以檢討和論述。

綜合上述，本文從警察與國家發展所要探討臺灣治安史的結構與變遷，透過其國際的涉外性治安，和臺灣內部政治性治安、經濟性治安和社會性治安的相互之間影響因素，而將其聚焦所形成綜合性治安的歷史分期爲前現代傳統治安（~1895）、現代軍領治安（1895~1987），和後現代警管治安（1987~迄今）的三個重要年代，從而就這三個年代分別論述每一時期的臺灣治安史。

本文之所以採用歷史社會學和發展社會學提出「前現代/現代/後現代」的思維，因爲，它們能在歷史的斷層之外，更深刻論述制度結構的延續和蛻變，而從歷史的結構和行動中，以尋找社會結構和社會變遷的模式，乃至模式的因果關係和變遷過程。這種分析方式，應該是相當整體的，在過程上注意細節的（micro）轉換、調整與關聯，在結果上注意整體的（macro）結構和變化。

所以，本文採用「前現代/現代/後現代」的分期方式，「前現代臺灣治安」（~1895）的結構與變遷涵蓋了原住民時期民會治安階段（~1624）、荷西時期商社治安階段（1624~1662）、鄭治時期軍屯治安階段（1662~1683）、清治時期移墾治安階段（1683~1895）的「傳統警察」治安年代（~1895）；「現代臺灣治安」（1895~1987）的結構與變遷則包括了日治時期殖民治安階段（1895~1945）、國治時期戒嚴階段（1945~1987）的「軍領警察」治安年代（1895~1987）；

「後現代臺灣治安」（1987~迄今）的結構與變遷則是指解嚴治安階段（1987~2008），和法治治安階段（2008~迄今）的「警管警察」治安年代（1987~迄今）。其分期和治安議題分類如表1-2。

表1-2　臺灣治安史的分期和議題分類表

分期 ＼ 分類		國際性治安議題	國內性治安議題		
		涉外性治安議題	政治性治安議題	經濟性治安議題	社會性治安議題
前現代臺灣傳統治安年代（~1895）	原住民時期民會治安（~1624）	失竊時代的貿易、海盜、走私、漁場和海域資源等議題。	村社型的無中央政府狀態、村社民會、村社長老領導權等議題。	自足式的樵採、漁獵場域、水資源和地權等議題。	氏族化的馘首、竊盜、姦淫、賭博、傷害、殺人、酗酒、瘧疾等議題。
	荷西時期商社治安（1624~1662）	大航海時代的主權、貿易、海盜、走私、宗教、天災、人口販運、海域資源等議題。	重商型的公司評議會、領邦會議、地方會議、政教衝突等議題。	複合式的軍費負擔、壟斷市場、人口稅等議題。	多國化的竊盜、姦淫、賭博、傷害、殺人、酗酒、麻疹等議題。
	鄭治時期軍屯治安（1662~1683）	近世國家時代的主權、海盜、走私、人口販運等議題。	封建型的鄭氏家族權力內鬥等議題。	宗主式的飢荒、糧食不足等議題。	土著化的竊盜、姦淫、賭博、傷害、殺人、酗酒等議題。
	清治時期移墾治安1683~1895）	工業革命時代的主權、非法入境、鴉片、人口販運、瘟疫、危險物及武器販運、開港通商等議題。	皇權型的漢人抗爭、中央與地方爭權等議題。	君主式的土地移墾、大小租戶等議題。	定著化的竊盜、姦淫、賭博、傷害、殺人、酗酒、民變、分類械鬥、痲瘋病等議題。

現代臺灣軍領治安年代（1895~1987）	日治時期殖民治安（1895~1945）	民族主義時代的主權、鴉片、非法入境、危險物及武器販運等議題。	帝國型的臺灣人武力抗爭、殖民化統治等議題。	統制式的土地資源掠奪、米糖相剋、農工業失衡等議題。	內地化的控制與鎮壓、瘧疾、痲瘋病、鴉片等議題。
	國治時期戒嚴治安（1945~1987）	極端主義時代的主權、非法入境、危險物及武器販運、劫機、貪污與賄賂、恐怖分子活動等議題。	威權型的兩岸關係、實施戒嚴令與動員戡亂時期臨時條款、鞏固政權、臺灣人與外省人權力之爭等議題。	家父長式的管制經濟政策、公營與黨營企業獨佔市場等議題。	黨國化的控制與鎮壓、毒品、電玩、色情、暴力事件等議題。
後現代臺灣警管治安年代（1987~迄今）	國治時期解嚴治安（1987~2008）	後冷戰時代的主權、洗錢、貪污與賄賂、非法毒品販運、非法入境、人口販運、恐怖份子活動、網路犯罪、跨國詐欺、跨國金融犯罪等議題。	政黨型的兩岸關係、警備保安、戶口管理、民防、安全檢查、維護政權、修改憲法、中央民意代表改選等議題。	夥伴式的經濟制度化、自由化、國際化、產業轉型等議題。	多元化的交通事故、消防救災、貧富差距、環保及原住民、勞工、消費者意識、老兵返鄉、外勞、外籍配偶、毒品、電玩等、簽賭議題。
	國治時期法治治安（2008~迄今）	全球化時代的主權、洗錢、貪污與賄賂、非法毒品販運、非法軍火販運、人口販運、恐怖份子活動、網路犯罪、跨國詐欺、跨國金融犯罪、海洋資源爭議、氣候變遷等議題。	民主型的兩岸關係、警備保安、戶口管理、民防、安全檢查、權力分配、選舉、政黨競爭等議題。	市場式的企業公平競爭、市場秩序、金融犯罪、投資保障、食品安全、就業機會等議題。	公民化的交通事故、消防救災、SARS（流行性疾病）、貧富不均、消費者意識、社會福利、外勞、外籍新娘、色情、毒品、電玩、簽賭等議題。

資料來源：本文研究

根據上述四大環境因素之間的相互糾葛所突顯的治安議題，又可以將之稱為足以對社會秩序與公共安全（public safety）所產生威脅的「綜合性治安議題」，諸如荷西時期的大員事件、麻豆溪事件、郭懷一事件，清治時期朱一貴事件、林爽文事件、蔡牽事件、戴潮春事件，日治時期西來庵事件、治警事件和霧社事件，國治戒嚴時期二二八事件和美麗島事件等重大治安議題。因此，根據「綜合性治安議題」，和臺灣治安史的前現代、現代和後現代的三個治安年代，建構了治安結構與警察角色變遷的座標圖如圖1-2。

　　在前現代臺灣傳統治安年代可分為：（一）原住民時期民會治安的議題主要是由失竊時代涉外性治安、村社型政治性治安、自足式經濟性治安，和氏族化社會治安議題所形塑會議政府型態的警察角色；（二）荷西時期商社治安的議題主要是由大航海時代涉外性治安、重商型政治性治安、複合式經濟性治安，和多國化社會治安所形塑公司政府型態的警察角色；（三）鄭治時期軍屯治安的議題主要是由近世國家時代涉外性治安、封建型政治性治安、宗主式經濟性治安，和土著化社會治安所形塑受封政府型態的警察角色；（四）清治時期移墾治安的議題主要是由工業革命時代涉外性治安、皇權型政治性治安、君主式經濟性治安，和定著化社會治安所形塑邊陲政府型態的警察角色。

　　在現代臺灣軍領治安年代可分為：（一）日治時期殖民治安的議題主要是由民族主義時代涉外性治安、帝國型政治性治安、統制式經濟性治安，和內地化社會治安所形塑軍國政府型態的警察角色；（二）國治時期戒嚴治安的議題主要是由極端主義時代涉外性治安、威權型政治性治安、家父長式經濟性治

安，和黨國化社會治安所形塑戡亂政府型態的警察角色。

在後現代警管治安年代可分爲：（一）國治時期解嚴治安的議題主要是由後冷戰時代涉外性治安、政黨型政治性治安、夥伴式經濟性治安，和多元化社會治安所形塑轉型政府型態的警察角色；（二）國治時期法治治安的議題主要是由全球化時代涉外性治安、民主型政治性治安、市場式經濟性治安，和公民化社會治安所形塑服務性政府型態的警察角色。

圖 1-2 臺灣治安史的結構與變遷座標圖

資料來源：本文研究

第五節 文獻探討

　　承上述理論分析，主要論述警察與國家發展的涉外性治安文獻如：吉爾平（Robert Glipin）特別強調國際經濟因素的對立本質，而經濟的互賴關係必有其政治基礎，從而為國際衝突開闢了另一戰場，並形成一個國家利用和控制另一個國家機制，而影響其警察與國家發展。[44]藍迪斯（David S. Landes）的論述主要分析一個國家發展的貧窮與富裕，其基礎觀點主要是承襲經濟自由主義理論，認為市場的逐步演進，是人們為提高效率和增加財富而作出的反應。[45]金德爾柏格（Charles P. Kindleberger）的國際政治的經濟學和國際經濟的政治學，強調權力與金錢之間的國際霸權穩定論。[46]甘乃迪（Paul Kennedy）的論述從16世紀軍力和經濟之間權力結構改變的強權國家興衰史。[47]

　　因此，上述文獻都是從一個或數個自由強國輪流主宰國際強權主義觀點，闡明國際政經環境因素的影響有關涉外性治安

---

[44] Robert Glipin, *The Political Economy of International Relations* （N. J. : Princeton University Press, 1987）, pp.13-26.

[45] David S. Landes, *The Wealth and Poverty of Nations* （N. Y.: W. W. Norton,1999）.

[46] Charles P. Kindleberger, *Power and Money: The Economics of International Politics and the Politics of International Economics* （New York: Basic Books, 1970）.

[47] Paul Kennedy, *The Rise and Fall of the Great Power: Economic Change and Military Conflict From 1500 to 2000* （N.Y.: Random House, 1987）. and Robert O. Keohane, *After Hegemony: Cooperation and Discord in the World Political Economy* （Princeton: Princeton University Press, 1984）.

議題之外，以下本文將根據前現代、現代和後現代等三個年代治安的政治性治安、經濟性治安，和社會性治安，採用綜合性治安的方式對其重要檔案與文獻進行分析：

一、前現代臺灣傳統治安的檔案與文獻

前現代臺灣傳統治安史的結構與變遷涵蓋了原住民時期、荷西時期、鄭治時期、清治時期的治安結構與變遷（~1895）。（一）、探討原住民時期治安的檔案與文獻如：1603年（明萬曆31年）陳第隨沈有容追勦海寇渡海到臺灣所寫下的〈東蕃記〉。〈東蕃記〉全文雖然只有1,438字，但這是陳第踏查臺灣土地所留下的紀錄，具有「最古的臺灣實地考察報告」的留下這篇描述17世紀初臺灣社會的第一手中文文獻。

1871年（清同治10年）來到臺灣傳教的甘為霖（Rev. William Campbell）的《素描福爾摩沙：甘為霖臺灣筆記》一書，記載了19世紀中葉臺灣原住民族詳實的生活時間一直延續到日治臺灣的1917年為止，對於日本人統治臺灣的原住民和漢人之間的關係，亦有最直接的描寫，尤其是從宗教觀點而衍生的治安，是值得參考的資料。而臺灣社會學者柯志明的《番頭家—清代臺灣族群政治與熟番地權》對於從原住民時期到清治時期的治安提供極具啟發性的重要參考資料。[48]

（二）、探討荷西時期治安的檔案與文獻如：江樹生譯注的《熱蘭遮城日誌》是17世紀以荷蘭文撰寫荷蘭東印度公司治理臺灣時期的重要歷史文件。1624至1662年荷蘭人曾經統治臺灣，當時的政經中心就是熱蘭遮城，其所書寫的日誌是荷蘭

---

[48] 柯志明，《番頭家—清代臺灣族群政治與熟番地權》，（臺北：中央研究院社會學研究所，2002年1月）。

人在臺灣書寫的眾多文件當中份量最多，也最具連續性的檔案文件，成為荷蘭統治臺灣時期最基本的史料。[49]

另外，江樹生還譯注了《梅氏日記》，這是描述1661年4月30日至1662年2月9日鄭成功收復臺灣時作者在臺灣的日記。《梅氏日記》原是荷蘭東印度公司檔案中的一份文件，現珍藏在荷蘭國家檔案館。作者梅氏曾被東印度公司派在臺灣19年。當鄭成功在與荷蘭的談判過程中，梅氏曾參與翻譯工作，並協助鄭成功測量屯墾土地。由於梅氏逐日記載下當時發生治安的情事，填補了《閩海紀要》、《從征實錄》、《海上見聞錄》等史料中，所刻意或無意遺漏鄭成功驅走荷蘭人的經過。

程紹剛譯注的《荷蘭人在福爾摩莎》，主要內容是從《東印度事務報告》中選出有關福爾摩莎的部分，將其譯成中文，並予以注釋。換言之，《東印度事務報告》記錄了荷蘭人統治臺灣時期的歷史發展，特別是荷蘭統治臺灣後期郭懷一的武力抗爭，以及謠傳鄭成功即將東渡臺灣的同時，臺灣正遭受蝗蟲災害、流行性疾病、劇烈地震，導致許多村社不幸淪為廢墟的影響社會治安事件。[50]

另外，荷治臺灣的末代總督揆一（Frederic Coyett）及其同僚合著的《被遺誤的臺灣》，是當事人說明與鄭成功自1646年起交手的經過，並陳述當鄭成功登陸鹿耳門，其又如何在無援軍的情況下，奮力抵抗，最後和談，投降退出臺灣的經過。這是作者為自己為何未能守住臺灣所做的解釋，不過我們亦可從

---

[49] 參閱：江樹生 譯註，《熱蘭遮城日誌》（共四冊），（臺南市：臺南市政府，2000年8月、2002年7月、2003年12月、2011年5月）。

[50] 參閱：程紹剛，《荷蘭人在福爾摩莎》（De VOC en Formosa, 1624-1662），（臺北：聯經，2000年10月）。

中了解當時臺灣內外部治安環境因素的變化。

　　鮑曉歐（Jose Eugenio Borao）《西班牙人的臺灣體驗（1626~1642）——一項文藝復興時代的志業及其巴洛克的結局》[51]主要探討西班牙人在北臺灣的活動，當荷蘭人自1625年（明天啓5年）以來的壟斷福建與馬尼拉之間貿易，迫使西班牙起而與之抗衡；其次，西班牙急於建立據點，以尋求與中國的接觸。但由於聖救主城只有約600名的士兵，西班牙人並未試圖征服福島（臺灣），或許是實力不足使然，也可能是西班牙帝國活動晚期開始自我設限之故，但從本書中亦不難窺出當時北臺灣在西班牙統治時期，原住民和漢人關係緊張所引發的治安問題。

　　達飛聲（James W. Davidson）的《福爾摩沙島的過去與現在》[52]，岩生成一〈荷蘭時代臺灣與波斯之糖茶貿易〉與中村孝治《荷蘭時代臺灣史研究上卷－－概說・產業》[53]師生的

---

[51] Jose Eugenio Borao, 那瓜 譯，《西班牙人的臺灣經驗（1626~1642）——一項文藝復興時代的志業及其巴洛克的結局》，（臺北：南天，2008年12月）。

[52] 該書於1903年，在倫敦、紐約、橫濱、上海、香港與新加坡同步推出，總計776頁，完整的原書名為 *The Island of Formosa, Past and Present:History, People, Resources, and Commerical Prospects. Tea, Camphor, Sugar, Gold, Coal, Sulphur, Economical Plants, and other Productions*，照字面翻譯，可為《福爾摩沙島的過去與現在：歷史、人民、資源、與商業發展—茶葉、樟腦、蔗糖、黃金、煤礦、硫磺、經濟植物，以及其他產品》。參閱James W. Davidson, 陳政三 譯註，《福爾摩沙島的過去與現在》，（臺北：國立臺灣歷史博物館，2014年9月），頁xix-xx。

[53] 中村孝治，《荷蘭時代臺灣史研究上卷－－概說・產業》，（臺北：稻鄉，1997年12月）。

荷蘭時代臺灣史研究；而程紹剛《荷蘭人在福爾摩莎》[54]等人的論述，則透過對東印度事務報告深入了解荷蘭統治臺灣的經過，是繼村上直次郎[55]整理《巴達維亞城日記》之後，有關荷蘭統治臺灣最新、最完整資料。

而鄭維中《荷蘭時代的臺灣社會—自然法的難題與文明化歷程》[56]則針對荷蘭時代臺灣社會的文明化歷程加以分析；歐陽泰（Tonio Andrade）《福爾摩沙如何變成臺灣府》的論述荷蘭統治臺灣時期荷蘭人和漢人如何共同殖民臺灣，以及《決戰熱蘭遮：歐洲與中國的第一場戰爭》描寫1661年至1668年鄭成功軍隊如何入侵，包圍稜堡，利用戰術，誘使荷蘭人承認戰敗，交出臺灣主權。[57]上述也都提供了荷西統治臺灣時期治安的檔案與文獻。

（三）、探討鄭治時期治安的檔案與文獻如：江日昇（升）的《臺灣外記》，內容記載從鄭芝龍起於1621年（明天啓元年）至1683年（明永曆37年、清康熙22年）鄭克塽出降的鄭氏王國興亡史，期間共63年。由於鄭氏家族的史料較少，本書雖有小說性質，但內容係江日昇的父親江美鰲原爲鄭成功家

---

[54] 程紹剛，《荷蘭人在福爾摩莎》（*De VOC en Formosa,1624-1662*），（臺北：聯經，2000年10月）。

[55] 村上直次郎，郭輝 譯，《巴達維亞城日記》，（臺北：臺灣文獻委員會，1970年6月）。

[56] 鄭維中，《荷蘭時代的臺灣社會—自然法的難題與文明化歷程》，（臺北：前衛，2004年7月）。

[57] Tonio Andrade, 鄭維中 譯，《福爾摩沙如何變成臺灣府》，（臺北：遠流，2007年2月）；《決戰熱蘭遮：歐洲與中國的第一場戰爭》，（臺北：時報文化，2012年12月）。

族鄭彩翊部下，江日昇自幼從父，對鄭氏家族甚為熟悉，透過父子口傳方式，江日昇的《臺灣外記》填補了許多史料未記載的空白，故成為學術上的重要參考文獻。

而曹永和的《臺灣早期歷史研究》和《臺灣早期歷史研究續集》二書雖然是針對臺灣在荷蘭、西班牙和鄭氏王國統治時期的歷史論述，但仍然有助於對當時臺灣治安情形的進一步了解與參考，特別是有關臺灣早期歷史和海上治安的資料參考。

（四）、探討清治時期治安的檔案與文獻如：郁永河的《裨海紀遊》共分三卷，〈卷上〉主要寫郁永河於1697年（清康熙36年）1月初由福州出發到2月底日抵達臺灣的遭遇，當中對明鄭的歷史做了大概的敘述，也以大漢沙文主義對臺灣的原住民文化做了評論；〈卷中〉寫4月由臺南府城出發，一直到達淡水河硫磺地的情況；〈卷下〉寫煉硫、取硫的經過，直寫到10月採硫工作完成，搭船離開淡水河，經臺灣海峽，回到省城福州。

連橫的《臺灣通史》，網羅清代臺灣舊有方志撰寫而成，是臺灣三百年來第一部通史巨著，內容記載有關臺灣歷史開始於605年（隋大業元年），止於1895年（清光緒21年），此書為紀四、志二十四、傳六十，凡八十八篇。戴炎輝的《清代臺灣之鄉治》是充分運用《淡新檔案》將鄉庄之核心的組織體之自然鄉庄，及其聯合體之聯庄的組織，墾隘制，官令民間舉辦的保甲、團練及清庄聯甲等制之各歷史的演變，各組織體的法律上之性質及其任務，各組織體相互之間的影響。換言之，乃墾隘、保甲、團練及清庄聯甲如何影響於自然街庄及聯庄。亦即《清代臺灣之鄉治》對於清治臺灣時期地方治安，或所謂的「自治警察」有非常深入的探討。

許雪姬《北京的辮子---清代臺灣的官僚體制》[58]的論述清代臺灣官僚體系；陳其南《臺灣的傳統中國社會》[59]；陳紹馨《臺灣的人口變遷與社會變遷》[60]；王世慶《清代臺灣社會經濟》[61]等文獻，在治安議題上亦提供了局部性線索的參考價值。

二、現代臺灣軍領治安的檔案與文獻

現代臺灣治安史的結構與變遷則包括了日治時期的「殖民治安」（1895~1945）、國治時期戒嚴治安（1945~1987）的「軍領警察」治安（1895~1987）年代。

（一）、探討日治時期治安的檔案與文獻如：《臺灣征蕃記》原名《高沙浪の跡》；而樺山資紀針對「牡丹社事件」所寫的〈日記〉與水野遵的《臺灣征蕃記》遺稿謄寫本。[62]《臺灣拓植株式會社檔案》是以1936年12月臺灣拓植株式會社開辦的業務為保存主體，紀錄南進政策的強取華南、南洋和臺灣島內各種農、漁業資源所引發涉外性治安議題。《臺灣樟腦專賣志》是收錄日治臺灣初期因為臺灣樟腦產銷結構問題所引發與外商權益之間的糾紛，也因開始官員干涉並取締外商的商業行

---

[58] 許雪姬，《北京的辮子---清代臺灣的官僚體制》，（臺北：自立晚報，1993年3月）；許雪姬，《滿大人最後的二十年》，（臺北：自立晚報社，1993年3月）。

[59] 陳其南，《臺灣的傳統中國社會》，（臺北：允晨文化，1997年10月）。

[60] 陳紹馨，《臺灣的人口變遷與社會變遷》，（臺北：聯經，1979年5月）。

[61] 王世慶，《清代臺灣社會經濟》，（臺北：聯經，1994年8月）。

[62] 林呈蓉，《水野遵：一個臺灣未來的擘畫者》，（臺北：臺灣書房，2011年12月），頁164-276。

為，演變成臺灣總督府涉及英德兩國的治安議題。《臺灣總督府公文類纂》永久保存的部分所收錄這些衝突的片段檔案，較之於日本外交史料館所收藏的外務省檔案，顯得散置於事件發生年份的檔案當中，而日本外交史料館類如編年史的表列內容中，可適度釐清臺灣樟腦涉外事件的治安議題，以及所牽涉的相關單位、延續時間的長短。

對於日治時期的警政發展，當屬由臺灣總督府警務局所編寫的《臺灣總督府警察沿革誌》，詳細分別在第一冊的《臺灣總督府警察沿革誌（第一編：警察機關的構成》中，敘述了日治時期臺灣警察機關的組成；第二冊的《臺灣總督府警察沿革誌（第二編領臺以後的治安狀況（上卷）》中敘述了日治臺灣初期的治安；第三冊的《臺灣總督府警察沿革誌（第二編領臺以後的治安狀況（中卷）：臺灣社會運動史》中敘述了日治臺灣中期的文化運動、政治運動、共產主義運動、無政府運動、民族革命運動、農民運動、勞動運動、右翼運動等重大社會運動的治安事件；第四冊的《臺灣總督府警察沿革誌（第二編領臺以後的治安狀況（下卷）：司法警察及犯罪即決的變遷史》中敘述了日治臺灣刑事裁判制度及司法行政組織的變遷、刑事法規的變遷、犯罪即決的制度、司法警察的組織規程和犯罪搜查的相關規定，以及罰金和刑求處分的存廢問題；第五冊的《臺灣總督府警察沿革誌（第三編警務事蹟篇》中敘述了日治臺灣警察人員的任免、賞罰、勤務、休假、講習、教養，以及制服、武器攜帶等相關規定。[63]

而對於日治時期的治安研究最具有代表性，資料蒐集最完

---

[63] 臺灣總督府警務局，《臺灣總督府警察沿革誌》，（臺北：南天，1995年6月）。

備的除了由臺灣總督府警務局所編寫的《臺灣總督府警察沿革誌》之外，另外於1945年由總督府編纂的《臺灣統治概要》，以及伊能嘉矩的《臺灣文化志》則以日本人田野調查的研究方法，對於臺灣原住民、漢人之間關係的發展有詳細的第一手資料分析，除了關於臺灣族群的發展之外，特別是在清治時期臺灣文化、歷史、典章制度方面的整理，資料非常豐富，記載也很詳實；另外《伊能嘉矩の臺灣踏查日記》一書，對於19世紀末期以前的臺灣，和日本統治臺灣以後的20世紀初期警察與原住民之間有關社會治安的議題，提供了不少研究的參考資料。

　　張漢裕與馬若孟（Ramon H. Myers）〈日本在臺殖民開發政策（1895~1906）－官僚經營的研究〉[64]、涂照彥《日本帝國主義下的臺灣》與矢內原忠雄《日本帝國主義下之臺灣》[65]等論述日本帝國主義統治下的臺灣發展；而戴天昭《臺灣國際政治史》[66]的論述則偏重臺灣在近代國際政治上處境；吳三連、葉榮鐘等人《臺灣民族運動史》[67]的論述則偏重在日治時期臺灣民族的政治社會運動。另外，陳翠蓮《臺灣人的抵抗與認同：1920~1950》[68]則論述日治中期臺灣人的抵抗運動與

[64] 張漢裕與馬若孟（Ramon H. Myers）著，〈日本在臺殖民開發政策（1895-1906）－官僚經營的研究〉，收錄：金耀基等著，《中國現代化的歷程》，（臺北：時報出版公司，1990年11月），頁299-331。

[65] 涂照彥，《日本帝國主義下的臺灣》，（臺北：人間，1993年11月）；矢內原忠雄，《日本帝國主義下之臺灣》，（臺北：海峽【重刊】，1999年10月）。

[66] 戴天昭，《臺灣國際政治史》，（臺北：人間，1997年1月）。

[67] 葉榮鐘 等，《臺灣民族運動史》，（臺北：自立晚報社，1982年2月）。

[68] 陳翠蓮，《臺灣人的抵抗與認同：1920~1950》，（臺北：遠流，

國家認同的過程；大陸學者李理《日據臺灣時期警察制度研究》[69]除描述日治時期臺灣警政之外，還針對臺灣與朝鮮、滿州的治安做了比較分析。

（二）、探討國治時期戒嚴治安的檔案與文獻如：《臺灣省通志《重修臺灣省通志》外，李湧清和章光明的論述，前者強調警察角色的影響因素，包括政治、法律、社會大眾、警察自我認知與科技；後者強調警察的許多行為都需透過政治過程與政治手段完成。陳宜安的《我國國家體制與警政發展》，是以臺灣戒嚴體制的個案（1950~1987），從歷史學途徑分析警政發展的特質，及其國家體制的關係；至於，呂實強與許雪姬、許介鱗、陳純瑩分別在《臺灣近代史（政治篇）》中論述清治時期、日治時期，和中華民國在臺灣時期每一階段的警政發展歷程。

而由中央警官學校（現改名中央警察大學）編輯出版的《六十年來的中國警察》則是敘述中華民國自1911年成立以來，至1971年的警政發展，這時間涵蓋1949年以前中華民國政府在大陸時期，和退居臺灣以後至1971年止的警政發展。其內容除了有〈六十年來的警察發展簡史〉和附錄的〈六十年來警察大事記〉之外，還專章分別敘述了六十年來的警察法令、警察組織、行政警察、刑事警察、專業警察、警民關係、警察教育等七章專論警政發展，是一部針對中華民國這六十年來完整的警政發展史。[70]

2008年8月）。

[69] 李理，《日據臺灣時期警察制度研究》，（臺北：海峽，2007年12月）。

[70] 中央警官學校編輯委員會，《六十年來的中國警察》，（臺北：中

另外，內政部警政署編印《中華民國（臺灣地區）警察大事記》，則是分月紀錄了從1945年至1994年期間五十年的警察大事記，在內容上雖沒有《六十年來的中國警察》一書的再分別以專題論述，卻可以部分補齊1971年以後，至1994年之間解嚴前後的重要警政工作紀錄。[71]

三、後現代臺灣警管治安的檔案與文獻

後現代臺灣治安史的結構與變遷則是指國治時期解嚴（1987~2008）和國治時期法治治安（2008~迄今）的「警管治安」（1987~迄今）年代，其重要的檔案與文獻如：陳添壽、章光明的〈警察與國家發展〉，孟維德、許福生的〈臺灣警察組織的變遷〉，桑維明、章光明的〈臺灣警政發展史—警察政策〉，李宗勳、陳宜安、吳斯茜的〈臺灣警察警政發展史—警察教育篇〉，張淵菘、章光明的〈臺灣警察業務發展史〉，廖有祿、林裕順的〈犯罪偵防發展史〉，黃俊能、張維平、曾兆延的〈臺灣警政科技發展史〉，蔡庭榕、劉嘉發的〈臺灣警察發展史—法制篇〉，陳明傳的〈中華民國百年警察史—警察勤務發展史〉等多篇論文，主要內容論述臺灣自1945年光復以來至2011年中華民國一百年的警政發展。[72]

另外，孟維德的〈我國警政模式的變遷與發展—民國元年~一百年〉，採用了警察組織的外在環境、警察的職權來源、警察的功能、警察組織的設計、警察運作策略、警察績效

央警官學校，1971年12月）。

[71] 內政部警政署，《中華民國（臺灣地區）警察大事記》，（臺北：內政部警政署，1995年12月）。

[72] 內政部警政署，《中華民國（臺灣地區）警察大事記》，（臺北：內政部警政署，1995年12月）。

和警政管理的理論架構等七項與警政變遷關係密切的指標，做為各發展階段的基礎，提供本文在分析影響臺灣治安史的結構與變遷中有關涉外性、政治性、經濟性、社會性等治安的參考項目。[73]特別是孟維德的針對跨國主義、跨國犯罪的定義與類型有深入分析，提供本文涉外性治安的思考。[74]

　　上述參考文獻不論是前現代、現代或後現代的治安文獻，不是偏重於國內，就是偏重於國外政經發展的論述，而且也都只是限於階段性警政發展或治安的論述，對於完整的臺灣治安史的論述比較缺乏。換言之，由於本文的研究範圍涵蓋臺灣早期歷史，但因歷史發展過程曲折，不但時間長達400多年，特別是比較早期的原住民時期和荷西時期，由於臺灣受到不同政權的統治，導致臺灣歷史的檔案與文獻無法完整真實呈現。

　　臺灣在中國隋朝以後雖有琉球、東番等與臺灣相關的記載，但多雪泥鴻爪，而荷蘭、西班牙治臺時期的文獻，則以東印度公司臺灣督辦或教會的工作日記及報表居多。及至鄭治時期，雖始具「國家」雛形，但因立國期間短暫，本身可供記述史事就不多，加上清帝國對鄭氏文物的蓄意毀壞，導致不容易找到原始鄭氏文獻。而清治臺灣的時間雖久，但多屬地方志類的官文書。因此，在日治以前的臺灣研究文獻比較缺乏嚴謹的相關統計資料，而難以採用量化的研究方法加以分析。

　　及至日治和國治時期，隨著這時間累積和研究方法的精

---

[73] 孟維德，〈我國警政模式的變遷與發展—民國元年~一百年〉，中央警察大學行政警察學系暨警察政策研究所，《建國百年治安、警政變革與展望學術研討會論文集》，（桃園：中央警察大學，2011年5月24日），頁21-42。

[74] 孟維德，《國際警察合作與跨國犯罪防制》，（桃園：中央警察大學，2000年9月）。

進，可供參考的文獻已汗牛充棟。因此，本文為顧及臺灣治安史的連續性與整體性，而所特別採取的文獻分析法也僅能就相關參考資料和領域的研究成果，參考其資料及相關文獻，並將其部分研究整理成圖形和表格，或透過將原文置於注釋中說明的方式，儘量避免引用繁瑣、艱澀的文字，以保持本文論述的流暢。

假若將本書的論述，定位為歷史研究，顯然有其牽強之處，畢竟對資料的處理並未能完全符合學術上歷史學研究方法的要求。然而，本書的政治經濟學研究對於相關次級資料的發掘、蒐集與取得，雖受到時空及個人能力的限制，但仍力求完整，或許仍然還有許多未盡周詳的地方。未來筆者仍將一本初衷，繼續深入探索，以期內容上能更詳盡、豐富，特別是臺灣進入政治民主化、經濟市場化和社會公民化之後，應該尋求警察與國家發展在回應全球化，和保障人權的兼顧憲政體制與促進人民福祉，是本文應該繼續探討的目標。

第六節　章節安排

本論文分為上、中、下三編，共計九章。

第一章緒論，旨在介紹本研究的動機與目的、研究途徑與分析架構、研究範圍與文獻探討，以及本文的結構說明。

上編：前現代警察與國家發展的臺灣傳統警察治安年代（~1895），包括第二章從失竊時代涉外性、村社型政治性、自足式經濟性、氏族化社會性治安，來論述原住民時期民會治安的結構與變遷（1600~1624），綜合形塑了議會政府型態的警察角色；

第三章從大航海時代涉外性、重商型政治性、複合式經濟性、多國化社會性治安，來論述荷西時期商社治安的結構與變遷（1624~1662），綜合形塑了公司政府型態的警察角色；

　　第四章從近世國家時代涉外性、封建型政治性、宗主式經濟性、土著化社會性治安，來論述鄭治時期軍屯治安的結構與變遷（1662~1683），綜合形塑了受封政府型態的警察角色；

　　第五章從工業革命時代涉外性、皇權型政治性、君主式經濟性、定著化社會性治安，來論述清治時期移墾治安的結構與變遷（1683~1895），綜合形塑了邊陲政府型態的警察角色。

　　中編：現代警察與國家發展的臺灣軍領治安年代（1895~1987），包括第六章從民族主義時代涉外性、帝國型政治性、統制式經濟性、內地化社會性治安，來論述日治時期殖民治安的結構與變遷（1895~1945），綜合形塑了軍國政府型態的警察角色；

　　第七章從極端主義時代涉外性、威權型政治性、家父長式經濟性、黨國化社會性治安，來論述國治時期戒嚴治安的結構與變遷（1945~1987），綜合形塑了戡亂政府型態的警察角色。

　　下編：後現代警察與國家發展的臺灣警管治安年代（1987~迄今），是第八章從後冷戰時代涉外性性、政黨型政治性、夥伴式經濟性、多元化社會性治安，來論述國治時期解嚴治安的結構與變遷（1987~2008），綜合形塑了轉型政府型態的警察角色。

　　第九章是結論與展望。結論是國際環境涉外性從失竊時代經大航海時代、近世國家時代、工業革命時代、民族主義時代、極端主義時代到後冷戰時代的治安變遷；政治性從村社

型、重商型、封建型、皇權型、帝國型、威權型到政黨型的治安變遷；經濟性從自足式、複合式、宗主式、君主式、統制式、家父長式到夥伴式的治安變遷；社會性從氏族化、多國化、土著化、定著化、內地化、黨國化到多元化的治安變遷，綜合形塑警察角色的從傳統治安經軍領治安，到警管治安的角色變遷。

　　展望未來的警察與國家發展，臺灣治安史的結構與變遷已進入法治治安的階段，面對國際環境的全球化時代涉外性治安，和國內環境的民主型政治性治安、市場式經濟性治安、公民化社會性治安，所綜合形塑法治治安的偏重保障人權與促進服務效率追求，遂成為是警察與國家發展的走向公共服務政府型態，所必須扮演的角色和必須面對的新課題。

上　編
前現代警察與國家發展：臺灣傳統治安年代（～1895）

第二章　原住民時期民會治安的結構與變遷（～1624）

※這是1%所有、1%所治、1%所享的社會！我們的經濟與政治體系承諾我們要做的事，與他們實際做的事，兩者天差地別到不能容忍忽視的地步。※

（Joseph E. Stiglitz）－2001年諾貝爾經濟學獎得主

臺灣的土著（native）或稱爲臺灣原住民族。在中國歷史文獻上有關臺灣的記載，如《尚書‧禹貢》的「島夷」，《列子‧湯問》的「岱員」，《山海經‧海內南經》的「彫題」，《史記‧秦始皇本紀》的「蓬萊」、「方丈」、「瀛洲」，《漢書‧地理志》的「東鯷」，《三國志‧孫權傳》的「夷洲」，和《隋書‧東夷列傳》的「流求」，都指涉臺灣。因此，就有秦朝稱「瀛洲」、三國稱「夷洲」、漢朝稱「東鯷」、隋朝稱「流求」，乃至於唐朝稱「島夷行」、宋朝稱「毗舍耶」（Bisaya）等不同的說法。[1]

　　對於臺灣原住民族住居與生活的地理區域而言，乃有生於本地、來自南方、來自西方，及來自北方的四種可能，亦有認爲多屬於南島語系（Austronesian Language Family）的馬來玻利尼西亞族群，早期對外接觸地區或許僅限在南洋、大洋洲等地。[2] 但臺灣如同最早的地方誌《臺灣紀略》記述：「海中孤島，地在東隅，形似灣弓。」證明某一過去之時代由中國大陸分離而成之地質學者之考定，和人文上之沿革，自然屬於中國漢族。[3]

　　而就其發展的歷史可以遠溯公元前的年代，如果只說臺灣

---

[1] 有關臺灣地名的變遷可參閱：伊能嘉矩，國史館臺灣文獻館 編譯，《臺灣文化志（修訂版）》【上卷】，（臺北：國史館臺灣文獻館 編譯，2012年1月），頁2-65。不過根據近期的研究，隋朝時代稱的「流求」與元朝的「瑠求」，很有可能是目前的琉球而非臺灣。參閱James W. Davidson, 陳政三 譯註，《福爾摩沙島的過去與現在》，（臺北：國立臺灣歷史博物館，2014年9月），頁xx。

[2] 薛化元，《臺灣開發史》，（臺北：三民，2008年1月），頁9。

[3] 伊能嘉矩，國史館臺灣文獻館 編譯，《臺灣文化志（修訂版）》【上卷】，（臺北：國史館臺灣文獻館 編譯，2012年1月），頁2。

人四百年史，而不說臺灣人幾千年史或幾萬年史，其說臺灣人四百年史，這個「臺灣人」已有中國的意涵。因爲，這個陳述忘了來自東南亞的臺灣人，而僅指四百年前開始大量由中國大陸來的臺灣人。[4]

隨著文化意識高漲，中華民國政府於1994年憲法增修條文將「山胞」正名爲「原住民」。1996年12月10日正式成立「原住民委員會」，將爭議多時的「山胞」、「高山族」、「番族」等不一的名稱正式定名爲「原住民」，以對原臺灣住民的尊重，2002年3月又將原住民委員會改稱「原住民族委員會」，更符合臺灣許多原住民部族的事實。當然，臺灣各個土著民族之間的關係，並不是一個籠統的「原住民」稱呼就可以概括的。[5]

臺灣的原住民族基本上分爲高山族和平埔族兩大族群，居住在平原地帶的「平埔族」約有10個族群。4百多年以來，平埔各族在漢人來臺開拓，先後與其同化，現絕大部分幾乎無法分別。高山族是相對於平埔族的稱呼，也就是一部分是居住在臺灣中央山脈和東部峽谷和海岸地區的原住民人口。

1954年3月中華民國內政部公布臺灣省山地的包括泰雅族、賽夏族、布農族、鄒族、魯凱族、排灣族、卑南族、阿美族，和達悟族等9族，2013年先後增加邵族、噶瑪蘭族、太魯閣族、薩奇萊雅族、賽德克族，共爲14族。2014年居住在高雄那瑪夏區的「卡那卡那富族」，和「拉阿魯哇族」原被歸爲阿

[4] 林滿紅，《晚近史學與兩岸思維》，（臺北：聯經，2002年10月），頁178。

[5] 周婉窈，《臺灣歷史圖說（史前至一九四五年）》，（臺北：聯經，1997年10月），頁42。

里山鄒族，他們也已正名成為臺灣原族民族的第15、16族。[6]
目前積極爭取正名的還有臺南西拉雅族。

　　至於西方國家對「臺灣」的稱呼，如葡萄牙稱臺灣為「福
爾摩沙」（Formosa）[7]，而當時平埔族的「大員社」或稱「臺
員社」，亦由「大員」或「臺員」轉音為「臺灣」。因此，
「臺灣」的正式命名為臺灣，一直要到來自福建的漢人顏思齊
踞有其地，始稱臺灣。[8]

第一節　原住民時期治安議題

　　承上所述，臺灣可能在4、5萬年前漸漸與中國的大陸版
塊分離，大約在1萬年前形成和今天形狀大略相當的島嶼。所
以，1624年以前的6千年至7千年可謂是臺灣的古代史。根據其
演進過程可分為：第一，舊石器時代已知用火，使用打製石
器、骨角器來採集植物和獵取動物，過著採集、狩獵和漁撈的
生活。第二，新石器時代從開始以根莖作物為主，逐漸轉型以
稻米等穀類為主的農耕。第三，金屬器時代已發展到使用鐵

---

[6] 陳奇祿，《民族與文化》，（臺北：黎明，1983年6月），頁36-
　　38。

[7] 臺灣之所以被稱為福爾摩沙，乃因為16世紀中葉一艘葡萄牙船隻駛
　　過臺灣，船員見到島上綠意蔥籠，遂大呼Ilha Formosa，意指「美
　　麗之島」。但翁佳音根據1596年出版林斯豪頓《東印度水路誌》內
　　的地圖與文字後，認為福爾摩沙其實是指更東北方琉球的奄美大
　　島，以前叫小琉球。

[8] 臺灣史料集成編輯委員會 編，臺灣史料集成 清代臺灣方志彙刊
　　（第一冊），蔣毓英 纂修，《臺灣府志》，（臺北：文建會，
　　2004年11月），頁124。

器、銅器階段，這些不同類型的文化都被原住民族的祖先承傳下來。[9]

換言之，對於臺灣原住民族而言，是「未有臺灣，先有祖靈之邦」。臺灣原住民時期所謂的「失竊」時代所指的正是，原住民族在地理上和歷史上被國際孤立，和沒有自己文字記載的臺灣。原住民時期臺灣治安議題只能依賴主要歷史文獻中尋找有關臺灣的記述性分析。

因此，本章將針對原住民時期治安的結構與變遷，採取失竊時代貿易、海盜、走私、漁場和海域資源等治安議題所引發的涉外性治安，從無中央政府狀態、村社民會、村社長老領導權等議題所引發的村社型政治性治安，從樵採、漁獵場域、水資源和地權等議題所引發的自足式經濟性治安，從馘首、竊盜、姦淫、賭博、傷害、殺人、酗酒、瘧疾等議題所引發的氏族化社會性治安，最後就其所形塑綜合性民會治安的會議政府型態警察角色，加以分別論述。

第二節　失竊時代涉外性治安

原住民時期所指的失竊時代的時間，是指1624年荷蘭人未正式統治臺灣的期間。檢視人類社會的演變過程，從村社經酋邦（chiefdom）、邦國（城邦）、王國到帝國，但承上述臺灣卻長期停滯在村社階段。對照人類文明史進程的通則，所謂石器、青器和鐵器的三階段，臺灣卻沒有經過青銅的時代。至於，結束於17世紀的臺灣史前史，直到最後的4百多年，社會

---

[9] 薛化元，《臺灣開發史》，（臺北：三民，2008年1月），頁5。

組織依然簡單，生產力依然低落，沒有出現前古代國家時期的貧富分化和社會分工型態。換言之，在這個最後階段，臺灣島嶼沒有出現較複雜的政治經濟體，不論是內在自然發展的結果或是外力強加的政權，都不曾有過。[10]

因此，臺灣原住民族雖然經過一段相當漫長的歲月，卻未曾有過「國家」（nation）的出現。從競爭性國家體系和世界性資本主義體系檢視原住民時期的涉外性治安，不論是與臺灣海峽對岸中國，或來自東北方較遠日本的對外活動，畢竟只限於東亞經濟生活圈。但是到了15世紀初開始，當時東亞和西歐都有航海家從事航海和探險，他們的努力冒險促成日後世界文明的交匯，而當時臺灣原住民族的涉外性海域活動，主要可以從1405年大明帝國鄭和下西洋（指婆羅洲以西的海洋）加以檢視。

鄭和率隊的浩浩蕩蕩出航，突顯17世紀以前中國造船技術與航海能力可與當世歐洲國家並駕齊驅。但鄭和艦隊下西洋並未如歐洲國家航海探險的性質，其大都巡弋於古來亞洲商人熟悉的海域和航線，主要目的是承蒙古元帝國海軍遠征印尼與日本的遺緒，普遍缺乏強烈的商業動機。當時的大明帝國受困於北方的邊患，並不注意海權的發展。致使在鄭和的海洋活動之後，有利於發展航海的事業並未持續。如果從明帝國中葉算起，到1840年鴉片戰爭，明清帝國約有長達四百年遠離海洋的閉關自守歲月。

對於當時引發的臺灣涉外性治安議題，根據金鋐主修《康

---

[10] 杜正勝，〈揭開鴻濛：關於臺灣古代史的一些思考〉，《福爾摩沙——十七世紀的臺灣、荷蘭與東亞》，（臺北：故宮，2003年1月），頁131。

熙福建通志臺灣府》指出，臺灣府，本古荒裔之地，未隸中國版圖。[11]高拱乾指出，臺自破荒以來，不載版圖、不登太史，星野分屬，何從而辨？然臺係屬於閩，星野宜從閩。[12]施琅指出，臺灣遠在海表，昔皆土番，流民雜處，未有所屬。及明季時，紅彝始有，築城，與內地私相貿易。後鄭成功攻佔，襲踞四世。[13]

　　而就澎湖（彭湖）的地理位置而論，澎湖位居臺灣本島和中國大陸之間，是進入臺灣的門戶，其發展歷史也一直要到了12世紀才有漢人移住的遺跡。南宋的泉州知府汪大猷爲了防衛澎湖（當時稱平湖）漢人免受外來的侵擾，曾經臨時性的派兵戍衛，這是拉開官方重視涉外治安的序幕。[14]

　　然而，正式的涉外治安機構也要等到了1335～1340年間（元帝國至元年間）澎湖才有類似現代海巡單位「巡檢司」的設置。尤其到了1368年大明國建國之初，更受制於張士誠、方國珍餘黨與日本倭寇勾結的因素影響[15]，不得不在1374年（洪

----

[11] 臺灣史料集成編輯委員會 編，臺灣史料集成 清代臺灣方志彙刊（第一冊），金鋐 主修，《康熙福建通志臺灣府》，（臺北：文建會，2004年11月），頁35。

[12] 臺灣史料集成編輯委員會 編，臺灣史料集成 清代臺灣方志彙刊（第二冊），高拱乾 纂輯、周元文 增修，《臺灣府志》，（臺北：文建會，2004年11月），頁64。

[13] 施琅，〈平臺紀略碑記〉，臺灣史料集成編輯委員會 編，臺灣史料集成 清代臺灣方志彙刊（第二冊），高拱乾 纂輯、周元文 增修，《臺灣府志》，（臺北：文建會，2004年11月），頁449。

[14] 曹永和，《臺灣早期歷史研究》，（臺北：聯經，1979年7月），頁94。

[15] 日本倭寇可以上溯至13世紀初，一般分為前期與後期，前期從13世紀初到15世紀，也就是到明朝初期，侵擾地域以朝鮮為主，次及中

武7年）廢除將元代以來鼓勵對外貿易的「市舶司」，1388年
（洪武21年）更強制澎湖住民移往中國大陸，並撤廢「巡檢
司」，突顯大明帝國面對來自海上安全治安所採取的消極閉關
政策。但是閩粵地區漢人仍然考量其地理和自然環境的優勢因
素，很自然地選擇了移居澎湖和臺灣。

大明帝國海禁治安政策就這樣延續了將近兩百年，到了明
嘉靖間（1522~1566）澎湖屬泉州同安，設巡檢守之。旋以海
天遙阻，棄之。[16]但是明嘉靖年間的倭寇之亂，和閩粵一帶的
漳、潮海盜領袖曾一本、林道乾、林鳳等人，先後都因逃避官
兵緝捕而來到澎湖再轉至臺灣魍港、打鼓山等地。[17]為因應來
自海盜大肆在海洋上進行搶劫或暴力活動，迫使1563年（嘉靖
42年）大明帝國為防制海盜猖獗，不得不又恢復「巡檢司」的
海防治安單位，並於1607年（明萬曆35年）改置「衝鋒兵」的
加強防備武力之後，部份的海盜及走私活動轉而嚴重威脅到臺
灣治安。[18]

檢視「巡檢司」設置與撤廢的舉棋不定，突顯大明帝國
對澎湖海防安全受制於倭寇和海盜的涉外性治安議題。尤其大

國；後期主要指16世紀，侵擾地域從中國、東中國海，一直到南
洋一代。石原道博，《倭寇》，（東京：吉川弘文館，1996年10
月），頁67。

[16] 臺灣史料集成編輯委員會 編，臺灣史料集成 清代臺灣方志彙刊
（第二冊），高拱乾 纂輯、周元文 增修，《臺灣府志》，（臺
北：文建會，2004年11月），頁69-70。

[17] 參閱：鄭廣南，《中國海盜史》，（上海：華東理工大學，1998年
12月），頁225-238。

[18] 澎湖天后宮在1919年地下挖出「沈有容諭退紅毛番韋麻郎等」
碑，印證1604年福建都司沈有容迫使荷蘭人離開的歷史事蹟。

航海時代初期的海盜李旦、顏思齊和鄭芝龍，由於深受朝廷加強澎湖防備措施的影響，迫使都曾先後出現在臺南（安平）一帶，從事於犯罪的跨國性走私交易。[19]尤其是有「海上大王」之稱的鄭芝龍，其所打下以臺灣為亞太地區的營運中心，是第一個以臺灣為基地的中國海商。他扮演一身的盜、商、官三種身份，其後更深深影響子孫鄭成功和鄭經的對臺灣經略，而當時的臺灣在實際上和名義上始皆歸屬中國。[20]亦即官方在維護涉外性治安工作上，對於海盜或海商的辨識和處置充滿灰色地帶，也極易造成「海商亦海盜」的模糊角色。

陳第指出，自通中國，頗有悅好，姦人又以濫惡之物欺之，彼亦漸悟，恐淳朴日散矣。[21]「海商亦海盜」行為除了在海洋及沿海地區進行暴力殺戮、搶劫財物與擄掠，而增加維護社會治安的困難度之外，它還進行各種軍事的武裝戰爭，諸如反抗官府與地主豪紳的武裝活動，以及抗擊葡萄牙、西班牙、荷蘭和英國等西方強權國家，在東亞海域所引發主權爭議的涉外性治安議題。[22]

另外，日本東亞海上活動也是影響臺灣涉外性治安議題

---

[19] 翁佳音，《荷蘭時代臺灣史的連續性問題》，（臺北：稻鄉，2008年7月），頁2-3。例如顏思齊的一生充滿傳奇，他曾於1624年率眾來臺墾拓，被人稱「開臺王」，但隔年即過世，就近葬在諸羅山上，也就是現今的嘉義縣水上鄉遺址，其領袖位置則由鄭芝龍接替。

[20] 曹永和，《臺灣早期歷史研究》，（臺北：聯經，1979年7月），頁13。

[21] 陳第〈東番記〉，參閱：周婉窈，《海洋與殖民地臺灣論集》【臺灣研究叢刊】，（臺北：聯經，2012年3月），頁150。

[22] 鄭廣南，《中國海盜史》，（上海：華東理工大學，1998年12月），頁8。

的重要環境因素。1592年長崎、京都和堺的商家，獲得幕府將軍豐臣秀吉特准海外貿易的「朱印狀」，於是裝備朱印船，開往南方海域尋求發財機會，並在臺灣島大員設立總部，從事日本、大明、澳門、安南、暹羅、呂宋、以及爪哇間的定期貿易。[23]1593年豐臣秀吉曾派臣攜國書於使呂宋之便，要致「高山國」（Takasago, 臺灣）促其入貢，但因當時所謂「高山國」並非具統一政權的國家而沒有具體結果。

特別是到了1609年和1611年九州島原藩主有馬晴信，還有長崎代官村山等安的兒子村山秋安，都曾先後分別率船帶兵來到臺灣，而此時島上已群居不少的中國人，加上為數龐大的土著，群起對抗入侵者，日方統領兵力薄弱，眼看無法戰勝，不得不失望離去。當時德川交付有馬晴信到臺灣的任務，就是偵察港灣、調查物產、連絡土著，和對中國的轉口貿易船可會合於「高砂（山）國」，實行通商。[24]

陳第指出，臺灣原住民族始皆聚居濱海，嘉靖末，遭倭焚掠，迺避居山。[25]日本的侵擾行動雖然失敗，但臺灣在東亞地區所受到重視的地理位置，特別是發展出「會船點」（rendezvous）型態，臺灣變成是中國、日本「勘核貿易」管

---

[23] 陳政三 譯註，達飛聲（J. W. Davidson）原著，《福爾摩沙的過去與未來》【上冊】，（臺北：國立臺灣歷史博物館，2014年9月），頁7。

[24] 長崎代官是長崎最高行政長官「長崎奉行」之下的官職，相當於現在的市長兼治安首長。參閱：湯錦臺，《大航海時代的臺灣》【全新增修版】，（臺北：如果出版社，2011年11月），頁53、76~90。

[25] 陳第〈東番記〉，參閱：周婉窈，《海洋與殖民地臺灣論集》【臺灣研究叢刊】，（臺北：聯經，2012年3月），頁149。

制下，走私貿易者到東南亞港口的一個會合地。由於日本海上勢力已曾分別到達臺灣北部的基隆和南部的安平一帶，因而形成以臺灣、中國福建和日本九州爲核心的三邊貿易，嚴重的走私議題引發臺灣涉外性治安。

　　換言之，原住民時期臺灣涉外性治安議題，在大航海時代除了要面對東亞海域中國、日本的海盜侵犯和跨國走私之外，當時西方歐洲部分國家因受到自己國內生產資源的有限，而對於市場迫切需求的影響，導致葡萄牙、西班牙、荷蘭等國家的不顧海上安全，而且抱持不惜一戰的接踵東來，積極開拓市場資源和建立貿易據點，但這並不代表大明帝國就可以容忍他國有侵佔澎湖的舉動，這也是後來引發大明帝國對荷印公司用兵的原因。

　　回溯西班牙於1628年（崇禎元年）佔領北臺灣淡水一帶，而與1624年（天啓4年）佔據南臺灣大員（今安平一帶，尙未指稱臺灣全島）的荷蘭形成對峙，而在1642年（崇禎15年）才由荷蘭完全佔領，開啓了臺灣從「失竊時代」進入文字歷史與接觸西方文明的時代。[26]因此，大航海時代涉外性治安議題也在荷蘭人脫離西班牙統治，和從羅馬帝國的宗教和王權束縛中釋出之後，緊追隨著葡萄牙、西班牙人的海外航道擴張，在亞洲建立了從印尼到日本的商業王國，在這條商業利益鏈中包括了臺灣。[27]

---

[26] 曹永和，《臺灣早期歷史研究續集》，（臺北：聯經，2000年10月），頁19。

[27] 當時代表宗教王權的義大利曾站在中世紀商業革命和分工制度的最前線，一直到16世紀，義大利不論在提供對北歐或西班牙的銀行服務，或在製造業、商業上都扮演重要角色，但是它從來沒有能真正抓住市場轉向的大機會，而有一番大做爲，至少義大利的船隻從

荷印公司於1622年攻佔澳門失敗後，不得不從明國的大陸沿岸撤退，而暫時占領澎湖，並於風櫃尾強行築城。由於大明帝國堅持澎湖在其皇朝版圖內，荷蘭船隊司令官不得不於同年來臺測量是否有合適的替代港口。翌年，又兩次派荷蘭商人，在中國商人陪同下來到蕭壠社、麻豆社進行交流。最後在原住民族不反對，甚至協助提供建築材料，荷印公司暫時選擇大員沿岸，有大海灣環繞的沙汕上，築起一座簡單的防禦城砦與貨棧，以確保安全治安來順利進行商業活動。[28]

第三節　村社型政治性治安

結束於17世紀的臺灣史前史，直到最後的近5百年，原住民族仍然沒有出現較複雜的政府體制，都不曾有過統一政權的「國家」（nation-state），過的是「無曆日文字」。陳第指出，東番夷人不知所自始，居彭湖外洋海島中，起魍港、加老灣，歷大員皆其居也，斷續凡千餘里。種類甚蕃，別為社，社或千人、或五六百，無酋長，子女多者眾雄之，聽其號令。鄰社有隙則興兵，期而後戰，疾力相殺傷，次日即解怨，往來如初，不相讎。所斬首剔肉存骨，懸之門，其門懸骷髏多者，稱

來就沒有進入印度洋或橫越大西洋。在其他國家競相到海外發展和尋求新市場之際，義大利卻十分內向地僅在內海發展。同時，該國受到社會的舊結構束縛甚深，工會控制了工業，使製造業無法隨社會市場的需求改變而有所調適。參閱：湯錦臺，《大航海時代的臺灣》【全新增修版】，（臺北：如果出版社，2011年11月），頁5。

[28] 翁佳音，《荷蘭時代臺灣史的連續性問題》，（臺北：稻鄉，2008年7月），頁5-6。

壯士！壯士！[29]

　　雖然在臺灣原住民族中的卑南族、排灣族曾出現有過跨其原有族群及部落的「大龜文王國」，以及臺灣中部平埔族建立的「大肚王國」（Quantawong）。但檢視「大龜文王國」（現屬屏東縣獅子鄉的大龜文社）其組織、制度仍屬部落階段，從學術嚴謹來說不能稱作「王國」。但若從文化認同、想像共同體的角度而論，稱作「王國」，亦如一般人或企業所稱的「電子王國」、「音樂王國」。

　　對「大龜文王國」有致命影響的是1875年與清帝國爆發的「獅頭社戰役」，和1914年與日本發動的「南番事件」，「大龜文王國」社群的武器全被日本繳械。至於，「大肚王國」則在清帝國採取「以番治番」的武裝制壓後，「大肚王國」社群才在雍正（1723-1735）以後完全衰亡。

　　然而，檢視「大龜文王國」、「大肚王國」其實也只是極為鬆散的村社聯盟，沒有具體的組織和有效率的統制形式。易言之，臺灣原住民族政治性質體制的組成，乃依聚落形成村社所組成共同體的村社意識。陳第指出，族又共屋，一區稍大，曰公廨，少壯未娶者，曹居之，議事必於公廨，調發易也。[30]

　　高拱乾進一步指出，土官有正、有副，大社至五、六人，小社亦三、四人。隨其支派，各分公廨。有事，咸集於廨以聽議；小者皆宿外供役。[31]顯現原住民族從無酋長到類如里長、

---

[29] 陳第〈東番記〉，參閱：周婉窈，《海洋與殖民地臺灣論集》【臺灣研究叢刊】，（臺北：聯經，2012年3月），頁147-148。

[30] 陳第〈東番記〉，參閱：周婉窈，《海洋與殖民地臺灣論集》【臺灣研究叢刊】，（臺北：聯經，2012年3月），頁148。

[31] 臺灣史料集成編輯委員會 編，臺灣史料集成 清代臺灣方志彙刊（第二冊），高拱乾 纂輯、周元文 增修，《臺灣府志》，（臺

保甲的正副土官，以統攝社民的設置，極可能是為了與中國人
對話而產生的制度。[32]

例如西拉雅族的社民在決策模式上是由12名適當男子組成
的會議，每兩年全部改選，被選任者，同為約40歲的年齡層。
社中重要事務先在會中議論；然後於村社大會上，村社長老為
自己意見辯解，試圖說服社民接受其觀點。實行與否，由此
「社民大會」決定，不在「村社會議」。至於西拉雅人對於犯
罪行為的盜竊、殺人與姦淫等案件，亦非由「番（村）社會
議」執行懲罰，慣例是由個人直接求償與報復。[33]陳第指出，
盜賊之禁嚴，有則戮於社，故夜門不閉，禾積場，無敢竊。[34]
亦即「番社會議」是行政業務的執行單位，稱「村社會議」；
而「番眾（社民）大會」是民意組織，稱之為「村社民會」。

承上所述，檢視村社組織的主要特性有：第一，村社的規
模不是很龐大；第二，村社的領導機制並非全然制度化，有依
循傳統式的，亦有尊從個人領導的；第三，村社成員對村社具
有強烈的歸屬感。因此，村社組織雖然缺乏一個強有力的「中
央政府」體制，沒有政府和正式法律，但密集的社會網絡仍以
建構在族（酋）長組成的「村社會議」與番眾組成大會的「村
社民會」，形成兩權分立的相互制衡機制。

北：文建會，2004年11月），頁320。

[32] 臺灣史料集成編輯委員會 編，臺灣史料集成 清代臺灣方志彙刊
（第九冊），六十七、范咸 纂輯，《重修臺灣府志（下）》，
（臺北：文建會，2005年6月），頁614-615。

[33] 翁佳音，《荷蘭時代臺灣史的連續性問題》，（臺北：稻鄉，2008
年7月），頁6。

[34] 陳第，〈東番記〉，轉引自：周婉窈，《海洋與殖民地臺灣論集》
【臺灣研究叢刊】，（臺北：聯經，2012年3月），頁149。

換言之，村社的最高權力機構既是掌握在「村社民會」，權力行使則是以透過「村社民會」的討論決策模式，推動各項決議事項，擁有命令與制裁權，因而相對地制衡各族長「村社會議」的行政權。議題內容包括村社的經濟、行政、祭禮及仲裁等重要事項，用以徵集稅收，負責治安，以利權力運作，至於人民生命財產的保護則是次要的。

　　「村社民會」也會每年定期提出對農耕經營項目的商議，例如協調播種時間、分配耕地等，都會利用村社民會做出決定。尤其，每當在「村社民會」閉會後，都會固定以舉行餐會的方式，讓與會村社代表盡情歌舞聯誼，所需費用則由不分割共有地的生產物所得來支付。原住民所建構的村社權力組織與運作機制，形成原住民特有的村社封建制，而與當時漢人移民社會的權力機制並存。[35]同時，也與其他國家村落共同體的政治組織構造不盡然相同。

　　就臺灣原住民時期共同體的近似「有序無政府」狀態，突顯有關村社權力體系可以從衝突中產生秩序的趨向。由於在這些體系中「缺乏中央統治」，也並非指缺乏組織機構，而是在一定的限度內，衝突可以透過協調而產生共同遵守的秩序。然而，由「村社民會」議決，「村社會議」執行的治安工作，到了1635年荷蘭首先攻下了南部的麻豆、蕭壟二社以後，就村社組織就產生結構性變化。

　　原住民村社開始轉向荷蘭駐臺長官宣誓效忠。這種宣誓效忠的方式，在1641年以後更改以「地方集會」（Landdag）的名義，分北部、南部、東部，及淡水四個集會區舉行；時間通

---

[35] 東嘉生，《臺灣經濟史研究》，（東京：東都書籍，1944年11月），頁22-23。

常規定於每年3~4月間，各村社長老集合於一定場所，向荷蘭
駐臺長官報告各該村的情況。荷蘭東印度公司賦予這些長老在
自己村內的司法權，並授予東印度公司鑲銀徽章的藤杖，作為
法律與權力地位的表徵。[36]

第四節　自足式經濟性治安

　　基本上，小規模的村社市場交易是存在於緊密的網絡之
下，由促成地區內交換的非正式限制所構成，而這種關係裡的
交易成本很低。雖然村社或村社組織之組成全社會的成本可能
很高，但是這些成本不會成為交易過程中的額外成本。人們對
彼此都有相互的了解，而且暴力威脅乃是維持秩序的長久力
量，人們也都清楚暴力所導致的嚴重後果。所以，原住民自足
式經濟性治安可以從獵場與漁場的爭奪、水權和地權的使用權
爭奪等議題加以檢視。

　　臺灣原住民族時期初級農業經濟是一個自產自銷，自己栽
種、蓋屋、縫紉，生產所需要的物品。每一村社或多或少都能
自給自足，貨幣很少見，商業交易極有限，甚至連農業所不可
或缺的土地買賣也不多見，當然成熟的勞動社會亦不存在。基
本上，原住民族的生產形態是由狩獵而半農半耕的游耕，乃至
於農耕的村社自足式經濟，或許存在村社與村社之間的簡單商
業交易。

　　原住民族時期初級農業的種植，多偏發展在臺灣西部平

---

[36] Tonio Andrade, 鄭維中 譯，《福爾摩沙如何變成臺灣府》，（臺
　　北：遠流，2007年4月），頁341。

原，後來除了部分漢人的從事耕作外，主要還是靠平埔族耕作的幼稚農業爲主，從旱作的粟作、小米到水田種稻。如果不是發生重大的天然災害，自足式農業社會通常是比較不會發生經濟性治安問題。至於臺灣進一步的農業技術一直要到荷蘭人來了以後才有突破性發展。[37]

　　檢視臺灣原住民時期小規模的村社市場交易是存在於緊密的網絡之下，由促成地區內交換的非正式限制所構成，而這種關係裡的交易成本很低。隨著市場規模的擴大，緊密的社會網絡轉換成不常往來的買賣關係，於是地區之間很快地造成更高的交易成本。因此，必須有較多的資源運用在衡量與執行的工作上，沒有集中的政治權威與單一的政治結構，或正式規則的原住民族自足式經濟型態，藉由宗教戒律成爲行爲規範，其降低交易成本的效果差異很大，全看這些戒律受人們遵守的程度。

　　就經濟性治安議題的角度而論，自足式經濟模式對於稀有資源在不同競爭市場之間的分配，是取決於風俗習慣，而非競爭實力。在傳統社會中，有關生產什麼及生產分工的決定，根本就不算決定。每年都是依照前些年的模式去做。氣候或許不同，農作物也可能不同，但是結果卻依據傳統規則來分配，導致依慣例形成的經濟型態，失去了因應市場環境改變的能力。

　　村社民會既是臺灣原住民時期的權力組織，也是真正權力運作中心，村社民會擔負起經濟性治安功能，以解決原住民族的食、住問題，和扮演維護集體狩獵、漁撈或是種植初級農物的經濟安全角色。一般經濟發展過程，在男人狩獵、女人採集

<hr />

[37] 曹永和，《臺灣早期歷史研究》，（臺北：聯經，1979年7月），頁293。

社會的交換，專業分工相當的粗淺，大部分的家戶都各求自給自足。稍微進步一點則有跨出部落的貿易擴張，如此增加一些專業分工。一但市場延展到地區的交易，則不僅涵蓋大區域的多邊市場有所成長，進行交易的市場已經建立，而且交易對象的數目也快速增加。雖然在這樣的市場交易，絕大部分的勞動力是用在農業上，但參與商業的活動比例逐漸上升。

換言之，臺灣原住民族自足式經濟的形態，雖然也隨採集、打獵、捕漁的逐漸向農耕階段發展。然而，臺灣經濟生產形態由狩獵而農耕，沒有經過游牧階段，主要是受到自然環境的影響。臺灣四周環海，地狹、山高、水急，沒有可供游牧之地，也就無法產生游牧生活。但是原住民族對於獵場與漁場的使用權則有區分，每條河流都有分段分屬各氏族掌理，如果要到別的區域捕魚，必須徵得同意，或是提出交易條件。

當臺灣尙屬原始經濟階段，也就和其他國家的經濟發展一樣，這種漁獵爲主的原始經濟必然逐漸向游耕過渡。原始傳統經濟發展的變遷，大體上男子皆從事漁撈以獲取動物性的生活必需品，而女子則努力於農耕以獲取植物性的物資，女子在獲取可利用的植物性物質以後，更從事於培養繁殖，而農業乃得以漸次開展。亦即在原始社會中，農務是女子的主要工作項目，而男子則以從事戰鬥與狩獵爲主。

檢視原住民時期臺灣傳統初級農業發展的地區，偏在西部平原，除了部分是移自中國的漢人從事耕作外，主要還是靠平埔族經營的幼稚農業爲主，從旱作栗作、種小米到水田種稻。原住民時期的經濟基本單位，也有採取聯合家族制，藉由組織產生了換工模式的生產關係，由多少不等的聯合家族形成一個換工集團（iusuzu），輪流在每個家族從事開墾或收穫工作，

土地本身是屬於部落或氏族所共有，個人只有使用權，如阿里山鄒族。

臺灣原住民族的土地財產權，從最早土地由領有而公有；公有之後，乃成族有；族有之後，乃成家有；家有之後，乃成私有。但由於人口逐漸增加，農業生產力也逐漸發達，土地乃感不足，轉耕遂有困難，個人已耕墾的土地，即使地利已盡，亦不放棄，而待地力的恢復，占有一久，對於土地，自然而然形成了所有權。[38]

但是一般平埔人對土地所有權相較之下並沒有漢人來的強烈，亦即中國在家庭小農制出現之前，是採集經濟與財產共有制並行，由於採集的成果受到 氣候影響的成份大於人的努力，財產制度也就傾向於共有制，而當一對夫婦定居下來農墾時，土地權概念就成為一個誘因。

這是當時臺灣土地所有權與使用權制度的形成與演變，突顯臺灣原住民族和少數大陸來臺漢人對於土地努力開拓的重視，雖然各族對土地制度的看法與態度並不完全一致。這樣的社會型態一直到了荷蘭統治臺灣之後，臺灣土地制度才出現新的面貌。

換言之，臺灣原本為原住民族生息的地方，因為荷蘭統治，臺灣才發展成為荷蘭東印度公司在遠東貿易網絡中一個不可或缺的貿易基地，對最初深受荷人歡迎的中國移民來說，臺灣原先是他們避難的去處，而後漸漸成為他們定居繁衍的地方，和取得生活必需品的交易市場。此一轉變，導致原住民族的土地受到掠奪，並且被迫移居山地，部份大陸移民的地位也

---

[38] 周憲文，《臺灣經濟史》，（臺北：開明，1980年5月），頁59-61。

由原本的避難者變爲土地開發者。

因此，原住民時期經濟性治安是以維護原始經濟型態的漁獵和游耕農業發展爲主。村社組織的權力體系支配與經濟合理化過程，襄助自足式經濟的發展。尤其當原住民族爲防止與抵抗來自大陸漢民族的侵入，以及日本海盜的經濟掠奪，雖然當時臺灣的權力體系尚未形成唯一的共同領主或政府，但是村社共同體的組織卻是當時唯一可以被共同接受的社會圖騰，所需經費由大家共同負擔。原住民族也深感生命共同體的重要，透過村社民會的議決，和經由村社會議的執行，共同維護治安。

第五節　氏族化社會性治安

原住民時期到了1648年前後，已歸順荷蘭統治的原住民族大小村社數約有246個、家戶數13,619個、人口數爲62,849人；只有難以靠近的山上有幾座村社，仍處在荷蘭人統治之外。[39]到了1647年到了1662年荷蘭結束統治臺灣的末期，村社數已增至315個、家戶數15,000個、人口數則增爲6萬8千人。[40]

換言之，在漢民族大量移民來臺之前，原住民族是臺灣社會的主體，是爲原住民族生息的氏族社會。陳第指出，東番夷人不知所自始，種類甚蕃，別爲社，社或千人、或五六百，無

---

[39] 當時臺灣被荷蘭統轄的村社居民總計61,696人，參閱：程紹剛，《荷蘭人在福爾摩莎》，（臺北：聯經，2000年10月），頁XXXI。

[40] 中村孝治，《荷蘭時代臺灣史研究上卷－概說・產業》，（臺北：稻鄉，1997年12月），頁35。

酋長，子女多者眾雄之，聽其號令。[41]

　　亦即原住民族的氏族社會組織型態不一，有的屬於母系社會，例如阿美族和卑南族是由女性繼承家系或家產，平埔族不但大部分是母系社會，家產由女子繼承，還行贅婚制；有的以父系為主體，如賽夏族、布農族與鄒族家產由男子繼承；有的屬於貴族社會，如排灣族與魯凱族，土地為貴族所有。[42]

　　換言之，未開化民族的社會生活，通常是在屬於同血族（tribe, 或稱種族）的氏族（gens or sib）內部進行；這是共同生活與共同生產相互結合。氏族共有的土地，是臺灣原住民賴以生產的工具與資產；氏族的各成員只要互不妨礙，都可使用共有地的一部分，即氏族的成員在共有地域內，可任意行獵、開墾山林原野、開闢道路、砍伐竹木、採集天然物及建築自宅。以薩賽特族為例，氏族共同行其祖先的祭祀、氏族共同享有土地占有權、氏族有互相扶養並保護的義務、氏族有互相服喪的義務、氏族有共同攻守的義務、禁忌同一氏族間的結婚。

　　歐陽泰（Tonio Andrade）指出，在西拉雅村落中，村社就是最高的政治實體，但是在臺灣島的其他地方，存在著規模更大的政治實體。例如位於南方偏遠地區，荷蘭人曾遭遇一個雛形王國，其領袖則被稱為「瑯嶠君主」。此所謂的「君主」下轄16個村落，每個村落本身都有特定的首長，領地原則上是透過繼承而得來。[43]瑯嶠的體制或許是福爾摩沙島上政治權力最

---

[41] 陳第〈東番記〉，參閱：周婉窈，《海洋與殖民地臺灣論集》【臺灣研究叢刊】，（臺北：聯經，2012年3月），頁147。

[42] 薛化元，《臺灣開發史》，（臺北：三民，2008年1月），頁13-14。

[43] 鄭維中譯，Tonio Andrade,《福爾摩沙如何變成臺灣府》，（臺北：遠流，2007年4月），頁74-75。

集中的，但其他地區也有超村社的政治體制存在，如臺灣中部平埔族所建立的「大肚王國」。[44]

以此階段西方國家統治臺灣的社會來論，無論西班牙或荷蘭人，其臺灣土地墾殖的地方，或權力行使範圍的臺南（安平）或基隆（和平島），恰巧都不在這些政治權力較集中的區域內。正如諾斯（Douglass C. North）指出，人類學家所作關於原始社會的大量文獻清楚地論述，許多的部落社會中並沒有國家和正式法規，而是密集的社會網絡導致非正式結構高度穩定地發展出來。[45]

臺灣村社共同體的社會網絡形成，乃是包含單獨家族的四至五組的一大血緣共同體，是家庭組織的一種延伸結果，卻也容易造成結黨滋事的不良社會風氣。例如原住民以泰雅族最熱中馘首，這種殘酷行為深入生活，只要固有社會型態仍殘存，即是整個體系根深蒂固的重要行為模式。泰雅族人認為，為祈求豐收，須把新取的頭顱供奉給祖先；為能有紋面列名成年階級的資格；為得少女芳心；為晉身階級並增加影響力；為使個人、家族或部落免於疫及侵犯；為解決爭端，以出草來確定誰有理，和洗刷冤屈。馘首的獵頭行為似成為泰雅族宗教儀式，

---

[44] 「Favorlang人是誰？」吳國聖於2010年8月5日在臺灣史博館的「17世紀臺灣Favorlang人初探」演講中指出，Favorlang人是17世紀活躍在臺灣中部的平埔族。吳國聖透過荷蘭東印度公司檔案文獻，討論關於中部平埔族Favorlang人的關鍵問題，例如「Favorlang之位置」以及「Favorlang的各種變異名稱」等等。另外，有關「大肚王國」部分，參閱：薛化元，《臺灣開發史》，（臺北：三民，2008年1月），頁16。

[45] See D. C. North, *Institutions, Institutional Change and Economic Performance*（Cambridge: Cambridge University Press, 1990）.

為報近親或頭目被殺、為保護獵場等出草行為，被視為是義務。[46]

　　另外，蔣毓英指出，最滋害者，莫甚於賭博。夫賭博，惡業也。不肖之子挾貲登場，呼盧喝雉以為快；以一聚兩，以五聚十；成羣逐隊，叫囂爭鬥，皆由於此。至於勝者思逞，負者思後，兩相負而不知悔。及家無餘資，始則出於典鬻，繼則不得不出於偷竊，亦長奸之化也。[47]

　　因此，結盟、酗酒鬧事層出不窮。蔣毓英又指出，豪健家兒，自附於結納，聚少年無賴之徒，指皎日以盟心，撫白水而矢誓，稱兄呼弟，修登堂拜母之文，亦自謂雷陳復出，古道相期。不知往來頻，則飲酗之累生；聲援既廣，則爭競之患起。[48]

　　換言之，馘首、賭博、結盟和酗酒是嚴重的社會治安議題，導致臺灣原住民氏族化社會，不似歐洲。早期歐洲社會雖然也因與別的遊牧民族有所接觸，與彼此爭奪及融合，從而形構成以奴隸為基礎的古代社會；但臺灣原住民族因其外來入的漢族及日本大和民族，都是早有封建社會基礎的民族。

　　所以，這些民族的侵入乃使臺灣原住民族的村社社會，不

---

[46] 陳政三 譯註，達飛聲（J. W. Davidson）原著，《福爾摩沙的過去與未來》【下冊】，（臺北：國立臺灣歷史博物館，2014年9月），頁667。

[47] 臺灣史料集成編輯委員會 編，臺灣史料集成 清代臺灣方志彙刊（第一冊），蔣毓英 纂輯，《臺灣府志》，（臺北：文建會，2004年11月），頁195。

[48] 臺灣史料集成編輯委員會 編，臺灣史料集成 清代臺灣方志彙刊（第一冊），蔣毓英 纂輯，《臺灣府志》，（臺北：文建會，2004年11月），頁196。

能在鞏固原有社會性治安的基礎上延續存在，即其成員的大部分，在經過與入侵者的抵抗搏鬥而失敗以後，不得不向外來者屈服；再加上為躲避瘧疾的流行性疾病災害而漸次退居山岳地帶，導致日後在荷蘭、西班牙到臺灣之後，喪失臺灣原住民社會文化的主體性，而其次等文化的後代子孫從此成了「失竊的世代」。[49]

第六節　小結：會議政府型態警察角色

　　1624年在荷蘭未正式統治臺灣之前，臺灣原住民族因為本身未具備文字和書寫的處理能力，是生活處在那一段「失語者」歷史的「失竊的時代」。大體上，臺灣原住民時期雖然村社共同體的近似「有序的無政府狀態」，但村社體系仍可以從衝突中產生秩序的規範而綜合形塑民會治安功能。臺灣原住民於1630年讓荷蘭感到吃驚，因為他們沒有國王或君主，長年累月在進行戰爭，一個村莊攻打另一個村莊，即使如此，一個村社就是一個群體，一個等級系統。

　　在這樣原始的民會治安狀態，擅長提供保護以獲取報酬的一群人會逐漸形成保護者負責維護社會秩序的角色，而村社會議政府是透過徵收稅款或貢金制度來提供服務。因此，執行這類活動的群體將獲得合法性或合理性的執行治安功能，諸如提供類如司法的警察、教育、道路和基礎建設，突顯村社會議政

[49] 原住民發現平地瘧疾死亡率高，原住民了解高地毋須擔心瘧疾傳染，氣溫雖低，但照樣可狩獵、捕魚、農作。1930年代發生「霧社事件」後，日人為求管理方便曾進行大規模部落邊徙，但原住民長老皆以山下有瘧疾而反對。

府型態就是代表執行治安的權力。

　　總結會議政府型態的扮演了傳統警察的治安角色，而臺灣原住民族也一直要等到歷經荷印公司統治時期每年召開地方會議的集會之後，才有國族「想像共同體」（Imagined Communities）的思維。亦即原住民時期民會治安的村社會議政府型態警察角色是經過7千年孕育出來的，卻在16、17世紀以後，遭受新移入族群的徹底改造。而400多年來，從荷蘭、西班牙的宗教化運動、明清時代的歸化運動、日治時代的皇民化運動，乃至戰後國民黨統治的平地化和現代化建設，每一次都使原住民族被拉離原來的生活式，導致原住民族的生存與發展遭受到幾乎被滅絕的命運。

上　編
前現代警察與國家發展：臺灣傳統治安年代（～1895）

第三章　荷西時期商社治安的結構與變遷（1624～1662）

※重商主義不是一個教條，也非一套既定的規則；重商主義只是一個政治經濟管理的配方，不論怎麼做，只要能強化國家的，都是好的。※

（Dovid S. Landes）—哈佛大學政治經濟學、歷史學教授

華勒斯坦（Immanuel Wallerstein）指出，即在近代世界
體系的早期，至少始於16世紀並延至18世紀，「國家」始終
是歐洲世界經濟中的主要發展因素。[1]從1640年起，西班牙
各口岸四分之三的貨物都是荷蘭貨船負責載送。阿姆斯特丹
（Amsterdam）原只是荷蘭北部的一處小漁村，在1567年時的
人口只有約13,000人；但到了1620年時已增至10萬人以上。阿
姆斯特丹原以北海漁業為主要產業，在16世紀末，為了因應捕
魚及輸送波羅的海穀物的需要而改進造船技術，發展精良而低
成本的船隻才有發達的機會。在17世紀又因國際市場需要而發
展金融業務，成為當時歐洲最重要的國際貿易與國際金融中
心，因而被譽為「北方的威尼斯」。[2]

　　因此，15至18世紀的威尼斯、阿姆斯特丹和倫敦，確實存
在強有力的政府，它們在國內能夠做到令行禁止，強制城市居
民服從紀律，必要時加重稅收負擔，保障信貸和商業自由，但
這不妨礙政府程度不同地依附於業已野心勃勃地到處伸手的資
本主義，政府在為別人和金錢出力的同時，也為自己效勞，政
府所採取嚴厲而強力的策略就是符合其實的「為了公平維護資
產，你需要一手持劍動用威嚇，一手管理一般商務」。

　　重商主義（mercantilism）為亞當・史密斯（Adam Smith）
所命名，被認為是資本主義的先行階段。[3]重商主義的本質是

---

[1] Immanuel Wallerstein, *The Modern World-System, Vol. 1: Capitalist Agriculture and the Origins of the European World-Economy in the Sixteenth Century* （New York:Academic Press,1974），p.133.

[2] Immanuel Wallerstein, *The Modern World-System, Vol.2: Mecantilism and Consolidation of the European World-Economy,1600-1750* （New York: Academic Press,1980），pp.38-39.

[3] 從《國富論》的專章說明殖民地，可見殖民地在重商主義階段的地

一種國際霸權主義，它隱含著治安環境受制於政治、經濟、社會、文化之間的糾葛關係。同時，重商主義也不僅僅是理論的論述，也是政府產業政策的執行，政府是商業資本主義急功近利下的產物，重商主義支配政府政策的制定與執行，導致實現商業資本主義商人的唯一目標，是在能操縱政府維持既得利益的前提下，支持一個強有力的政府權力體系國家機關。

加上重商主義明顯的重視地理政治上的權力，重商主義會產生國家主義，而國家主義則會產生管制產業與市場獨占利潤的追逐。所以，大航海時代盛行重商主義的進行海外資源掠奪，1624~1662年荷蘭統治了臺灣，1626~1642年西班牙亦短暫的佔有臺灣。

第一節　荷西時期治安議題

荷西時期臺灣治安的國際競爭性國家體系，和世界性資本主義體系所獲得市場利益成功的原因，首先是標榜產業生產和政府政策執行效率整合的重要性。所謂「先佔先贏」原則，這是為當時強調海權強國的荷蘭，提供了競爭性國家和世界性資本主義體系，並逐漸演變為19世紀列強進行全球市場競逐的理論基礎。荷蘭的崛起也就在1625年至1675年的這一段期間。

檢視16、17世紀，荷蘭是由七個小省聯合組成，尚處於城市國家統治下的歐洲舊經濟，而聯合省有一半的居民已在城市生活，當時阿姆斯特丹已由是一個波羅的海沿岸（The Baltic

---

位，及對資本主義的重要性。參閱：黃紹恆，《臺灣經濟史中的臺灣總督府──施政極限、經濟學與史料》，（臺北：遠流，2010年4月），頁262。

region）的貿易中心，取代義大利佛羅倫斯（Florence）而一躍成為國際商務、倉儲、造船與金融中心。[4]亦即如果沒有統一的現代國家做後盾，能以一個真正的貿易和信貸帝國竟得以存在，這是最後的一次。

荷蘭的崛起主要是靠穀物貿易和海運服務的提供，儘管船員冒著生命的危險，但老闆擔心的卻是船隻和船上貨物的風險；尤其當發生飢荒、戰爭，以及不斷更新的戰爭技術，所需要更多、更強大火力的槍砲，海上的冒險也需要及武器裝備更好的船隻。因此，大大提升阿姆斯特丹所具備海上安全，和提供武器與戰爭物資的優勢，而將競爭性國家體系和世界性資本主義體系劃分為「一個上帝偏愛的歐洲和一個他擇性行為的殘餘地帶」。[5]

分析荷蘭霸權並非單純地侷限於東西方市場和貿易，而是同時提供作為亞洲國家之間市場活動網路的中間人角色。[6]東印度公司「以武力保障貿易機會」的經營方針，促使東印度公司的殖民地經營超越了西班牙、葡萄牙兩國，單純以武力抽取貢賦的方式，這並非指西、葡商人的濫用暴力劫奪，而是突顯西、葡兩國王室本身並不投注固定資本，而是將合法權利分封出去，讓受封者自行投入資本來賺取自身的利益，從而納稅於王室，是以貿易來保障貴族利益，從而保障王室的主權，其最

---

[4] Fernand Braudel, 施康強 等譯，《15至18世紀的物質文明、經濟和資本主義》（卷二），（臺北：貓頭鷹，2000年3月），頁310、331。

[5] See Giovanni Arrighi, *The Long Twentieth Century: Money, Power, and the Origins of Our Times*（N. Y.: Oxford University Press, 1999）.

[6] Douglass C. North, 劉瑞華 譯，《經濟史的結構與變遷》，（臺北：時報，1999年10月），頁152。

終目的不在貿易，而在征服。[7]換言之，重商主義社會不僅是一種商業的事體，一半是征服佔領，一半是對缺乏抵抗能力的土著所加之的一種搶劫。[8]西班牙、荷蘭東來，先後佔據臺灣的北部和南部。而這段期間，西班牙也在菲律賓的海上活動，企圖打開通往福建與之貿易的大門。

西班牙於1626年進入北臺灣，開始是率領船隻沿臺灣東岸，經臺灣東北角的聖地牙哥港（Port Santiago, 現稱三貂角）登陸，發現該地並非四季皆宜的良港，後來才又發現一個又大又能避風的海港，命名為「至聖三位一體」（Santissima Trinidad），即是漢人所稱的雞籠港，隨後佔領社寮島（現稱和平島）建造一座堅固的「聖救主城」（San Salvador, 雞籠城）。1628年到了滬尾（現稱淡水），1629年築聖多明哥城（San Domingo, 現稱紅毛城）。西班牙人在雞籠、滬尾等地興建天主教堂與學堂，從事教化工作，並沿淡水河經臺北盆地，再沿雞籠河至雞籠，途經原住民所居住的地區，皆納入為其勢力範圍。

到了1641年（崇禎14年）西班牙與葡萄牙脫離合併關係，荷蘭決定擺脫這個芒刺在背的鄰居，首次派艦進攻雞籠、滬尾二港，遭到西班牙守軍頑強抵抗。1642年荷蘭趁著西班牙駐馬尼拉當局，為征剿民答那峨島的摩爾回教徒人，將駐紮在北臺灣四個連中隊的三連撤回菲律賓，荷蘭遂第二次率艦北上，西

[7] 西班牙和葡萄牙商人的貿易就算在商人之間也是各自為政，而官員總是比一般商人享有更多的利益。鄭維中，《荷蘭時代的臺灣社會—自然法的難題與文明化的歷程》，（臺北：前衛，2004年7月），頁68-69。

[8] 黃仁宇，《資本主義與二十一世紀》，（臺北：聯經，1991年11月），頁123。

班牙不敵撤軍，結束在北臺灣的16年統治。[9]最後，荷蘭的統一臺灣，突顯臺灣不僅僅是中國和日本這兩個國家市場活動的據點，更是被迫與西方霸權國家接軌，引發臺灣的涉外性治安議題。[10]

　　因此，臺灣治安史的結構與變遷，到了荷蘭和西班牙統治臺灣的大航海時代，主要從臺灣主權、貿易、海盜、走私、宗教、天災、人口販運、海域資源等涉外性治安議題；公司評議會、領邦會議、地方會議、政教衝突等重商型政治性治安議題；軍費負擔、壟斷市場、人口稅等複合式經濟性治安；竊盜、姦淫、賭博、傷害、殺人、酗酒、麻疹等多國化社會性治安議題，探討其綜合形塑商社治安的公司政府型態警察角色。

第二節　大航海時代涉外性治安

　　荷西統治臺灣時期的大航海時代的時間，是指1453年東羅馬帝國解體，歐洲各民族國家，尤其是先有葡萄牙、西班牙，後有荷蘭紛紛朝海洋發展。所以，分析大航海時代臺灣的涉外性治安議題，當發現荷治臺灣初期原住民族散落居住的分布，在大員附近為荷蘭人居住的地區，東北海岸則為西班牙盤據，諸羅、雲林一帶則是鄭芝龍等中國人出沒，其他中部的大甲溪

---

[9] 陳添壽，《臺灣治安制度史——警察與政治經濟的對話》，（臺北：蘭臺出版社，2010年2月），頁36-37。

[10] 1453年東羅馬帝國滅亡，鄂圖曼帝國的土耳其興起，阻斷西方國家陸路的東來；1492年哥倫布（Christopher Columbus）發現新大陸，由西班牙商業發展開啟了東方之門，大約同時間，葡萄牙也到了印度臥亞（Gox），再到澳門（Macao），而一個較大的考察隊亦於1517年試圖在廣州進行貿易。

附近地區，才是真正原住民族各部落散居的處所和交易活動的
市場。另外，企圖與上述聚落交易，因而向臺灣推進的，正是
村山等安率艦攻打臺灣的日本商人。

換言之，大航海時代處在一個多元的非絕對霸權體系，主
張重商主義的競爭和民族主義的政策掌控了國際政經利益。[11]
同時，福佬海商長期以來在各地區活動，留下具有深遠意義的
文化、歷史語言遺跡，也是後來成為東南亞社會的一個重要社
會組織。[12]突顯西方海上市場與武力擴張、海盜、走私人口販
運等議題引發荷西時期臺灣的涉外性治安。

荷蘭雖然在歐洲剛剛擺脫西班牙的控制，和接收部分原先
葡萄牙的貿易網絡，但在東亞地區卻未能如願取代澳門的葡萄
牙，以及菲律賓的西班牙，為擁有自己在東亞的貨運港。回溯
荷蘭於1602年設立「荷蘭聯合東印度公司」（Vereenigde Oost-
Indische Compagnie, VOC，簡稱荷印公司），1619年在印尼巴
達維亞（Batavia）建立統籌亞洲貿易的商館，1621西印度公司
（WIC）成立，壟斷了非洲及美洲的重要貿易市場，儼然扮演
國際安全體系的維護者。[13]

---

[11] Robert Gilpin, *The Political Economy of International Relations* （N. J.：
Princeton University Press,1987），p.86.

[12] 翁佳音，《荷蘭時代—臺灣史的連續性問題》，（臺北：稻鄉，
2008年7月），頁180。

[13] 17世紀國家的國際市場大半為政府貿易的經營者，每一個公司取得
特許證後，可再指定的地區享受市場的特權。1600年英國成立東印
度公司（East India Company）。英國東印度公司總部在1700年雇
用員工超過350人，與近代許多跨國企業的人數相當，公司永續經
營長達274年之久。英國東印度公司最初是將每一次航程分開，自
成一單獨的冒險事業，擁有不同的股東。邁入19世紀，英國政府利
用東印度公司每隔20年就得重新申請特許狀的核可，開始緊縮對該

荷印公司作爲荷蘭王室的特許公司，被賦予在它武力能克服的地區，執行政治、軍事、外交等授權，是「一個帝國中的帝國」。公司型態從過去的「特許權」轉以維護市場利益和區域安全，加速促使東亞海域的商業化與軍事化。[14]臺灣位於新的東、西洋諸航海者的路線上，當時尚爲一「自由世界」市場，既不屬於只對朝貢國家開放門戶的大明帝國版圖，又對於商人毫無限制，亦無任何稅收，一直到1624年荷印公司佔據臺灣才有了重大改變。

首先荷印公司也必須面臨日本早存有掠奪臺灣的野心。1616年日本攻打臺灣不成，轉而向中國沿岸劫掠。1626年巴達維亞當局對臺灣方面提出警告，根本不能相信日本人，他們不是只想自由做生意，而是要拿下這個島。1624年荷印公司取得安平，正式佔領臺灣並做爲對中國、日本貿易的據點。

但在初期荷印公司仍受制於涉外治安問題，在治理上並未能專心及充分發揮影響力，只是爲了行政上管理方便，依當時島上住民（或稱爲福爾摩沙人，包括原住民、中國人、日本人）居住及勢力可及的地方，分爲七個行政區，並維持慣用方

公司的控制。1813年政府分別取銷它的貿易獨占權和貿易權，1857年印度發生兵變，東印度公司成爲這場叛亂的代罪羔羊。東印度公司的陸軍移交給英王，海軍被解散。1874年6月1日它的特許權到期後，宣告東印度公司的結束輝煌歲月。

[14] 東印度公司新的組織運作模式必須要能夠將公司大部分資本存量當作固定的長期投資，要儘可能地減少資本的流動轉出，以因應公司對鉅額貿易所投入的龐大固定開銷，並且可以對那些無法取回股本的投資人進行適當的補償。畢竟不是所有投資人都能對這種新公司組織有足夠耐性，公司的所有權與經營權便必須更清楚地分開，以形成一個可以買賣持股的市場（a market in shares）。

式選舉「長老」，授以銀頭杖，顯示地位的標誌。1625年荷印公司深感無法與日本商人競爭中、日航線上的貿易活動，遂頒令禁止僑居日本的中國人來大員經商，同時對日本人自臺灣輸出的貨品課徵什一稅。

回溯大航海時代的1628年，日本濱田船長率領船上裝滿槍砲、刀劍、弓箭和人員到大員來，並與納茨（Pieter Nuijts）展開談判，由於濱田彌兵衛被綁為人質，史稱「濱田事件」或稱「大員事件」（Taijouan Incident）。[15]該事件發生的經過，是早在豐臣秀吉勢力進入九州長崎之後，派令村山安東管理長崎23町，也就是第一任長崎「代官」（市長）村山等安，其本名伊藤小七郎，經營「南蠻菓子屋」（荷蘭糕餅店），因被幕府幕吏末次平藏指控係「耶穌之殘黨」、「其三子且為神甫（神父）私入大阪城，援助豐臣秀賴」。因此，從1618年起，村山全家陸續遭幕府處死。

1619年末次平藏取代了村山等安為長崎代官，1623、1625年都曾派濱田彌兵衛率領船隻到大員買生絲，荷印公司臺灣長官宋克（Marton Sonk）限制他們行動，濱田欲往福建向當地商人索取所訂的二萬斤生絲，向荷蘭人借船，又遭到拒絕。後來濱田拐騙了16名新港社民，偷溜回日本，向末次報告荷印公司人員的惡劣行徑。1626年，新任臺灣長官訥茨（Pieter Nuijts）聽到濱田跑了，怕誤了荷印公司在日本的商業利益，遂匆匆趕到江戶求見德川家光，訥茨不但被拒絕，還遭勒令離開日

---

[15] 湯錦臺，《大航海時代的臺灣》【全新增修版】，（臺北：如果出版社，2011年11月），頁89-90；林景淵，《濱田彌兵衛事件及十七世紀東亞海上商貿》，（臺北：南天書局，2011年9月），頁27-32。

本。[16]

　　1628年5月，濱田再度率船到大員來，這次率領的人員多達四百多名，而且攜帶槍砲、刀劍、弓箭等武器一應俱全，充滿挑釁意味。訥茨將濱田及其帶回來的新港社民扣押。然而，濱田趁訥茨不備之時，脅迫訥茨將其兒子勞倫斯（Laurenz Nuijts）與自己的小孩濱田新藏互為人質，送往日本，並要求訥茨賠償濱田生絲一萬多斤。這項協定，當濱田回到日本之後就發生變卦，不但將荷印公司人質扣在長崎，幕府也下令關閉平戶的荷蘭館。事態擴大之後，訥茨被解職並被關進巴城的鑽石堡。但荷印公司總算藉此事件，將日本人在南臺灣的勢力驅逐出去。

　　1630年末次平藏病故。同年，勞倫斯死於長崎的大村監獄。1631年初訥茨的太太來巴城會親，亦不幸過世。由於荷印公司在印尼巴達維亞的總部始終屈從於對日本貿易利益，遂於1632年7月將訥茨解送平戶，交換從前被扣的人質，但訥茨本人並未獲得釋放，他仍被軟禁在平戶的一家民宅中。嗣幕府經荷印公司商館贈送「懸垂燈籠」大禮，1636年7月訥茨獲得釋放，孑然一身，年底抵達巴城。1937年9月訥茨被判定公司勤務不適格，同年亦返回到荷蘭，結束他十年的亞洲經歷。

　　濱田事件之後，導致德川幕府發布一系列海禁令，荷印公司才得以全心全力經營臺灣，並徹底排除日本在臺灣的勢力，及獨占與中國貿易的市場利益。[17]另外，在涉外性治安方面

---

[16] 陳添壽，《臺灣治安史研究──警察與政經體制的演變》，（臺北：蘭臺出版社，2012年8月），頁121。

[17] 陳國棟，〈轉運與出口：荷據時期貿易與產業〉，收錄：《福爾摩沙──十七世紀的臺灣荷蘭與東亞》，（故宮，2003年1月），頁

荷、日也爲爭奪司法管轄權而陷入緊張的關係，有位在臺灣的
日本僑領Captain Sirobtdonne，宣稱獲得日本幕府將軍的授權，
得對日本人實施有效的司法管轄。當荷印公司查獲李旦之子賭
博，並與海盜有書信往來時，荷印公司爲顧及其與日本特殊關
係的身分，法庭並未將其起訴，僅僅給予口頭告誡。

　　但是1626年12月，當李旦之子再度擅自發出撈捕的許可
證，並私自課徵什一稅；甚至於誇大宣稱漁民在其保護之下，
才能免於海盜的侵害，荷印公司認定其已公然侵犯臺灣主權，
必須將其起訴，惟仍因避免荷、日關係的惡化，最後僅將他
罰金200兩後，將其驅逐出境。類似案件諸如荷印公司亦曾逮
捕一名日籍製造僞幣的嫌犯，但同樣被迫接受這位日本僑領
Captain Sirobtdonne的聲請，將該名嫌犯引渡回日本接受司法審
判。[18]

　　承上所論，在大航海時代涉外性治安，當荷印公司衡量
進攻麻六甲及錫蘭，會導致生命財產的損失時，就會選擇將有
價值的貨物從亞洲運到荷蘭，而避免捲入成本高昂的區域性征
戰。畢竟征服異地的工作比較適合於雄心萬丈的王國侵略者，
而不適合貪圖財富的商人。然而，當荷印公司在東亞海域的控
制力減弱之後，已不再復有維護涉外性治安的實力時，荷印公
司就不得不退出臺灣的統治舞臺。

62。

[18] Pol Heyns, 鄭維中 譯，《荷蘭時代臺灣的經濟、土地與稅務》，
　　（臺北：播種者，2002年5月），頁38-39。

第三節　重商型政治性治安

　　重商型政治性治安主要緣起於17、18世紀歐洲各國政治環境，在國內不僅是國家經濟政策與階級社會的對立，在國外亦受制於新興民族國家的市場利益衝突。重商主義國家不但要追求在歐洲國家中的地理和政治強權，而且還要能有效控制來自美洲、亞洲地區的市場利益，凸顯國家發展的目標，是把政治與經濟利益整合成為一個有生命機制的政府機關。

　　換言之，重商型政治性治安不僅受到重商主義的強調市場貨幣或貿易均衡，以及保護關稅或航海條例的影響，而且在於強調一個更強大的政府功能，並以民族國家的政策來取代區域性的經濟發展。所以，歐洲許多重商主義國家在前工業階段，尤其是英國工業發展初期也都實行嚴厲的保護關稅制度。確切地說，重商主義就是民族主義，就是重金主義。[19]　　因此，檢視荷印公司統治臺灣時期的重商型政治性治安，主要受到荷印公司組成公司型態的實施重商體制所引發治安議題。重商型政治性治安凸顯市場經濟的地理擴張，它超越政治邊界，並將越來越多的世界人口納入其影響範圍，從而市場對廉價勞力及資源的需求，造成經濟利益的擴散。

　　維納（Jacob Viner）指出，不管在什麼時期、什麼政府或何種特殊場合，重商主義者主張財富是權力的基本因素，無論是為了防衛還是為了侵略；權力是獲取並保持財富的必要而且有價值的手段；財富與權力是公司型政府政策的兩個極端，這

---

[19] Fernand Braudel, 施康強 等譯，《15至18世紀的物質文明、經濟和資本主義》（卷二），（臺北：貓頭鷹，2000年3月），頁279。

兩個極端從長遠觀點來看是協調一致的，儘管在某些特殊場合下，為了治安的需要，也是為了長遠經濟發展的利益，有必要做出某種利益犧牲。[20]

這種強調財政性和獨占性重商主義的在臺灣實施，更突顯了重商型政治性治安治的特殊性。[21]1604、1622年荷印公司先後派艦東來貿易與傳教，並登陸澎湖，於馬公築城，要求割讓澎湖；且威脅中國同意其在大陸沿岸從事貿易，而與沈有容軍隊發生戰鬥。在大明帝國以「海禁」斷絕荷印公司的糧食和水源供應後，荷印公司於1624年撤離澎湖轉進臺灣。荷印公司先入臺江，佔領赤崁，並在北線尾建好臨時堡壘，同時設置荷印公司的商務辦事處，任派駐臺長官。

相對稱霸於菲律賓，把墨西哥銀帶入亞洲，正在改變中國商品外流形勢的西班牙，對荷印公司佔據南臺灣的局面感到震驚和威脅，極度擔心被荷印公司切斷，阻礙其從華南經馬尼拉，橫越太平洋到西班牙的航路，因而喪失其具有軍事和經濟潛力的太平洋制海權。

1630年荷印公司在鯤身（安平）興建熱蘭遮城（Fort Zelandia），另在手槍射程內的高地處，興建一座小石堡烏特列支堡（Utreecht），以確保海防安全；1650年又築普洛文蒂亞城（Fort Provintia, 赤崁樓）為行政中心的軍事基地，以攻擊

---

[20] Jacob Viner, *The Long View and The Short: Studies in Economic Theory and Policy*（New York: Free Press, 1958），p.286.

[21] 重商主義可分為財政性和獨占性的重商主義，以及產業性重商主義兩者，前者曾實行於法國、德國、西班牙，以及清教徒革命前的英國；而後者則實行於清教徒革命後的英國。前者導致絕對王權的擴張，但近代資本主義卻無法發展；而後者的近代資本主義卻因而快速發展。

西班牙和阻止中國船隻航行到馬尼拉；其次作為貿易中心以建立大員與中國市場的轉運站，且連結到國際市場網絡。

　　換言之，大明帝國中業以後，各國經濟發展促進市場的需求，面對中國朝貢限制所導致市場交易失衡的現象，促使商人以走私、海盜、武力等違法的方式來尋求解決。然而，當時最適合走私的會合地，就選擇靠近中國，又非中國屬地的臺灣，更突顯臺灣在重商型政治性治安上的特殊地理位置。

　　檢視1626年至1642年期間，西班牙在北臺灣以保護菲律賓與中國之間的安全為由，率船沿著臺灣東岸經臺灣東北角的臺灣北部沿海一帶及雞籠山（基隆市），甚至包括宜蘭、花東縱谷、蘭嶼，以及恆春半島等地區。西班牙人也在雞籠、滬尾等地興建天主教堂與學堂，並沿淡水河經臺北盆地，再沿雞籠河至雞籠，途經原住民所居住的地區，皆納入為其維護治安的範圍。

　　由於西班牙據雞籠、滬尾二港，與荷印公司為爭取商業經營權及市場利益的衝突。1641年（崇禎14年）荷印公司率艦北上，迫雞籠、滬尾二港，由於當時西班牙屢陷入與島上住民（福爾摩沙人）的衝突，治理成效不佳，東部的探勘金礦也毫無結果，加上受困於菲律賓戰事，導致駐馬尼拉總督逐步減少派駐北臺灣的軍力，最後因為守備薄弱，1642年8月終於遭致荷印公司的驅離，結束在北臺灣16年的佔領。[22]

---

[22] 17世紀不論是荷蘭或西班牙在臺灣築城或建碉堡的技術，都是由訓練有素的工程師和測量師負責，參閱：冉福立（Kees Zandvliet），鄭維中譯，〈經緯：地圖與荷鄭時代的臺灣〉，收錄：《福爾摩沙——十七世紀的臺灣、荷蘭與東亞》，（臺北：故宮，2003年1月），頁33-52。

然而，從1624年到1636年的荷印公司，係採取與各村社締結具有領主封臣關係的協約式「領邦會議」（Rijkag）。1636年之後更以分區召開「地方會議」（Landdag）方式，來確認權力關係。「領邦會議」強調村社首長個人對長官人身的封建政體關係；「地方會議」則趨向於將這種關係，衍生為荷印公司與福爾摩沙人兩個群體相互之間締結的契約。

　　而當時所謂的「地方會議」，即歐洲當時封建政體下「等級會議」的一種型態。簡單地說，對於這個「領地」來說，領地等級團體不是單單對領主表達服從而已，還要以人際之間的情感和利益的結合，在與領主相互誓約的基礎上，建立一個特別共同體；他們因此和不參與地方事務的「屬民」截然不同。而由於領主的宣誓，也必須遵守自古相傳權利與自由的約定的這種意識。[23]

　　因此，重商型政治性治安強調為維護村社的秩序，乃透過「地方會議」的運作，集合各社族長或長老討論各村社的重要情事，如長老任期、長老與教師的工作分工、村社彼此關係的溝通、繳稅規章、與漢人相處原則；同時，賦予長老在自己社內的司法權，以及授與奧倫治親王的三色旗、黑絲絨禮袍和鑲有公司銀質徽章的「藤杖」等信物，作為政治權威的表徵，來凸顯荷蘭聯邦共和國的決定荷印公司，而荷印公司又決定了印尼巴達維亞和大員公司政府型態。

　　荷印公司對於代表權勢的藤杖有極嚴格規定：他們無論任何理由，都不得將權杖轉交或出借給別人，也無論如何，都不許將權杖交給任何人，也不許暫時讓別人在自己的村社裡，

---

[23] 鄭維中，《荷蘭時代的臺灣社會：自然法的難題與文明進化的歷程》，（臺北：前衛，2004年7月），頁24-26。

或任何其他地方，或要前來此地或其他地方的途中，拿權杖炫耀，他們每一個人都必須親自使用權杖，並且要謹慎保管，不可被偷，也不可遺失，這樣做，主要不是怕喪失那根權杖的物價，而是爲了不要使那根權杖所代表的權勢遭受損害，那種權勢，是由我們荷印公司頒授給他們的。[24]所以，當1580年4月頒布於荷蘭諸邦的「永久詔令」是爲整個司法體系運作的準則，而荷印公司的「公司法庭」設置，正是負責執行「永久詔令」中，有關治安的政治集權傾向和權責。

　　重商型政治性治安隨著貿易市場的穩定，和大員市鎮的商、漁業發展，與島上住民結盟及內陸農業、狩獵開發，越到統治的晚期，議會就越固定於大員熱蘭遮城內。另外，隨著基隆城、淡水城議會之設置，熱蘭遮城議會也漸漸獲得地區性政府的地位。早期的大員長官與評議會較具軍事性，晚期則漸漸發展出地區性的立法機能，也突顯治安權限劃分在於評議會之間的層級關係，而不是地理上的範圍。同時，維護治安的工作也隨著人民活動區域的擴大，與人際關係的複雜化因而擴權。

　　換言之，荷印公司的權力結構是由特許權、股權與有限公司的混合公司型態，一但公司未能再履行那些職能時，不僅特權被剝奪，就連其成立的原旨和進行戰爭的職能都要喪失，也因此引發公司內部權力腐化，官吏受賄成風、欺壓百姓、搶奪房地產的治安議題。加上，公司成員大都來自荷蘭社會的中下階層，當他們受雇來臺只是想撈了一票就走的「牙刷主義」心態。因此，除了引發上述大員事件的涉外治安之外，還先後引發政治性治安的麻豆溪事件與郭懷一事件。

---

[24] 參閱：江樹生 譯註，《熱蘭遮城日誌》（第四冊），（臺南市：臺南市政府，2011年5月），頁15。

麻豆溪事件起因於1623年，荷印公司商務員的調查貿易情事，受到麻豆社的襲擊。加上，接著發生的「濱田彌兵衛事件」，導致荷印公司與島上住民之間的互信不但蕩然無存，更因為公司施政所引發新港（今臺南新市區）、目加溜灣（今臺南安定區）、麻豆（今臺南麻豆區）、蕭壠（今臺南佳里區）等原住民的不滿。荷印公司為了政權的穩定，長官納茨（Peter Nuijts）認為士兵總數要增派至500名才足以維護大員地區的治安。

1629年納茨帶著一連隊的武裝士兵前往麻豆社緝捕中國海盜，在回程途中的麻豆溪渡河時，受到麻豆、目加溜灣社民的襲擊。事件發生後，這群社民以戰勝者姿態，到新港社地區叫囂，並意圖截殺長官，燒毀官舍與牧師的住宅。由於長官已聞聲而逃，他們遂轉往赤崁，燒毀公司的牛欄、馬廄、羊圈之後，揚長而去。該事件的發生經過，荷蘭地圖更將「麻豆溪」標示命名為「謀殺者之河」、「叛亂犯之河」。

麻豆溪事件發生之後的半年，麻豆社再次殺戮一位駐守在赤崁的荷印公司士兵。當麻豆社和目加溜灣社的居民來到新港社，求見荷印公司長官普特曼斯（Hans Putmans），希望能展開和談，經過傳教士干治士（Georgius Candidus）的斡旋，雙方達成三項協議：歸還被麻豆社殺害的荷蘭人頭顱、骸骨；歸還所有奪去的武器；此後每年貢獻感恩禮物。[25]然而，1630年至1635年間荷印公司仍然不斷地介入原住民族群之間所進行的傳統馘首戰爭，直到1635年11月普特曼斯親率荷印公司士兵，聯合新港社攻打麻豆社，麻豆社不敵，被脅迫下與荷方簽訂

---

[25] 林景淵，《濱田彌兵衛事件及十七世紀東亞海上商貿》，（臺北：南天書局，2011年9月），頁32。

《麻豆協約》。[26]

　　根據《麻豆協約》內容，不管是中國人還是其他歐洲人，與原住民之間的任何交易、贈與等行為，只要以法律契約形式為之，未通過長官與評議會的認可，就一概無效。如此，任何人想要租借、購買島上住民的土地，都要透過荷印公司簽訂契約，否則便構成國際法上宣戰的正當理由。採取契約方式交易的物品，顯然不是小商販四處零售的日用品，而是大宗貿易決定性的鹿皮、肉類等；以及最重要的地產及經濟作物。如以這一協約為基礎，倘若擴大解釋，所有和島上住民的交易都必須經過荷印公司的同意才能生效，這與後來發展包辦社產交易的「贌社制」有密切的關聯。

　　檢視郭懷一抗荷事件的整個治安事件，荷印公司主要藉由武裝動員來的2,000名社民的幫助，以及在配有火槍裝備的荷軍指揮下，來對抗由郭懷一所領導這些手執末端削成尖的竹竿、高舉鋤頭和鎌刀的中國人。換言之，受到不滿意荷印公司統治的日本人紛紛離開大員，於是中國人有機會大量替補，導致在荷印公司各處商館附近的地區，居住了許多從其他地區遷來的中國人。

　　中國人所受到不公平壓迫，積怨難平的治安議題導致1652年發生郭懷一抗荷事件。經歷過此一治安動亂的浩劫，臺灣鄉村遭受重大損失，不但儲存的稻穀物資等，和多數房屋被毀，貿易也陷入停頓，致使公司蒙受重大損失，而且影響1651年（明永曆5年）種植的甘蔗也無法收成，長老和農民都無法以

---

[26] 《麻豆協約》的完整內容，參閱：鄭維中，《荷蘭時代的臺灣社會——自然法的難題與文明化的歷程》，（臺北：前衛出版社，2004年7月），頁88-90。

原糖抵換公司貸給他們的胡椒。加上1656年鄭成功的下達禁行
臺灣的命令，更慘的是1657年發生了流行病、蝗蟲災害，荷印
公司不但無法有效控制社會秩序，亦無力對抗來自以鄭成功勢
力為主的海上集團。[27]

這一連串發生的政治性治安事件，是導致荷印公司在臺灣
統治政權失控的徵兆，除了農業經濟遭受重大損失，市場秩序
危及荷印公司統治的正當性和穩定性之外，更嚴重是抗荷治安
事件領袖郭懷一原係鄭芝龍的部屬，其所採取對抗荷印公司的
行動中，關鍵性地影響了鄭成功決定於1662年的自廈門率軍攻
臺灣，迫使荷印公司結束在臺灣的38年統治。

第四節 複合式經濟性治安

荷治時期複合式經濟性治安是建構在荷印公司與經濟利益
的關係上，最上層是經濟政策的制定者，指的是荷蘭共和國聯
省議會下轄指導設置於巴達維亞的荷印公司，來督導大員商館
的執行單位；中層的中介者是指中國企業家（在臺的漢商）與
荷印公司所建立起相互依賴的非正式合作關係；最底層是為中
介者工作的中國人。[28]

檢視引發經濟性治安議題的論述有不同的界說，格達德
（W. G. Goddard）指出，荷印公司偏重於汲取經濟利益的掠奪

---

[27] 陳添壽，《臺灣治安史研究──警察與政經體制的演變》，（臺北：
蘭臺出版社，2012年8月），頁77-78。

[28] 鄭維中 譯，Pol Heyns，《荷蘭時代臺灣的經濟、土地與稅務》，
（臺北：播種者，2002年5月），頁193。

經濟；[29]曹永和指出，荷印公司、漢人與原住民之間有互存與衝突的複雜政經關係所形成的複合社會；[30]歐陽泰（Tonio Andrade）指出，荷印公司與中國利益相依，是荷印公司主導、漢人配合的「共構殖民」（co-colonization）臺灣。[31]綜合上述，本節根據曹永和的複合式經濟觀點，透過擴大土地開發與農業發展，商業貿易與租稅措施等議題，所引發的複合式經濟性治安加以論述。

　　臺灣土地開發受到中國人逐漸越入原住民的獵（鹿）場，並開墾爲稻田或蔗園的影響，形成荷印公司、原住民與開墾者三者之間，經由不斷衝突與順應而建構土地所有權歸屬荷蘭國王的「王田」經濟模式。荷印公司在大員設商館的機制，認可社民利用與想用其祖傳地的權利、公司頒授土地所有權給中國移民，及公司頒授土地使用權與土地所有權給官員的方式，形

---

[29] W. G. Goddard, *Formosa: A study in Chinese History*（London: MacMillan, 1966），p.55. 諾斯（Douglass C. North）指出，政府的存在有契約理論（contract theory）與掠奪或剝削理論（predatory or exploitation theory）的兩種解釋，政府契約理論是交換定理在邏輯上的延伸，政府在其中扮演使社會福利極大化的角色，由於契約限定每個人相對他人的活動，這對經濟成長是十分重要的，因此契約理論研究方法能夠解釋促進經濟成長之有效率的財產權的發展；政府掠奪或剝削理論認為政府是某一集團或階級的代理者，主要作用是代表該集團或階級利益像其他民眾榨取所得，掠奪性政府界定一套財產權，使權力集團的收入極大化而無視於它對社會整體財富的影響。Douglass C. North, 劉瑞華 譯，《經濟史的結構與變遷》，（臺北：時報文化，1999年10月），頁26-27。

[30] 曹永和，《臺灣早期歷史研究》，（臺北：聯經，1979年7月），頁66-67。

[31] 鄭維中 譯，Tonio Andrade,《福爾摩沙如何變成臺灣府？》，（臺北：遠流，2007年4月），頁6-11。

成既有封建形式與市場機制並存的土地制度，經營農業生產。

台灣島上住民早期尚未使用鐮刀，僅以簡陋的鍬、小刀作為農具，在新港、蕭壠等地耕作，荷治以後才從印度引進黃牛耕作，和仿效在爪哇依靠中國人從事產品的生產、收購和集中，和非洲奴隸到美洲工作的方式，從中國大量招民獎勵移住，提供開築陂塘堤渠所需費用和耕牛農具籽種，以及指導耕作方法，並在其領地內，實施旱田種和水田種的稻米輪耕方式。

凡耕種水田者，有世襲的所有權，在旱田方面，則採野草經營的方式實施游牧化的農耕，全村社共同開墾，但個別去耕種，個別的各自收穫。開墾的土地，在3至4年間，可有收穫，但自此以後，即任其荒蕪。因此，村社為開闢新的土地起見，即移轉其場所迫使荷印公司只有依靠掠奪及暴力方式，才能實施重分配，這種由公司強制而非自然農業共有制的方式，導致農民強烈的不滿。

比較荷印公司的擅長買賣蔗糖與奴隸，而不專業於種植甘蔗、驅策奴隸。公司為便於管理招來的農民，特行「結首制」，合數10人為一結，選1人為首，名「小結首」；合數10「小結首」選1人，名「大結首」。[32]這種採取武裝開墾的「大結首」組織，荷印公司與中國人或原住民的接觸方式，必須透過通事。通事則又必須透過商人、獵團領袖、大地主、翻譯人員、得標者、媒介者等各業界領袖，來與公司建立關係。這種「大結首」、「小結首」與「佃農」組成的結構性影響臺

---

[32] 臺灣土地制度中的「結首」與「甲」尚無定論，參閱：翁佳音，《荷蘭時代─臺灣史的連續性問題》，（臺北：稻鄉，2008年7月），頁15。

灣的經濟發展。

　　換言之，從地理條件決定了農作物種類和農作的方法，更決定了土地的使用和財富的分配方式，導致只有少數大地主和大批貧困、依賴地主、甚至沒有自由的勞動力時，勞動力介乎懶惰、或自我沉溺和抵抗暴政之間。這種經濟性緊張關係，迫使荷印公司不得不增加從中國招來的勞動力。到了1648年增加的人數已達20,000人，乃至於威脅荷印公司的治理危機，不得不殷切地盼望巴城能夠增兵。[33]

　　另外，在商業貿易與租稅議題所引發的經濟性治安，主要是荷印公司在亞洲的經濟政策是以促進地區產品的交易為主，公司遂以大員為市場的轉運地，採取運輸貿易（carring trade）的方式，促使中國的絲綢與日本及歐洲的白銀相互流通，突顯荷印公司的管制商業交易，尤其是由公司設立商館壟斷對外貿易，對象包括商館官員、牧師以外的私人商務；來往於兩岸的商人，和兼有商人身分的漁民；中國商人攜帶來交易的金錢貨物；以及深入村社收稅的中國商人。[34]

　　所以，布勞岱爾（Fernand Braudel）指出，遠東貿易長期在荷印公司的壟斷下，一般商人便向英國、法國、丹麥等國家尋求協助，唆使這些國家成立東印度公司，這也說明18世紀末和19世紀初英屬印度商人群起反對東印度公司的特權。這種特權保障他們不僅得到公司當地職員的暗中支持，還可以從事對中國和南洋群島的走私，和歐洲販運白銀的歐洲其他各國商人

---

[33] 程紹剛，《荷蘭人在福爾摩莎（1624-1662）》，（臺北：聯經，2000年10月），頁XXXI。

[34] 參閱：黃福才，《臺灣商業史》，（上海：人民出版社，1996年4月），頁43-44。

的從中相助。[35]

因此，檢視荷印公司獨占臺灣對大明帝國及對日本的貿易，荷印公司對日本輸出臺灣特產的鹿皮與砂糖；對大明帝國則輸出臺灣的米、糖、香料及荷蘭本國的金屬與藥材，而輸入品有生絲、黃金、瓷器、布帛、茶等。荷印公司對於從事進出口的大明帝國與日本貿易商，課以貨物稅，不但獲取暴利。而且還取得大明帝國絲類產品，以換取日本的白銀，另一方面還可以出口黃金，白銀和黃金則被用來購買印度棉布，棉布再換取胡椒、丁香與荳蔻等香料。[36]

因此，荷印公司為拓展多國貿易，一共開闢五條航線：中國大陸至臺灣島；日本至臺灣島；巴達維亞經臺灣島至日本；馬尼拉經臺灣島至日本；中國大陸經臺灣島至日本。荷蘭時期中國商人運到臺灣的黃金數量在1636~39、1643~44、1648年都

---

[35] Fernand Braudel, 施康強 等譯，《15至18世紀的物質文明、經濟和資本主義》（卷二），（臺北：貓頭鷹，2000年3月），頁389-390。

[36] 在大明帝國，白銀被用作貨幣，而黃金只被拿來製造飾品，金銀的相對價值比鄰近的國家低，在明帝國4、5兩銀子就能換到1兩黃金，但在日本與大部分亞洲國家經常要10兩銀子以上才能換到1兩黃金，因此拿日本銀子交換明帝國黃金是一件十分有利的交易。陳國棟，〈轉運與出口：荷據時期的貿易與產業〉，收錄《福爾摩沙——十七世紀臺灣、荷蘭與東亞》，（臺北：故宮2003年1月），頁65。人類歷史上大多數的時間，硬幣的主要金屬成分是銀而不是金，特別是哥倫布航行以後，新大陸尤其是墨西哥發現了蘊藏豐富的銀礦。16世紀時，銀大量流入歐洲，1606年荷蘭議會宣布了貨幣交換手冊，一共列出848種銀幣、金幣，其中有很多在純度與重量上差異極大。品質問題造成阿姆斯特丹商人極大困擾，於是積極建構銀行體系，以解決貨幣問題。See J. K. Galbraith, *The Age of Uncertainty* （N. Y.: Houghton Mifflin, 1977）.

有300錠以上，代表大明帝國時期與臺灣有著頻繁貿易往來，1640-42都沒有大明帝國船隻輸入黃金到臺灣的紀錄，而在1645年以後黃金輸入情形也不如以往，這可能與當時大明帝國沿海受鄭芝龍控制，而影響船隻到臺灣的數量減少，甚至導致於1644年大明政權的崩潰。[37]

　　至於白銀的流入，主要以日本銀為主。荷蘭人使用白銀在臺灣收購中國貨物，另外巴達維亞的荷印公司為了與中國貿易，遂頻頻向荷蘭母國要求增加資金，於是從荷蘭開始有白銀輸入。尤其在1635年後由日本運來的白銀大量增加，這與臺灣對當時大明帝國市場極需資金有關，直到1650年代大明帝國戰亂，導致荷印公司與大明帝國貿易的不穩定，日本輸出白銀的數量才呈現下降趨勢。

　　當時荷印公司收購大明帝國大批生絲的主要目的，是銷往歐洲和日本等地。不過由於購買中國生絲的資金來源為日本的白銀。所以，在臺灣收購的大明帝國生絲還是以銷往日本為主，而歐洲方面生絲的需求主要由波斯來供應。從1635年大明帝國輸出到臺灣的生絲開始增加，到1641年以後大量減少，1655年以後再也沒有生絲輸到臺灣。

　　複合式經濟性治安亦突顯公司政府對於農、漁、獵業的徵收稅負。進出口貨有貨物稅，農墾者有耕作稅，狩獵（鹿）者有獵具稅；捕魚必須到熱蘭遮城申請許可證，捕完魚後還須回到熱蘭遮城確認漁獲量，並納10%的稅金。[38]如果漁民提出公

---

[37] Timothy Brook, 方駿 等譯，《縱樂的困惑：明朝的商業與文化》，（臺北：聯經，2004年2月），頁282。

[38] 中村孝治，《荷蘭時代臺灣史研究上卷・概說產業》，（臺北：稻鄉，1997年12月），頁117-119。

司政府派出的船隻隨航護漁，漁民則支付什一稅或十分之一的魚獲量及魚卵，然而演變到了後期，更規定所有中國移民都要繳納人頭稅。[39]

至於對原住民部份，將中國商人承包村社標得村社權利金，視爲原住民取得原先地方集會時贈送給荷蘭政府的貢物。然而，標得村落權利金後來逐漸變成賺取收入來源的機制，導致貢物成爲對原住民的一種間接稅。特別是公司政府實施的「村社承包制」，是引自歐洲徵稅系統的「贌社」（pacht）制度，將原住民有關稅收統包給中國人社商、通事承辦，但是卻導致後來的利用特權欺壓、侵占原住民財產。

檢視「村社承包制」的犧牲原住民，來換取荷印公司與承包商的利益，承包商獲得於原住民村落進行交易爲其一年的獨占權後，大舉鬨抬商品價格，壓低用來支付商品的鹿肉與鹿皮的價格，再外銷。分析「麻豆溪事件」的起因，即是公司政府設關收稅，並強力取締走私，引起原住民反抗。

換言之，不論是直接稅的獵鹿稅、人頭稅、關稅、烏魚稅、房地買賣稅、磚與石灰稅，及各種執照稅：或是間接稅的標售稅權，如烏魚稅權、豬隻屠宰稅權、村落承包稅權、米作什一稅權、漁稅權、衡量稅權、人頭稅權等等，其對財政稅收的苛斂可見一般。公司政府開徵各項稅賦，是爲支付維持治安、工事、興建醫院等開銷，導致公司政府到1640年的臺灣財政收支仍處虧損狀態。[40]加上農業發展因缺乏拉車犁田的

[39] W. Cambell, *Formosa under the Dutch* （Taipei：SMC Publishing Inc., 1992），pp.174-186.

[40] Pol Heyns, 鄭維中 譯，《荷蘭時代臺灣的經濟、土地與稅務》，（臺北：播種者，2002年5月），頁70-73。

馴畜，導致1949年公司墊款4,000里耳，由牧師葛拉維（Daniel Gravius）購入121頭牛，分配租給蕭壠社的原住民使用。

　　這也突顯1650年代以前的複合式經濟性治安，由於荷印公司在臺灣的無法投入重大建設，以及因受制於不斷發生的抗爭事件，導致無法減少龐大軍事費用的支出。檢視1647年以後至1662年荷印公司的離開臺灣為止，荷印公司只能採取重新定義，可以免稅運回荷蘭貨品的質與量，以設法讓荷印公司保有價值最高的貨品，但其實施效果仍然不彰。

　　尤其荷印公司無法有效打擊嚴重走私和夾帶行為的違法現象，導致從船長到小工，沒有人不參與這種違法的私自營利行為。最後，荷印公司被迫只得開始針對職員的「假設性」利得而徵稅。然而，這措施更促使違法走私的猖獗。最後，荷印公司假公濟私的大搞自己利益，導致公司的垮臺，致使公司商標成為「因腐敗而消滅」的象徵。

　　布勞岱爾（Fernand Braudel）指出，國家在作為商業活動基地的市場分配和保障優惠權，任何公司都以納稅作報答，而稅率又與國家的財政關係息息相關，東印度公司當然不例外。[41]

　　換句話說，荷印公司被國家機關緊密控制，作為經濟勢力擴張的工具，相反地，這些壟斷性組織又變成國家在軍事出征，和戰爭時所需要的重要稅收來源。國家就像資本的容器，透過管制和資本調節，以遂行國家目標。當資本對國家無利益時，國家便抑制資本的成長。所以，荷印公司以推出皇家貨幣

---

[41] Fernand Braudel, 施康強 等譯，《15至18世紀的物質文明、經濟和資本主義》（卷二），（臺北：貓頭鷹，2000年3月），頁382。

和控制稅賦的方式，讓從事擴張行動的公司和可以取得流通的
財富。而承包稅收與發行公債，成爲私人債券、合股公司的特
權。

　　承上所論，荷印公司政府在亞洲地區的市場，在佔領該
地區的初期，必須先花費巨額軍事費用和行政開支，並爲大員
的築城及海道疏浚，而經常出現赤字。因此，荷印公司在地方
時日久了，逐漸取代當地勢力，插手政治事務，也衍生許多非
事務性花費的被隱藏在其他費用中，荷印公司的實施控制經濟
（command economy）結果，造成公司的沉重財政負擔，引發
複合式經濟性治安的不斷發生。

第五節 多國化社會性治安

　　臺灣文字記錄的歷史時代並不久遠，但進入之後即刻與國
際社會接軌。荷治臺灣時期透過「番仔契」或「新港文書」，
可以了解教育文化與新教喀爾文派傳教在社會變遷中，存在著
修改過的正式規則與仍舊不變的非正式限制之間緊張關係，其
所造成對社會環境的改變。特別是荷蘭人因有文字而傳承了大
量有關人類行爲與歷史的知識，並影響臺灣社會的發展與變
遷。

　　檢視荷西治臺時期的所謂「歐式半世紀」殖民繁榮的時
代，因爲荷印公司建立了臺灣第一個政府，爲原住民設立學校
與教會，開發農業及派遣傳教士到深山去。因此17世紀的第二
季，歐洲的武力和行政部門，成了中國人移民的開路先鋒。[42]

---

[42] George H. Kerr, 詹麗茹 等譯，《被出賣的臺灣》，（臺北：臺灣教

相對於原住民與荷蘭人和中國人的開化程度，荷蘭人和中國人都自詡爲「文明人」，並且在某個程度上彼此相互承認爲「文明人」。他們的「文明」雖然最終以經濟或軍事實力來保證，但其正當性基礎都還在於「自我克制」的能力上。

檢視荷印公司統治臺灣的最初10年，儘管公司以市場利益爲至上的考量，三令五申要求高階職員，勿介入當地政治社會的糾紛，但巴城第四任總督顧恩（Jan Pieterzoon Coen）卻違背公司總部的這項基本原則，而對亞洲市場據點的鄰近區域採用強硬、好戰的擴張政策。

換言之，荷印公司在17世紀20、30年代，不斷捲入中國海域上大明帝國官兵抓強盜的戰爭，正突顯顧恩的好大喜功。[43]更何況戰爭費用的龐大開支對重商主義的發展無疑地起了推波助瀾的作用，隨著砲兵、軍械、戰船、常備軍和堡壘修築技術的進步與需求，導致軍費開支直線上升，而戰爭經費的主要來源還是依賴稅收。

多國化社會性治安源自於中國傳統社會「結首制」的治安模式，其制度可以溯自11世紀宋代保甲法，和14世紀明代縉紳階級制的演變而來。保甲法是以十家爲保，五保爲一大保，十大保爲一都保。保、大保及都保皆有長，選主戶有幹力及眾所信服者充之。家有二丁，選一人充保丁，授以弓弩，教以戰陣。遇戰出征，承平歸田，此爲「寓兵於農」的治安政策。

至於大明帝國縉紳階級制的形成，始於太祖「以大戶爲

授協會，2014年2月），頁4。

[43] 翁佳音，〈原鄉：世變下的臺灣早期原住民〉，收錄：《福爾摩沙——十七世紀的臺灣、荷蘭與東亞》，（臺北：故宮，2003年1月），頁116-117。

糧食，掌其鄉之賦稅，多或至十餘萬石，運糧至京，得朝見天子，洪武中或以人才授官」。所以，「大戶」的社會地位，自高出平民一等，成爲縉紳階級。太祖不但令大戶爲糧長，同時「令天下州縣，選年高有德，眾所信服者，使勸民爲善，鄉閭爭訟，亦使理斷」。[44]

因此，「結首制」的治安體系不僅是擁有軍事領導權，而且授予行政（含司法、警察等）權，其與授予「大結首」、「小結首」與「佃農」之間的權力層級關係，並掌握人口數，用以1640年開始征收的「人頭稅」，或稱之爲「居留許可稅」，雖然早期的居留許可制度並非用以徵收稅款，而是要監控其生活。[45]

史密斯（Adam Smith）指出，對一個社會而言，不管是對哪一個地方的被一羣商人所組成的一家獨占性公司治理，也許是世上最不好的治理模式。因此，嚴厲批評當時英國人在孟加拉種植鴉片，與荷蘭人在香料群島的政策，同屬於毀滅性的社會性格。[46]如今，我們驗證比較當時美利堅合眾國與臺灣同爲歐洲殖民地的社會，然而，美利堅合眾國卻能脫胎換骨成爲20

---

[44] 陳添壽，〈臺灣傳統治安與產業發展的歷史變遷〉，收錄：陳添壽等，《臺灣經濟發展史》，（臺北：蘭臺，2009年2月），頁510。

[45] Tonio Andrade, 鄭維中 譯，《福爾摩沙如何變成臺灣府》，（臺北：遠流，2007年4月），頁297。

[46] 同時，史密斯（Adam Smith）也比較，當北美殖民地的受英國憲法保護，而東印度的殖民地則由商業公司壓榨與宰制。儘管史密斯對重商主義下的特許公司多所批評，但事實證明由政府將帝國主義包給公司去執行，要比皇室直接資助經濟帝國主義，來得對市場交易有效率。Adam Smith, 謝宗林、李華夏 譯，《國富論》，（臺北：先覺，2000年8月），頁101。

世紀的經濟霸權。也許，世界上再也沒有比這兩個社會所遭遇不同處境，更能清楚說明英國憲法與荷印公司在性質上的不同了。

　　特別是托克維爾（Alexis de Tocquerville）指出，17世紀初在美洲海岸的殖民，不知怎樣，竟把民主原則，與他們曾不得不在歐洲各舊社區中主張的一切原則區別開來，並單獨地將之移植到新世界去，這個民主原則在該處以能夠絕對自由地傳播，並用影響全國風習的辦法去和平地決定法律的性質。[47]史密斯（Adam Smith）主張，英國應該相信殖民地選派代表參加英國議會，有助於可以解決各項困難。史密斯甚至建議，如不能和平協議，則讓殖民地獨立。[48]

　　因此，當荷蘭、西班牙來到臺灣時，臺灣氏族化社會才有機會發展成為多國化東亞網絡的其中一環。相對於最初深受荷印公司獎勵來臺的中國大陸移民而言，臺灣原先是他們避難的去處，而後漸漸成為他們定居繁衍的社會，也導致原住民族被迫移居山地，大陸移民來的漢族地位也由避難者轉變為土地開發者。換言之，臺灣原住民氏族社會在經過7千年的孕育之後，卻在16、17世紀遭受新移入族群的徹底改造。

　　承上所論，臺灣多國化社會性治安突顯在荷印公司掌控下社會，雖然國別不同，但經濟遭到掠奪的處境卻是相同的。因為，在重商主義階段荷印公司又利用臺灣優越的地理位置，全力發揮轉口功能，成為大明帝國、日本、南洋、歐洲等地貨物

---

[47] Alexis de Tocquerville, 秦修明 等譯，《民主在美國》，（臺北，貓頭鷹，2000年4月），頁11。

[48] Adam Smith, 謝宗林 譯，《國富論II》，（臺北：先覺，2005年10月），頁201。

的集散中心。因此，檢視多國化社會性治安亦呈現荷印公司與臺灣社會的「相互依賴合作」關係。尤其多國化社會亦如對於殖民地市場的宰制，畢竟不是只單純立基於計算在競爭市場上的收益力。

換言之，17世紀英國重商主義者曾將荷蘭資本優於英國資本的社會歸結為，在荷蘭新獲得的資本並非一概地用於土地投資。同時，由於這不僅僅是個購買土地的問題，荷蘭也不曾設法使自己轉變為封建社會生活的一部分，以致於失去進行資本主義投資的可能性。

相對的，多國化造就了臺灣經濟社會在三百年前，就具備了以出口為導向的社會雛型。因此，西班牙曾於1626年至1642年短暫治理臺灣，和在1565年至1898年統治菲律賓，相較於荷蘭曾於1624年至1662年統治臺灣，和1596年至1945年統治印尼，如今臺灣社會有數量較多的菲律賓和印尼的外籍勞動人口，其所引發的多國化社會治安議題，亦印證了臺灣多國化社會治安的歷史結構性現象。

第六節 小結：公司政府型態警察角色

檢視荷西時期臺灣的治安結構與變遷，從大航海時代涉外性治安、重商型政治性治安、複合式經濟性治安、多國化社會性治安所綜合形塑商社治安的公司政府型態警察角色，主要源自於荷印公司的統治臺灣。然而，回溯荷蘭與臺灣的連結，卻是荷印公司嘗試為打開與大明帝國直接貿易失敗的附帶結果。同時，荷印公司地實施「領邦會議」、「地方會議」，以及1580年頒布「永久詔令」之後的設置「公司法庭」，更促使荷

印公司將臺灣治安史上的最早走向法治化。

因此，荷印公司時期的臺灣傳統警察認為，只要對社會安寧和福利有益的事項，均可列入「治安權」的業務加以治理，其中要項包括：在涉外性治安議題方面，荷印公司授權各船上的風紀官執行船上議會的判決，以及設立婦女懲治所等；在政治性治安議題方面：督促地方官廳，透過法令保障弱勢，法律程序上毆殺案依法應呈報，法官不應將酒醉視為刑罰規定中的輕罪；在經濟性治安議題方面：提升公證人地位、反對壟斷生活物資、哄抬物價、反對破產的經濟性犯罪；在社會性治安議題方面：反對流浪漢、乞丐、醉鬼、鋪張施洗節慶和婚禮、小酒館和小吃店成立所引起的失序行為；將乞討者分為流浪者、朝聖者和乞丐，健康或患病等類和窮人分別加以登記；窮人子女教育、和窮人救濟金的安排；禁止小酒館招待未經登記的客人；乃至於宗教上以重刑威脅壓制咒罵與瀆神。突顯公司政府試圖以法律為治安工具，由上而下介入公共事務的擴權行為。[49]

尤其在1644、1645年公司政府兩次出兵的攻擊大肚社，加上在臺中國人的反對荷印公司徵收人頭稅，強烈抗議士兵扮演軍事警察的負責臨檢制度，儘管後來被迫修正只有公司官員和人頭稅稽徵員，才具有法定權力的進行盤查工作，而且要求臨檢人員必須在脖子上配戴特定的紋章，以便讓人指認，但仍未能平息抗爭浪潮，導致1652年發生的重大治安事件。

此後，公司政府型態警察為了管制中國人的言論和行動，更是透過「結首制」的社會網絡，並以「甲必沙」（Cabessa）

---

[49] 參閱：鄭維中，《荷蘭時代的臺灣社會：自然法的難題與文明進化的歷程》，（臺北：前衛，2004年7月），頁45。

來識別身分，以嚴密維護治安工作。「甲必沙」扮演類似「保甲」制度的協助治安功能。「甲必沙」的產生雖採社區公推共舉模式，但公司政府仍然掌控其解職的權力。換言之，「甲必沙」的協助荷印公司警察角色，執行公司政府長官與地方性民政官的維護社會治安和課稅工作。

如果將荷印公司的執行經濟政策不力，和其經營臺灣所逐漸增加交易成本的因素做比較，突顯其因為原本是「小國大業」所建立的荷蘭霸權，已喪失實力負擔統治臺灣所逐漸增加投入的成本，導致鄭成功軍團能順利在臺灣建立新政權的機會。然而，荷印公司經過無償授田、免除稅負，還有其他獎勵措施，荷印公司誘使這些中國人先驅渡海來臺。而他們收服原住民、壓制海盜、保障契約執行，並提供民政治理與治安機構，使臺灣成為有安全保障和適合居住營生的地方。若非荷印公司型態警察的維護社會治安，中國人移民到臺灣的過程或許要很緩慢才會逐漸發生。

上　編
前現代警察與國家發展：臺灣傳統治安年代（～1895）

第四章　鄭治時期軍屯治安的結構與變遷（1662～1683）

鄭成功、鄭經、鄭克塽的鄭氏三代，是第一個正式統治臺灣的漢人政權（1662~1683）。鄭成功以武力驅走荷蘭人在臺灣的統治之後，成為大明帝國（1368~1662），尤其是接受南明冊封的王朝，將臺灣建立在「名為成功之踞，實為寧靜王而踞」。[1] 回溯14世紀到17世紀的前現代東亞國際關係，基本上是一個以「中華世界秩序」中的大明、大清帝國為盟主冊封、朝貢關係所構成，包括當時琉球、安南、暹羅、朝鮮、日本等許多個亞洲國家。這種冊封體制的結構是透過核心與邊陲關係來形成，亦是大明帝國加之於東亞國家與市場所展現的「朝貢」貿易政策；同時，形塑了鄭氏統治臺灣時期治安結構與變遷的具體形式。

　　「朝貢」本是中國古代諸侯定期朝見天子，貢獻方物，表示誠敬的一種制度。但是演變到了明清時期，「朝貢」已經發展成為海外諸國與「天朝」之間進行政治交往的一種外交手段、經濟互利的官方形式，和人員、文化交流的重要途徑。[2] 在「天朝」所構築的「中華世界秩序」體系，「天朝」不干涉藩屬內部事務，不榨取其資源與經濟利益；藩屬政權則在政治上尋求「天朝」對其合法性背書。

　　所以，明成祖（1403~1424）登基之後，即於1405年派三寶太監鄭和下西洋，除了要宣告大明皇帝成祖已經登上帝位之外，同時還要向各藩屬表示，希望他們能指派使臣或代表到中國來上表進貢，加強彼此友誼與貿易的關係。鄭和下西洋遇颶

[1] 江日昇，《臺灣外記》，〈自序〉，收錄：《臺灣歷史演義》，
　　（臺北：河洛圖書出版社，1981年5月），頁391。
[2] 段立生，〈鄭和與暹羅〉，曾玲 主編，《東南亞的「鄭和記憶」與
　　文化詮釋》，（安徽：黃山書社，2008年6月），頁35-47。

風，曾在大員（Taiwan）的西南岸登陸。[3]

　　黎東方指出，中國一向採取「小來大往」、「厚往薄來」的傳統外交禮數，在這涉外關係中，大明帝國從朝貢國家真正獲得的貢品其實很少，反而回報給的賞賜價值往往超出更多。特別是對待其中隨同來往的商人，由於他們國家成了中國的「入貢之番」，他們的身分也從商人提高爲跟隨貢使的「隨員」，榮獲皇帝恩准其攜帶貨物運進寧波、泉州、廣州等指定開港通商的特權，還各設提舉市舶司，予以特別照料，不但免其關稅，還准許貢使所帶來的貨物開市出售，並且對貢使及其隨員免費供給食宿、車船。[4]大明帝國在這一方面的花費不貲，卻也在國際強權競爭的東亞國家和世界資本主義體系之中奠定了宗主國的地位。

第一節　鄭治時期治安議題

　　大明帝國在接替元朝政權之後，鑑於當時倭寇、海盜爲患，爲維護社會治安和鞏固新建立的政權，採取更爲強化的經濟管制政策，僅准許朝貢往來，而拒絕與外國商賈進行海外貿易。同時，爲禁止一般民間商人因違法販海通夷，勾結倭寇、海盜所引發的治安議題，遂實施對海防安全的嚴加防範措施，以杜絕國人下海通蕃。甚至於爲了加強維護治安，除了還針對沿海外島實施「徙民墟地」政策之外，並將自南宋元朝以來，

---

[3] 參閱James W. Davidson, 陳政三 譯註，《福爾摩沙島的過去與現在》，（臺北：國立臺灣歷史博物館，2014年9月），頁xx。

[4] 黎東方，《細說明朝》第一冊，（臺北：文星書店，1965年11月），頁217。

早已隸屬版圖的澎湖，予以棄置，特令其居民往內陸遷徙。[5]

　　檢視大明帝國初期的治安政策，基本上是遵行開國皇帝朱元璋在《皇明祖訓箴戒章》中所立下的準則：四方諸夷，皆阻山隔海，僻在一隅，得其地不足以供給，得其民不足以使令。若其不自揣量，來擾我邊，則彼為不祥；彼既不為我中國患，而我興兵輕犯，亦不祥也，吾恐後世子孫倚中國富強，貪一時戰功，無故興兵，致傷人命，切記不可。[6]這在當「舟多於車，車僅在無水之國所以濟舟楫之窮」的國力強盛時，尚可以要求「自我克制」的執行治安政策。然而，在水利航運發達地區，獲利較高的私營商業，所引發的治安問題就顯得難加以控制，這與美國殖民地時期在土地開發之後，緊接著商業階級崛起的發展模式相同。

　　換言之，大明帝國開國之初的管制貿易和海禁政策，除具有維護治安的目的之外，其實亦有抑制元代時期的重商貿易活動。大明欲圖恢復以傳統重視農業的發展，但衡之以海上利益為其經濟命脈的沿海居民而論，政府雖屢頒下海通番禁令，仍不能杜絕違法居民的望海謀生，和盛行私自下海通番，導致其往往有家歸不得，更促成僑居於海外者漸多。

　　另外，漁民出海捕魚維生，雖遭海禁政策的影響，但漁民為求改善生計，亦實難抑制。加之，大明帝國中葉以後，受到人口增加壓力所引發的治安議題，沿海居民毅然鋌而走險，競相朝向海上發展，並將其漁場拓展到臺灣沿岸，建立與臺灣原

---

[5] 曹永和，《臺灣早期歷史研究》，（臺北：聯經，1979年7月），頁8。

[6] 段立生，〈鄭和與暹羅〉，曾玲 主編，《東南亞的「鄭和記憶」與文化詮釋》，（安徽：黃山書社，2008年6月），頁36-37。

住民商業來往的所謂「漢番交易」。因而，促使大明帝國不得不於1567年（明隆慶元年）開放海禁，福建當局對於來往於臺灣的船隻，則採取商漁船引的治安管理措施。

然而，自萬曆年間（1573~1620）以來的臺灣治安已面臨中日走私，和貿易利益聚合點所引發治安的議題，更招致荷蘭和西班牙等國際爲爭奪市場的重要轉接地。因此，鄭氏在臺灣雖然驅走了重視商業貿易的荷蘭人之後，在1662年至1683年的21年統治臺灣期間，也誠如17世紀兩度擔任荷蘭聯合東印度公司駐印尼總督的科恩（Jan Pieterzoon Coen）[7]指出，我們不能在不戰爭的狀況下進行貿易，也不能在沒有貿易的情況下進行戰爭。這一海上安全和市場利益的競爭因素，更突顯了鄭治臺灣時期的主要治安議題。

檢視鄭成功治臺初期的認爲，今臺灣乃開創之地，雖僻處海濱，安敢忘戰？暫爾散兵，非爲安逸，初創之地，留勇衛、侍衛之旅，以守安平鎮、承天二處。其餘諸鎮，按鎮分地、按地開墾，日以什一者瞭望，相連接應，輪流迭更。是無閑丁，亦無逸民。插竹爲社，斬茅爲屋。圍生牛教之以犁，使野無曠土，而軍有餘糧。其火兵則無貼田，如正丁出伍，貼田補入可也。其鄉仍曰「社」，不必易；其敵亦曰「甲」，以便耕。照三年開墾，然後定其上、中、下則，以立賦稅。但此三年內，收成者借十分之三，以供正用。農隙，則訓以武事；有警，則

---

[7] 簡•皮特斯佐恩•科恩，曾於1619年至1623年及1627年至1629年間兩度擔任荷蘭聯合東印度公司在印尼的總督，在擔任總督期間特別致力於荷蘭國力的增強。他雖被荷蘭視爲英雄，但在荷蘭殖民地區的亞非國家卻不受歡迎；在近現代，他更被視爲種族滅絕的典型人物。

荷戈以戰；無警，則負耒以耕。寓兵於農之意如此。[8]

　　因此，臺灣治安史結構與變遷，發展到了鄭氏統治臺灣的近世國家時代主權、海盜、走私、人口販運等引發的涉外性治安議題，封建家族的王位之爭、權力分配等引發的政治性治安議題，宗主式墾殖利益、飢荒、糧食不足等引發的經濟性治安議題，以及土著化竊盜、姦淫、賭博、傷害、殺人、酗酒等引發的社會性治安議題，並就前四項環境因素綜合形塑軍屯治安受封政府型態的警察角色加以分析。

第二節　近世國家時代涉外性治安

　　近世國家時代（early modern period）的時間，指的是中世紀以後，近代以前的這一段期間。從國際治安環境論述大明帝國的涉外性治安，基本上，大明帝國是中國最後一個「內在的朝代」（indigenous dynasty），受到外界干預的成份少，內在的性格強，自身認為處在宇宙的中央，四周的蠻夷須向它朝貢，以獲得封號。加上皇權體制心態，大明帝國拒絕從外國來的事物和想法。

　　因此，大明帝國雖然非常確定自己的超然卓絕地位，但在面對西方的科技挑戰之際，仍感到非常震驚和恐慌。尤其大明帝國為應付來自北方滿族和蒙古族的南下入侵邊界，放棄了因有長江之利而對航海開放的南京，於1421年遷都北京，在大航海時代的意義上，喪失了利用大海參與近世國家時代的競爭機會。

---

[8] 江日昇，《臺灣外記》，收錄：《臺灣歷史演義》，（臺北：河洛圖書出版社，1981年5月），頁178-179。

檢視鄭治時期臺灣涉外性治安的環境因素，基本上是受到大明帝國不朝向成為一個遠洋商貿國家，和針對具有戰略性物資的馬匹、兵器、鐵具、銅錢或絲綢加以管制的影響，導致16世紀以來，正德（1506~1521）、嘉靖（1522~1566）期間在東南沿海一帶的商人、士紳，與日本之間非法走私和海盜，甚至於到海外經營的中國商人，都被懷疑是假冒朝廷使者以獲取東南亞朝貢國的政經利益者。這種反對海上貿易態度的變得如此激烈，其措施更突顯在焚毀後來存放於兵部的鄭和下西洋圖。[9]

　　大明帝國儘管撤出海上貿易，和其不斷加劇的反商態度，但海港密佈的福建沿海的商人，仍然活躍地與東亞國家進行貿易。甚至於到了16世紀中葉以後，隨著商業競爭的激烈化已演變成一種武裝貿易。質言之，臺灣的涉外治安議題受到競爭性國家體系和世界性資本主義體系在東亞國家發展的影響，突顯大明帝國封鎖海岸的管制政策，只是加劇促使海上貿易的軍事化。

　　檢視近世國家時代涉外性治安議題的對照英國國會於1660年通過王政復辟（Restoration），迎接查理二世（Charles II）為國王；1664年起英國與荷蘭發生第二次戰爭，英國攻陷荷蘭在北美洲的殖民地新阿姆斯特丹（New Amosterm）；1667年荷蘭戰敗，盡失北美洲殖民地，荷蘭已從國際競爭性國家和世界性資本主義體系中退出，其中包括荷蘭與鄭成功家族之間在臺灣戰爭所引發的治安議題，荷蘭東印度公司在維護臺灣治安上的失敗，導致荷蘭公司政府不得不於1662年將臺灣統治權交給鄭

---

[9] Ray Huang（黃仁宇），*China: A Macro History* （Armonk: M. E. Sharpe, 1990），p.156.

氏王朝。

　　檢視大明帝國的海上治安環境，雖然未必會吸引大部分士紳知識份子的採取崇商態度，但它正擴大對外貿易所帶進仕紳圈子的貨品種類，對此士紳們並不抗拒；反而愉悅地將這些貨品吸納到他們鑑賞精緻物品的文化休閒活動之內，這也同時刺激了貨品的生產。同時，當這些貨品進入商貿網絡的時候，收藏品的系列擴大到包括稀有植物和外來食品。[10]

　　因此，分析鄭氏涉外治安議題包括：與英國東印度公司簽訂的通商內容，又命伐木造船的銷往日本，以及購買兵器所導致大清帝國的強迫福建等五省沿海30里內居民的遷徙內地，並將其化為界外的嚴禁與臺灣來往，同時，實施堅壁清野政策，以封鎖沿海人民與鄭氏家族等海外敵對勢力的連結。惟鄭氏勢力仍在廈門等地，以設立秘密貿易所保持與內地通商的方式，來突顯涉外性治安議題的接連發生，最後導致在近世國家時代涉外性治安因素的鄭氏王朝將臺灣政權交到大清帝國手中。

第三節　封建型政治性治安

　　檢視大明帝國自洪武13年（1380年）宰相胡惟庸被殺以後，皇帝除了是國家元首之外，又是事實上的行政首長，直接領導並推動政務，皇權和相權合一，加上軍隊的指揮權，再加上司法權、財政權等等，可謂集大權於一身，又可不須對任何人和組織負責，這種權力是前所未有。[11]

---

[10] Timothy Brook （卜正民），方駿 等譯，《縱樂的困惑：明朝的商業與文化》，（臺北：聯經，2004年2月），頁183。

[11] 秦始皇建立大一統國家以來，即是皇權體制的開始。權力完全集中

鄭成功（Koxinga）具有中日混血的特殊身世，其統治臺灣的政權是啟動在中國東南海上，逸出大陸五千年華夏格局的一段新文明，恰同時是與外來文明，包含中國文化、日本文化，以及西方文化的複合型態。也因為鄭成功的特殊血統與出身背景，日本人認為鄭成功是他們開拓臺灣的始祖，不但對鄭成功有極高的禮遇與評價，並影響對其後來主張1895年至1945年之間佔領臺灣的具有正當性，而合理化其統治臺灣的正當性和合法性。[12]

　　鄭治臺灣時期的封建型政權可以溯自1661年鄭成功的率軍從金門經澎湖，於鹿耳門溪在北線尾附近登陸，以圍攻策略逼降荷蘭，建立鄭氏王國，這是近代史上歐洲政權在東方海上的一次重大挫敗。因而，鄭治臺灣時期的封建型政治性治安議題，突顯於1662年鄭成功改臺灣（熱蘭遮城）為安平鎮，赤崁城為承天府，總名東都。設一府二縣，府曰承天，縣曰天興、萬年。1662年（永曆16年）5月，鄭成功逝，世子鄭經繼位，改東都為東寧，二縣為二州，設安撫司三，南北路澎湖各一。[13]並設四坊以居商賈，設里社以宅番漢；治漢人有州官，治番民有安。然規模不遠，殊非壯觀。[14]亦即興市廛、教耕

在皇帝一人，「朕即國家」，皇帝是政權的獨占者，官僚體系也只是皇帝的工具，是君臣之間的君主式關係。費孝通，〈論紳士〉，《皇權與紳權》，（上海：觀察社，1948年12月），頁1-2。

[12] 陳添壽，《臺灣治安史研究—警察與政經體制關係的演變》，（臺北：蘭臺，2012年8月），頁78-79。

[13] 臺灣史料集成編輯委員會 編，臺灣史料集成 清代臺灣方志彙刊（第一冊），金鋐 主修，《康熙福建通志臺灣府》，（臺北：文建會，2004年11月），頁35-36。

[14] 臺灣史料集成編輯委員會 編，臺灣史料集成 清代臺灣方志彙刊

種，漸進中國風土矣。[15]

鄭成功、鄭經父子先後受封「延平郡王」、「東寧王」的以中國為中心的冊封體制，畢竟是由中華帝國強加在東亞國家的國際霸權關係之中所呈現的具體形式。因而，這種冊封體制便隨著中國各朝的鼎革、勢力的盛衰，而有數次分裂、瓦解，乃至於重編的現象；同時，也隨著中華帝國與周邊諸國情勢變化呈現各種不同的面貌。[16]鄭氏治臺猶如自成一個封建王國，然而，就臺灣原住民族的相互主體而言，正如英國移民北美洲的「逐走土著人」（removing the natives），以便為不斷增加的移民人口騰出空間，亦是漢人血統和中國文化最先以軍事武裝在灣建立的政權。[17]

檢視鄭成功執政的實際政治中心並不在臺灣，而且在他取得臺灣統治權的不久即過世，因而引發「弟承兄業」或「子承父業」的叔姪王位之爭。在廈門以「世藩」嗣位的鄭經執政時間，從1662年至1681年過世的長達19年，亦為爭取維護臺灣

（第二冊），高拱乾 纂輯、周元文 增修，《臺灣府志》，（臺北：文建會，2004年11月），頁70。

[15] 臺灣史料集成編輯委員會 編，臺灣史料集成 清代臺灣方志彙刊（第六冊），劉良璧 纂輯，《重修福建臺灣府志（上）》，（臺北：文建會，2005年6月），頁112。

[16] 諸如高麗與大明帝國關係（1368-1392），朝鮮與大明帝國關係（1392-1636），朝鮮與大清帝國關係（1636-1894），在這五百年來的冊封關係則被稱是典型的「朝貢關係」。曹永和，《臺灣早期歷史研究續集》，（臺北：聯經，2000年10月），頁2。

[17] 冊封體制有如日本藩鎮制度，是屬封建政治，崇尚專制政體，主張要對君主盡忠，強調家族主義、國體主義、傳統主義，及形式主義的型塑當時社會的支配意識。東嘉生，《臺灣經濟史研究》，（東京：東都書籍，1944年11月），頁60-61。

的政治性治安，曾經多次展開與大清帝國的談判，一度有意倣效採取不削髮、稱臣納貢的朝鮮奉大清帝國爲宗主國模式，但由於鄭經的堅持泉州等四府必須歸屬其管轄立場，致使談判破裂，也導致鄭經遭受批評爲「人在金廈，心在漳泉」的統治心態。[18]

因此，當鄭經過世，長子克臧螟蛉難嗣大位的，與次子克塽的「嫡庶王位」之爭；同時，陳永華與馮錫范的王室親家介入王權爭奪，所引發的封建型政治性治安議題，最後結果鄭克塽勝出的勉強於1681年繼位，但鄭氏治臺氣勢已不復當年。加上，臺灣原住民的不滿統治。1683年鄭克塽削髮歸順大清帝國，並與南明朱氏宗室一起被遣回內地致死。

從鄭成功、鄭經、鄭克塽的封建型政治性治安在臺計傳三世，歷時22年。如果溯自鄭芝龍的來臺之始，則相繼40年。換言之，若計自鄭芝龍起於1621年（天啓元年），至1683年（康熙22年）的克塽歸誠，其政權計達有63年之久。

第四節　宗主式經濟性治安

大明帝國經濟政策對於政府與商業的關係始終搖擺不定，有時忽略它有時又利用它，卻沒有將它有系統地納入國家的財政策略。所以，確切地說，中國封建制度只實用於商周，到魏晉南北朝以後，雖已非封建制度，但仍存有若干封建因素。[19]

---

[18] 江日昇，《臺灣外記》，收錄：《臺灣歷史演義》，（臺北：河洛，1981年5月），頁184-186。

[19] 簡言之，它是一種創造一個富人階級的經濟制度，其目的是在發展自足的經濟中，由別的勞動者生產物品去滿足他們的需要。相較於

然而，檢視鄭治臺灣時期的冊封體制係視國家為君主的私有財產，受封土地與人民就是封臣的私有財產；君主和封臣把司法權的延伸及軍隊所征服來的土地與人民，都視為有利可圖的剝奪對象。

鄭氏治臺是以中國移民北向爭中國正統，又往南向攬取海商的經濟資源，是結合了冊封體制與朝貢貿易為一體。鄭氏治臺時期因其一直奉明朝為正朔，鄭氏三代都是以孤臣心態，希望能恢復大明帝國，鄭氏治臺冊封體制在國家的某種意義上，被視為是君主的私有財產，就如同采邑（manor）是封臣的私有財產，因而引發宗主式經濟性治安議題。

當鄭成功在金廈兩地不能自保而選擇轉進臺灣，然一到澎湖，就已發生嚴重的缺糧現象，遂出現「臺灣城未破，官兵乏糧」的經濟性治安窘境，縱使擊退荷蘭佔據臺灣的鄭氏軍隊是一支武裝移民集團，他們除了軍隊2萬5千名之外，還有眷屬5千人。[20]

中古世紀晚期的歐洲，既沒有世界帝國，也沒有世界經濟，只有基督教文明；歐洲大部分地區都是封建的，也就是說由相對自給自足的小經濟單位組成，這種經濟單位以這樣一種剝削方式為基礎，因為占人口比率很少的貴族階級相對於直接擁有莊園內部生產出來的大量剩餘農產品。這樣看來，近代中國歷史學家所提出關於一個掠奪性而又「反商」的明代政府阻礙商業經濟發展的論點似乎有點牽強。大明政府可能並沒有按歐洲中產階級的理想去促進商業，但至少它在相當大程度上，讓商業按自己的方式發展。Timothy Brook（卜正民），方駿等譯，《縱樂的困惑：明朝的商業與文化》，（臺北：聯經，2004年2月），頁150；Immanuel Wallerstein, *The Modern World-System, Vol.1: Capitalist Agriculture and the Origins of the European World-Economy in the Sixteenth Century*（New York: Academic Press, 1974），p.37.

[20] 許極燉，《臺灣近代發展史》，（臺北：前衛，2000年4月），頁

因此，鄭治臺灣的初期，為解決人口增加所引發的糧食治安危機，首先必須確保土地的有效利用，尤其最擔心軍糧供應不穩定與持續性所引發的治安問題。所以，土地經營乃行軍人屯田開墾的武裝方式，延用荷蘭時代的「王田」，和將荷印公司所屬「公司田」的改稱「官田」；而文武官所開墾的土地稱為「文武官田」，或稱「司田」；另外，屯營所開墾的田地稱「營盤田」，宛如帶有武器的高級農耕隊。

　　換言之，宗主式經濟性治安議題除了承認先來漢人，和已開化原住民對於土地既得權益，以先確立了財產權的方式來安撫居民之外，乃實施「軍屯為本、佃屯為輔、寓兵於農、展拓貿易」的發展墾殖農業。這種「軍兵屯墾」制度，平時則化兵為農，使能自食其力；戰時則化農為兵，期為征戰之用。基本上，鄭成功頒布屯田政策後，軍隊點狀集團性的開墾，主要農業發展範圍只發展從臺南到新竹附近。到了鄭經佔領基隆附近以後，就將該地視為流放政敵和犯人的地區。因此，當時臺灣北部的開墾，多以違法犯紀的犯人的開墾為主，規模亦相當有限。

　　鄭治時期為維護宗主式經濟性治安除了藉由金門為反清復明及興兵驅荷的基地之外，在臺灣更實施「汎地屯墾」的經濟策略。所以，土地開墾的區域，開始只是一種點狀的分布，主要開墾範圍在西南沿海平原。由於赤崁一帶在荷治時期已經漸次開墾完成。

　　所以，新開墾的田園就集中在嘉義平原、鳳山北部平原。對照荷蘭時期對臺灣土地的開發已達8千4百甲，及至鄭治末

期，開墾的田園面積約1萬8千4百甲。當時臺灣的漢人人口數約12萬人，逐漸超過原住民的人口數。[21]換言之，鄭治時期積極對臺灣內部開發的進展，臺灣在名義上雖歸屬於大明帝國，但漢人在臺灣的經濟主導權始告確立。

宗主式經濟性治安也突顯於戰爭體制與經貿發展的並行策略，當時的屯田建營，其營盤田在臺灣南部已有很廣闊的分佈，例如現在的後營、大營、新營、小新營、中營、五軍營、查畝營、舊營、下營、林鳳營、左營、營前、營後、中協、本協、後協、左鎮、後鎮、前鋒、三軍、右昌（衝）、後勁等地，都是營盤田的舊址。

換言之，屯田的目的在寓兵於農，而沒有廢兵，例如1673年（明永曆27年、清康熙12年）三藩之變，鄭經亦召集屯墾的士兵予以響應，卻也導致農業勞動力的受影響，屯墾的生產力漸見衰退，但寓兵於農的營盤制度仍是奠定中國人在臺灣落地生根和穩定生活的基礎。尤其營盤田的農業，目的在屯田的自給自足。不過，這些屯田與文武官田及承天府府田的佃人不同，他們有特權，可免納租稅，但是佃人除了租之外，還有稅，而且擔負的稅還重於租。

由於佃人勞動所得的剩餘價值，全歸土地所有者；佃人的負擔，包括勞役及農產物的納貢。而且男子自16歲以上必須納額六錢的人頭稅，其他課稅如厝餉、鹽稅、船稅，都成為是政府的重要收入。換言之，這時期的國家總生產和社會的總勞動力，大部份為佃人的付出。然而，官田園的所有者為鄭氏，文武官田園的所有者，為鄭氏的宗黨及文武百官，這些貴族與官

---

[21] 周婉窈，《臺灣歷史圖說（史前至一九四五年）》，（臺北：聯經，1997年10月），頁66。

僚對於佃人經濟利益上的支配容易引發不滿。

因此，政府為解決農業生產力所引發宗主式經濟性治安的議題時，在人力資源上，主要還是透過招納流亡，及嚴令將士的眷屬遷臺；另外，為增加稻蔗產量，則加強水利設施，採築堤儲水與截流引水的方式，這些工程分別由政府或地方人士，甚至指派由各營鎮的兵工協助修築。

但當面臨海上市場利益銳減以後，不得不依賴提高租稅來支撐龐大的軍費開銷。同時，為了確保延續長期以來對沿岸操業漁船的稅收，在港口碼頭上更設置監視所，並且將漁業稅的徵收採包稅制度。高拱乾指出，有司只按總額徵收，番亦愚昧無知，終歲所捕之鹿，與夫雞、犬、牛、豕、布縷、麻菽，悉為社商所有，間有餉重力薄，社商不欲包輸，則又誘之通事，名為自徵，通事額外之腹削無異社商，雖屢禁懲，未盡改也。[22]

另外，宗主式經濟性治安在對外貿易議題上，由於鄭軍屢遭清軍與荷蘭聯軍的夾擊，加上嚴重受到大清帝國在沿海地域厲行遷界與海禁的影響，使得與大陸之間的生絲、陶器等貿易受阻，鄭氏政府被迫不得不改採轉運策略，將船隻轉往日本、琉球、呂宋、暹羅，導致每年到長崎的商船增多，反而降低了臺灣與大陸的直接貿易。

因此，鄭治政府為解決經濟性治安遂同意英國東印度公司於1675至1680年間的在臺灣開設商館。英國商館認為只要能透過與臺灣的通商，即可達到直接與大明帝國、日本及馬尼拉等

---

[22] 臺灣史料集成編輯委員會編，臺灣史料集成 清代臺灣方志彙刊（第二冊），高拱乾 纂輯、周元文 增修，《臺灣府志》，（臺北：遠流，2004年11月），頁287。

地通商的目的，而鄭氏則以徵收進口稅3%，允許英船進入，出口稅則免。換言之，鄭氏政府的同意來自大陸及各國的貨物可以匯集臺灣，其中還包括軍火交易，雖然詳細規定了每艘英國商船供應武器的數量，以確保軍火的供應無虞，但也突顯鄭氏政府因宗主式經濟議題所引發的治安危機。

第五節　土著化社會性治安

布勞岱爾（Fernand Braudel）指出，封建社會至少呈現五種不同的型態，和不同階級的共存。第一種是最基本，也是最古老而呈現支離破碎的領主社會；其次是由羅馬教會堅持不懈地建造的神權社會；第三種是以領土國家為中心組織起來的社會；第四種是封建社會；第五種是城邦社會。總體來說，這些社會不但共存，而且互相攪和，帶有一定的整體性，但從縱向觀察，特權者或治理國家精英的人數仍屬少數。[23]

而歐洲中世紀雖稱「封建」，其座主及附庸之間有合同關係（contractual relationship），這種物質條件既有歷史成例，不容一方片面更動，更不容以仁義道德的名目，作為更變的張本。兩方如有爭執勢必請法官及律師裁判，如此才能培養司法獨立的傳統，但中國社會長期受官僚主義的壟斷，可謂未曾經過這個階段。

臺灣漢人移民社會的真正確立，應在鄭成功逐退荷蘭之

---

[23] Fernand Braudel, 施康強 等譯，《15治18世紀的物質文明、經濟和資本主義》（卷二），（臺北：貓頭鷹，2000年3月），頁401-402。

後。鄭治臺灣的社會猶如歐洲國家的阿爾及爾和瑞典。[24]
明鄭以後臺灣的漢人移民，已由昔日分散的部落社會（tribal
society），進入定居且足以發揮文化特色的民間社會（folk
society）。

　　換言之，土著化社會性治安隨著漢人在臺灣的開發，終於
由點擴散成面，由部落游牧狩獵社會確立爲農業社會，迄大清
帝國治臺時期，不但漢人社會得以迅速成長，並隨著漢人和平
埔族人的通婚，以及平埔族的漢化，實已達到以漢人爲主體的
農業社會的程度。然而，封建體制的鄭氏政權只准自己擁有武
器，不准百姓興武。這種家天下封建體系的宰制商業活動，也
阻礙公民化社會的正常發展，導致臺灣土著化移墾社會，普遍
存在有前人不學，窮人不能學，以至於學校不振，文風日衰的
負面評價。[25]

　　檢視鄭氏政權陷在鄭芝龍亦盜、亦商、亦官的國際霸權、
市場利益和民族大義之間關係的糾葛，鄭成功雖深受儒家忠君
思想的影響，一心想要維繫大明帝國的正統，並欲在複雜社會
中突顯仍爲保留其儒家精神典範，也影響臺灣移民化社會迄今

---

[24] 布勞岱爾（Fernand Braudel）指出，阿爾及爾位於歐洲和土耳其兩
　　大經濟世界的會合處，不服從其中任何一個經濟世界，它基本上切
　　斷了對伊斯坦堡的臣屬關係，而無孔不入的歐洲商船又把它排斥在
　　地中海貿易之外，海盜行徑是阿爾及爾對付歐洲霸權的唯一出路，
　　是擺脫控制的唯一可能，而位於歐洲和俄羅斯接壤的瑞典，與阿爾
　　及爾的情勢大致相同，它不是被排斥在波羅的海的直接利益之外
　　嗎，戰爭是它獲救的唯一出路。Fernand Braudel, *The Perspective of
　　the World-Civilization and Capitalism, 15th-18th Century. Vol.3*（N.Y.:
　　Harper and Raw, 1979），p.42.

[25] 周婉窈，《臺灣歷史圖說（史前至一九四五年）》，（臺北：聯
　　經，1997年10月），頁80-81。

存在「內地化」與「土著化」（native society）的爭論。

「土著化」（native society）是先認定初期的漢人移民心態是中國本土的延伸和連續，到了後期才與中國本土社會逐漸疏離，而變成以臺灣本地為認同的對象。尤其到了清治臺灣初期，漢人已逐漸從原居民手中取得對臺灣土地和產業經營的控制權，臺灣也逐漸由一個海外的邊疆成為中國本土的延伸。這種現象乃至延續到清治臺灣漢人移民社會（immigrant society）的走向「定著化」過程。[26]

尤其是到了清末時期，臺灣漢人的社會意識顯然已經逐漸拋棄祖籍觀念，而以居住的聚落為生活單位，寺廟神信仰和宗族組織成為影響社會治安的重要議題。

第六節 小結：受封政府型態警察角色

基本上，臺灣早期的生活環境，對於有意定居下來耕種的漢人而言，並非適合移居的地方。因為，當時的海盜私梟活動猖獗，又有原住民族的對抗，評估一開始開墾土地和發展農業就得先冒負擔沉重成本的風險。所以，在荷蘭人未抵臺以前，臺灣不可能出現具有規模的行政和軍事行動，願意來提供保障臺灣成為適合經濟性和政治性投資的誘因。

然而，經由無償授田、免除稅負、保障生命安全，和其他的獎勵策略，荷蘭人積極提供經濟利誘，鼓勵中國沿海居民渡海來臺。所以，荷印公司加強負責收服原住民、壓制海盜、

---

[26] 陳其南，《臺灣的傳統中國社會》，（臺北：允晨，1997年10月），頁92、180。

保障契約執行，並建立有效維護社會治安的措施，使臺灣成為營生安全可以擔負風險的地區。因此，漢人開闢稻米和甘蔗田園的邊地移墾區（frontier state），形成荷蘭人與漢人共構殖民（co-colonization）臺灣的一段移民和產業發展史，共構殖民不只是建立在互惠上，也是呈現在荷印公司對漢人政經利益的支配上。[27]

　　鄭治時期治安議題亦如荷蘭時期同樣感受原住民族是影響臺灣內部安定的重要因素。在原住民所居住的村社設有正副土官，以管理住民，其地位有如里長、保甲，採取的非世襲制度，但能發揮治安的功能極為有限。所以，在進行士兵屯田與官紳招民開墾的軍屯治安時，也要求不得侵奪原住民族的土地。並設置所謂「哨所」的「槍櫃」，來保衛居民身家安全。[28]

　　換言之，當時漢人在其附近營建庄廟，或用竹材圍庄，設

---

[27] 「荷漢共治」確實在臺灣創造出漢人墾殖地的一片天。可是，一但墾地成型，東印度公司就開始遭遇漢人移民者對荷蘭政府是否繼續效忠度和爭奪利益分配的治安議題，導致鄭治臺灣封建政府更因為解決缺乏糧食的安全問題，而積極發展農業，遂逐漸將荷蘭時期重商主義（merchantilism）發展蔗糖調整為以偏重生產稻米為主的重農主義（physiocrats）政策。因此，當同是漢人的鄭氏政權出現時，相較新政府所能提供的墾殖誘因（incentive），荷蘭人的競爭優勢（competitive advantage）就注定要喪失其繼續被他們對島上漢人稱之為是「福爾摩沙島上唯一釀蜜蜂種」的利益剝削。Tonio Andrade，鄭維中 譯，《福爾摩沙如何變成臺灣府》，（臺北：遠流，2007年4月），頁455。

[28] 「槍櫃」，其實是隘勇（丁）寮，也就是隘勇守隘的據點，是泥磚屋，透過土牆上的木頭框出來的小孔，那些小孔其實就是舉槍的射口，就是隘勇守隘的地方。

置隘門以維護家室安全，並定居下來，且逐漸依地緣關係而聚落化。「隘」制的功能治安在防止原住民侵入的安全設施，同時在鄭治時期實施屯田的治安措施時，在與原進住民活動或居住的交界處，還設置有土牛線，以防止彼此之間的侵犯。大明帝國的治安制度，在省設三司，分巡分守；在府州縣設有專職捕盜官；在最基層治安設有里甲、保甲、民壯和鄉兵。[29]

鄭治臺灣初期，因主要依寓兵於農，施行營盤之制，似無保甲之設施。但寧靖王墾田之史蹟所傳，在南路之長治里，古時立有一圖、二圖之區劃，從土名所存加以推考，所謂每一百一十戶爲一圖，圖分十甲，甲有甲長，以統十戶，似可認出明帝國里甲之遺制，是少見由移民實施自治之痕跡。[30]換言之，鄭治時期的治安也採倣明制，分都中爲四坊，曰東安、曰西定、曰南寧、曰鎮北。坊置簽首，理民事，制鄙爲三十四里，置總理。里有社。十戶爲牌，牌有長，十牌爲甲，甲有首，十甲爲保，保有長。理戶籍之事。凡人民之遷徙、職業、婚嫁、生死，均報於總理。仲春之月，總理彙報於官，考其善惡，信其賞罰，勸農工，禁淫賭，計丁庸，嚴盜賊，而又訓之

---

[29] 從1368年至1450年明帝國前期所推動里甲的人戶應有足夠土地維生，而且將沉重的甲首、里長和糧長負擔加之於富有人戶的身上，隨著時間推移而促使各戶土地平均化。這一發展到了1450年至1550年的大明帝國中期更因爲對用於完納賦稅的白銀，和相應的商業行為需求，導致政府為限制白銀流向市場，和控制銀礦盜採的蔓延，遂將里甲組織軍事化，創建幾乎與里甲組織合二為一的每十家為單位的「保甲」制度，每村建一個小的兵器庫，一有需要地方民兵的自衛組織就能武裝起來，地方治安就會有保障。

[30] 伊能嘉矩，國史館臺灣文獻館 編譯，《臺灣文化誌上卷》（修訂版），（臺北：臺灣書房，2012年1月），頁410。

以詩書，申之以禮義，範之以刑法，勵之以忠敬，故民皆有勇知方。此鄭氏鄉治之效也。[31]

　　臺灣軍屯治安的結構與變遷，在防範竊盜、海上治安、管制武器、禁賭、禁酒、改建石屋、限制砍伐鄰近森林以利來往船隻補給，並設衡量所，規定市場內秤量以交易等治安議題上，相較於大明帝國沿海城市的社會現象並無多不同，漢人居民可以很容易的視此為當地治理者維護治安的命令而予以遵守，漢人居民不必然將此類措施當成是應由法律保障的「法定權利」，而可能認為這是統治者應當承擔的道義責任。這突顯鄭治時期受封政府型態的「亦政亦警」，而有別於荷治時期公司政府型態的「亦法亦警」角色。

---

[31] 連橫，《臺灣通史》（中），（南投：臺灣省文獻委員會，1976年5月），頁631-632。

上　編
前現代警察與國家發展：臺灣傳統治安年代（～1895）

第五章　清治時期移墾治安的結構與變遷（1683～1895）

1683年（康熙22年）臺灣納入滿清政府的統治，迅即成為福建省的一府（a "fu" or prefecture），係屬於大清帝國的一部分。原先大員（Taiwan）只用來指荷蘭建設、立基的小島，後來變成稱呼全島的「臺灣」；而國姓爺家族統治時代擴大許多的赤崁城，則被訂為島都臺灣府（Taiwanfu）。[1]而「中國」之名，雖起自於西元前11世紀的西周，但1689年（康熙28年）第一個遵照西方國際法簽訂的《中俄尼布粗條約》起，「中國」就被用來對外的自稱，而以「大清國」指稱政府（朝廷）。

　　對照於英國工業革命發軔於1760年代，以棉工業為起點，並改變了生產方式與生產結構，到了1830年代，主要產業部門則以機械制方式來大量生產，有助於競爭性國家和世界性資本主義體系的形成，但亞洲、中南美洲等國家則開始受到不平等的待遇，這也是19世紀中葉臺灣所面臨的處境。

　　當英國在18世紀中葉工業革命以後，製造業與服務業逐漸取代農業所得，資金與技術也隨著向國外擴展，生產力得以持久迅速的成長，而且人員工作效率、商品品質和服務水準都可以達到利潤極大化的目標。工業革命時代的國際市場強調顯而易見的短期貿易利益，鼓勵了各國進行降低關稅談判，並且向國際市場敞開大門。

　　人類真正讓市場、行銷人員、消費者者之間的關係產生變化的，是帶來第二波革命財富的工業革命。數百萬農民原本的主要生活方式是貨幣經濟外的產銷合一，工業化將其變成貨幣

---

[1] 陳政三 譯註，達飛聲（J. W. Davidson）原著，《福爾摩沙的過去與未來》【上冊】，（臺北：國立臺灣歷史博物館，2014年9月），頁81。

經濟內的生產者與消費者，從而對市場產生高度依賴。因此，從1720年代開始，一種新型的工商業資本主義的浪潮實際上席捲整個歐洲大陸，這是1820年代荷蘭在競爭性國家和世界性資本主義體系衰落的決定性因素。

因此，19世紀工業資本主義思想並未孕育「平等社會」（eqalitarian commonwealth）的觀念，不但造成地主階層越來越富有，而土地耕作勞動階層卻越來越貧困的社會現象，而且突顯工業資本家的快速累積財力，其富裕的程度更超乎地主或國王所能想像與比擬的。當然，工業革命中的每一項技術創新與發明，其經濟發展影響的範圍不僅在城鎮、農村，在擴及政治權力層面上的分配上更產生結構性的改變，也才會對近代警察與國家發展造成衝擊。

因此，世界性資本主義體系自標榜民族主義英國取代以城市經濟為主的荷蘭，成為國際霸權之後，歐美列強第一個殖民的對象是非洲大陸；其次，就是亞洲的中國及其鄰近國家。這種國際經濟體系和市場利益的大變動起因，可追溯於資本主義的國際市場化。所以，有關經濟發展能加速社會地位的提升，而且經濟活動和發展迅速的沿海商業城市，人們的社會地位比在內陸城市更加容易。

19世紀和20世紀初的資本主義和帝國主義對國際經濟體系和市場利益的觀點，不但不可劃分，更是一體的兩面。英國是典型的例子，一方面在國內從事改革，形成企業組織的卡特爾（cartel）；另一方面是對國外發動殖民地擴張，例如鴉片戰爭和英法聯軍之役侵佔臺灣、強力取得蘇伊士運河的主權、維多利亞稱印度皇后、進入中東，迄至第一次世界大戰，這種帝國主義的行徑完全暴露了資本主義和殖民主義的本質。

第一節　清治時期治安議題

　　清治時期臺灣治安隨著鄭治冊封政權的結束而面臨新的治安議題。在近代工業的發展上，資本主義和地主階級的統治型態，及其所對立的統治基礎、方式和權力體系顯得非常重要。地主階級的統治者將權力的影響力等同於他們領土的大小範圍，以及人口稠密程度，而把市場或資本看作是追求領土擴張的一種手段或者副產品。資本主義的統治者則將權力的影響力等同於他們在多大程度上控制了稀少資源，而視領土獲得為資本累積的一種手段或者副產品。

　　因此，清治臺灣初期大陸與臺灣的市場交易，不斷地透過郊商的發揮功能，大陸成為臺灣唯一的貿易對象，但是1860年（咸豐10年）臺灣被迫對外開港通商，英美公司與臺灣的市場來往頻繁，這是臺灣對外貿易繼荷西治臺灣以後的再度與國際市場接軌，也因為如此，由華商（含臺灣與大陸資本）所擁有的資本，雖在經濟民族主義的英美資本壓榨下還得以生存。

　　但隨著大陸對岸出口市場的衰退和外國貿易的進入，尤其到了日治時期更因為日本政府強力的轉移為臺灣與日本的貿易關係，因而臺灣與中國大陸的市場關係逐漸弱化，卻也另為本地性資本實力的臺灣資本提供一個日益成長的機會。因此，形成二次大戰前臺灣經濟發展與大陸市場的貿易關係變遷。

　　檢視工業革命（industrial revolution）的特點就是在一個複雜化、專業化和資本化的工業發展體系中從事於高風險生產，改變了商業與工業之間的關係。工業生產不再是商人作為從事於企業經營而組織的商業附屬品；它開始涉及到長期的投資與風險的規劃，除非生產的風險降低，評估了預期投入都能達到

目標的條件下才繼續投資。這種經營型態的改變，意味著工業
生產要素的提供在19世紀20年代英國的勞力、資本、貨物，及
企業家經營能力都能充分發揮效能與效率。英國也從一個商業
資本主義國家轉化成爲工業資本主義國家。

承上所論，在18世紀末肩負國際治安環境因素的英國仍是
一個節奏緩慢的「前現代」社會，以小農生產爲主，工業也還
只是以家庭手工業爲基礎，以機器和工廠制爲主的生產方式
還未誕生。然而，社會上倒普遍體認了生產分工的好處，不
少依賴分包圖利的企業活動者，形成出所謂「原始的工業」
（proto-industry）。所以，商業資本主義活動此時在英國已經
有了上百年的歷史。然而，一直要到工業革命時代才是英國的
市場轉向而建立國際霸權的時期。由於中產階級掌握國家權力
體系，並將自由經濟的思想發揮在開拓國際市場的利益。

因此，臺灣治安史結構與變遷，發展到了清治臺灣的工業
革命時代的主權、非法入境、鴉片、人口販運、瘟疫、危險物
及武器販運、開港通商等涉外性治安議題，從皇權型體制的漢
人抗爭、中央與地方爭權等政治性治安議題，從君主式的土地
移墾、大小租戶等經濟性治安議題，從定著化的竊盜、姦淫、
賭博、傷害、殺人、酗酒、民變、分類械鬥、痲瘋病等社會性
治安議題，並依上述四項影響治安因素所綜合形塑移墾治安邊
陲政府型態的警察角色。

第二節 工業革命時代涉外性治安

工業革命時代的時間，指的是18世紀60年代至19世紀40年
代的期間。這時代由競爭性國家體系、世界性資本主義和全球

性公民社會體系等國際治安環境因素所構成臺灣涉外性治安議題，主要是由工業進步的英國霸權所主導。西歐在工業資本主義發展的初期，由於受到封建貴族的層層束縛，尤其是英國到了19世紀初紡織業興盛時，因爲政治上的干預太多，爲地主所把持的議會爲了保護該國的農業，遂採取徵收很高的保護性關稅，此即「穀物法」（Corn Law）的立法背景，其實施結果因而威脅到英國出口貿易的利益。

因爲，國際經濟體系和市場在尚未實現工業化的其他地區，由於英國的實行保護政策而無法出售其農產品，又如何來購買只有英國才能夠提供的工業產品？所以，曼徹斯特商界成爲反對整個地主所有制，發動抵制「穀物法」，並作爲1838年到1846年間「反穀物法同盟」（Anti-Corn Law League）的支柱。[2]

「穀物法」妨礙經濟發展，特別是貿易的推展，曼徹斯特商界因而聯合以紡織業爲中心，形成一股自由開明思潮，要求政治和經濟的自由化。所以，霍布斯邦（Eric Hobsbawm）指出，發生於1789到1848年間的法國政治革命和英國產業革命的「雙元革命」（dual revolution），不僅是工業本身的巨大勝利，而且是資本主義工業的巨大勝利；不僅僅是一般意義上的自由和平等的巨大勝利，而且是中產階級或資產階級自由社會的大勝利；不僅僅是「現代經濟」或「現代國家」的勝利，而且也是世界上歐洲部分地區和北美少數地方的經濟和國家的巨大勝利。[3]

---

[2] 許介鱗，《英國史綱》，（臺北：三民，1981年2月），頁175。

[3] See Eric. Hobsbawn, *The Age of Revolution 1789-1848*（N. Y. : New American Library, 1962）.

一、工業革命時代國際性治安議題

　　相較於當時臺灣的經濟基礎，要如同一百多年前英國「曼徹斯特自由開明主義」（Manchester Liberalism）的聲勢不可同日而語，難怪韋伯（Max Weber）指出，人類甚至在19世紀資本主義精神的典型體現者，絕不是其商業財產是世襲而來的利物浦和漢堡的那些貴族紳士，而是曼徹斯特和西伐利亞（Westphalia）的那些都在非常保守的環境中，靠佃農而發財致富的暴發戶。[4]

　　探究為何工業革命會發生在英國和北歐，卻沒有發生在中國東南方。追溯在一千年時，中國的生產技術並不比西方落後，當18世紀後半葉，在這兩個地區的產業結構、農業技術、個人資金等方面，都有許多類似之處，在可用土地上，兩者也承受成長的壓力。原因是發生在歐洲的工業革命並不全然是技術因素，中國的皇權制度導致其生產力的落後，中國根本沒有一套像西歐科學與制度的演變，特別是具有相當重要影響的多元主義。[5]所以，臺灣在清治時期從1683年（康熙22年）到1874年（同治13年）的兩百年間，農作的方法與工具仍是千百年的舊習，商業也限於趕集及流動小販往來，人民的生活習慣未受到新時代所帶來的好處。

　　換言之，在一個複雜化、專業化和資本化的工業發展體系中從事於高風險生產，改變了商業與工業之間的關係。工業生產不再是商人作為從事於企業經營而組織的商業附屬品；它開

----

[4] Max Weber, 于曉 等譯，《新教倫理與資本主義精神》，（臺北：左岸，2001年6月），頁35。

[5] J. K. Fairbank, & Merle Goldman, *China:A New History*（N. Y.: Harvard University Press, 1991）.

始涉及到長期的投資與風險，除非生產的風險降低，評估了預期投入都能達到目標的條件下才繼續投資。這種經營型態的改變，意味著工業生產要素的提供在19世紀20年代英國的勞力、資本、貨物，及企業家經營能力都能充分發揮效能與效率。

　　18世紀英國工業革命的發軔主要是以棉工業為經濟發展的起點，並改變了生產方式與結構，到了19世紀30年代的主要產業部門都改採以機械化操作的方式大量生產，其經營模式有助於自由貿易體制與世界市場的形成，惡劣競爭的結果導致亞洲、中南美洲等國家的開始受到不平等待遇，這是19世紀中葉工業革命時代的國際環境，而嵌入其中的國家，包括當時臺灣在清帝國統治下所引發的涉外性治安議題。

　　在1815年（嘉慶20年）英國確立了國際強權國家之後，英國開始廢止以前的一些商業保護條款，開放了過去對機械出口、工匠外移、貿易和航海的限制。在此同時，英國高唱經濟自由論調，主張分工專業的合作生產方式，鼓吹其他國家開放市場，透過彼此貿易來增進利益。當全球都渴望得到廉價工業產品的誘惑下，英國為自己的工業生產創造極大利潤。如果歐洲國家不願意讓英國貨進口，英國更藉由交通工具的改進，促使大量地降低運輸成本，英國還是可以擴展到歐洲國家以外的地區來進行商業拓展的活動。

　　所以，從工業革命以來，歐洲人更喜歡東方中國的物產，如歐洲一直到1720年代以後才開始生產的瓷器、生絲、茶，以及西印度已開始大量生產，但仍不能滿足歐洲人胃口的蔗糖。歐洲人大量向中國購買產品，卻無力付款。歐洲人喜歡用自己的工業產品，與中國人交換貨物，但是歐洲人有的，中國人除了時鐘和手錶以外，幾乎沒有一樣喜歡，所以只好用金塊和錢

幣來交換，但這也只能拖延而未能解決真正問題，一直要等到
鴉片開始在大清帝國市場上的出現。[6]

二、清治時期臺灣涉外性治安議題

回溯清治臺灣初期，並不想真正保有臺灣，嗣因施琅陳
述臺灣經貿市場與戰略地位的價值，並強調唯有將臺灣納入大
清帝國版圖之內，福建、浙江、廣東和江蘇的安全才得以保
障。[7] 臺灣的正式被列入大清國版圖並命名爲「臺灣」，致使
「臺灣」一詞具有高度的中國意涵，是大陸政權向海洋擴展的
代名詞。

從臺灣的涉外性治安檢視明鄭以前臺灣與澎湖的各自有其
歷史脈絡，澎湖在元帝國時期已在該地設有海巡單位，至於臺
灣「遠在海表，昔皆土番、流民離處，未有所屬，及明季時，
紅夷所有，又因其征服明鄭，天威遐播，遂入版圖」。換言
之，任何強勢國家（strong state）絕對不可能容忍一個長期敵
對的弱勢國家（weak state），尤其是一個根本否定它的合法性
國家的存在。施琅針對臺灣的主權指出，荷蘭人來以前，臺灣
未有所屬，荷蘭人是第一個政權，到了康熙，臺灣才被中國政
權所統治。

---

[6] 從世界經濟體系的觀點而言，中國、印度和羅馬都是以帝國的型態
出現，而且中國是12世紀時期的世界五大帝國之一。然而，相形
於19世紀工業資本主義的急速發展，中國從傳統道德觀走向市場
經濟觀，其概念轉化的過程要辛苦的多。Immanuel Wallerstein, *The
Modern World-System, Vol. 1: Capitalist Agriculture and the Origins of
the European World-Economy in the Sixteenth Century* （New York:
Academic Press, 1974）,pp.16-17.

[7] 曹永和，《臺灣早期歷史研究續集》，（臺北：聯經，2000年10
月），頁133。

臺灣是一直要到1683年（康熙22年），臺灣正式成爲大清帝國版圖，成爲滿族所建立政權統治下的海外邊陲。[8]檢視清治初期臺灣與大陸貿易據點一向嚴加設限，先後通航的只許廈門與鹿耳門、泉州的蚶口與彰化的鹿港、福建的五虎門與淡水的八里，到了1824年（道光4年）才又開放彰化的海豐港，而且買賣及進出港口都必須經商行的許可或保證才可通行。換言之，臺灣尚未正式開放通商口岸之前，來臺貿易並不合法。所以，19世紀的臺灣，自1824年起的開始與外國接觸，臺灣必須重新再面對西方英、法、美等強權國家挾其軍事優勢所引發的一連串治安性議題。

　　由毒品議題所引發的涉外性治安，最先是英國於1841年（道光21年）的鴉片戰役（Opium War），英國軍艦控制臺灣海面船隻的進出，1842年8月南京條約簽訂後，不但臺灣鎮總兵達洪阿和姚瑩逐被革職，臺灣也被迫開放鴉片進口，以及1856年（咸豐6年）至1860年《天津條約》、《北京條約》的約定開放安平、滬尾（淡水）爲通商口岸，1861年更擴充打狗（旗後）、雞籠等港口。1863年（同治2年）清政府將樟腦收歸官營，外商爲爭取利益，1869年英國軍艦攻擊安平，清政府同意撤銷樟腦官營、保護外人內地旅遊安全、賠償損失1萬7千餘元、革除失職官員臺灣道梁元桂、承認傳教自由。

---

[8] 金德爾伯格（Charles Kindleberger）指出，英國主導國際政經濟體系的霸權時期，由於中產階級在政治上的優勢，並且堅信自由主義的思想引入自由貿易的時代，主要經濟大國接受自由思想，以及強調顯而易見的短期貿易利益，鼓勵了各國進行降低關稅談判，並且向國際市場開放。See Charles P. Kindleberger, *Power and Money: The Economics of International Politics and the Politics of International Economics* （New York: Basic Books, 1970）.

其次，法國亦鑑於英國從鴉片交易所獲取的暴利，除積極進攻越南之外，亦為奪取煤礦利益三次派艦隊攻打滬尾、雞籠未果，遂改攻澎湖，並自1884年（光緒10年）10月至1885年4月間封鎖臺灣海面長達5個月，而佔領澎湖更維持到隔月的簽訂《天津條約》，清政府除承認越南為法國的保護國之外，法軍才於7月撤離臺灣。

　　美國則於1854年（咸豐4年）由美國東印度艦隊司令培里（M. C. Perry）率艦抵達基隆港，並進行對煤炭的調查和海難人員的搜索。1867年（同治6年）3月美國三桅船羅發號（bank Rover）在臺灣南端七星岩觸礁，船員遇害，美國駐廈門領事李仙得（C. W. Le Gendre）出面交涉，要求臺灣總兵劉明燈設法救回羅發號倖存人員。特別是當時奉命調查船難事件的臺灣道吳大廷認為，該地點係位在「生番」界內，其行劫的兇犯，並非華民，該處乃未收入中國版圖，且為兵力所不及，委難設法辦理。

　　通曉國際法則的李仙得因而開始對臺灣原住民土地的所屬及管轄產生質疑，後來李仙得發現臺灣地方官員不但沒有設法營救遇難人員，也沒派官兵對付原住民，遂改派水師前來。1868年（同治7年）十八番社頭目卓杞篤（Tauketok）在清政府官員「立會」下與李仙得議和，締結《南岬盟約》，清政府承諾保護外船安全。李仙得交涉船難事件過程突顯在屢經地方官員推諉塞責，堅持恆春半島屬於禁地，原住民非屬「人國」的濫調之後，李仙得選擇主動和原住民頭目接洽，訂立合作盟約，變成土著盟友，導致李仙得的依據國際公法，認定南臺灣

原住民屬於非文明的無主狀態。[9]

受到《南岬盟約》事件的影響，除了引發清、英的「樟腦戰爭」之外，日本亦於1871年（同治10年）11月因琉球島民69名漂流至臺灣東南八瑤灣港附近，上岸後誤入牡丹社，其中54名被害；翌年10月，日本小田縣人3名在臺東馬武窟社被搶。日本以琉球宗主國爲由，於1874年5月在臺灣車城南方的社寮登路，引發激烈的「石門之戰」，牡丹社、高士滑社被日軍焚毀，日軍擴大其佔領區，並進行長期駐屯的墾殖式部署。

日本引發的「牡丹社事件」，清政府主張「化外之地絕非無主之地」，而日本也因明治維新才開始，財政拮据經不起與大清國打持續戰，雙方簽訂《北京專約》。解除琉球與清國的宗藩關係，兼併爲日本領土，日本並於1879年（光緒5年）置沖繩縣。更由於承認日本出兵臺灣是「保民義舉」的合理性行動，這是日本南進政策的先聲，導致20年後日本強詞奪理的攫取臺灣。而當時參與戰役的陸軍少佐樺山資紀、海軍大尉兒玉源太郎、遠征軍隨員水野遵，在日本殖民臺灣初期，分別擔任臺灣總督府的總督或民政局長。

然而，臺灣發生「牡丹社事件」的涉外性治安之後，不但促使清政府開始重視臺灣的防務，和臺北府、臺東廳的設置，並全面開放臺灣對中國大陸移民。同時，迫使清政府對外：陸續開放中國東南沿海、內地的通商口岸，其中包括臺灣的部分港口；廢除公行制度，外國人得在通商口岸自由貿易；給予外商內河航運權與內地通商權；對外商課以低關稅；鴉片交易合法化。

[9] C. W. Le Gendre, 黃怡 譯，《南臺灣踏查手記》，（臺北：前衛，2012年11月），頁6-10。

1884年（光緒10年）法軍攻打基隆，隔年孤拔率艦佔領澎湖。隨後又依據大清政府與法國簽訂的《越南條約》，法軍須從基隆、澎湖撤兵。這次的清法戰役，益發清政府對臺灣防務安全的重視，除在閩海地區實施戒嚴外，亦加強堤岸附近的駐防武職人員，其工作性質猶如現在的水上警察功能。[10]

檢視上述清治臺灣時期的涉外治安，臺灣清政府已逐漸喪失了司法、關稅、外貿、沿海貿易、內地通商、內河航運等方面的自主權，更突顯臺灣涉外性治安環境的受制於國際治安因素。

第三節　皇權型政治性治安

大清帝國和被它所取代的大明帝國一樣都屬「內向型國家」。基本上，「帝國」（Empire）是指一種政治體系，特點是它地域遼闊，權力相對高度集中，且以皇帝個人或中央政治機構為代表，而自成的一個政治實體。同時，「帝國」存在的基礎通常合乎傳統的合法性，然而他們往往鼓吹一種更廣泛的、隱含統一性的政治和文化導向。但這皇權體制在面對了資本主義與重商主義的挑戰時，不僅這國家組織與結構不能與之抗衡，連其能否自保的存在都發生問題，甚至於造成過去的政策與施政，反成為今日政治發展的障礙。

中國自秦以後塑造出來大一統的觀念，朝代的循環只是家族統治的更迭，政權的本質幾乎沒有什麼改變，仍然突顯統治者剝削被統治者，無論是漢唐的統一時期，或魏晉南北朝的分

---

[10] 陳添壽，《臺灣治安史研究—警察與政經體制關係的演變》，（臺北：蘭臺，2012年8月），頁88。

裂時期。因此，社會上地主和農民的衝突、政治上皇權與官權的衝突，除了不同朝代有些程度上的差異之外，從來沒有停止過。亦即自漢、唐、宋、明、清時期以來的皇權體制，包括君主的領導地位、主政菁英在道德上的自我約制、官僚體系運用於百姓之間的巧妙自我調節機制、備以援用的嚴酷刑法，雖然造就了自給自足長期不廢的發展，卻未能完全地組織成單一民族國家的政權。

基本上，清政府的組織型態是由大約四萬名官員組成的、中央集權的、專制的半官僚行政機構的中樞，嚴厲地控制了國家及私人資源。它可以用行政命令改變財產的所有權，強迫徵收財務或強迫個人服從，一個縣令可以及民政、司法、財政所有大權於一身，在不違反皇帝獨裁大權的前提下，幾乎可以為所欲為。由於清政府的高度中央集權化，州縣級的地方政府必須在上級的監督下，只能依命令行事。

檢視大清帝國皇權體制在臺灣設立的官僚體系，最高者為正四品的分巡臺廈道，後來簡稱道臺，是臺灣最高級文官，下屬知府、同知、通判、知縣、典史、巡檢等。至於道臺直接承屬的地方大員則為閩浙總督、福建巡撫、福建布政使、福建按察使，而中央管轄文官的則為吏部。[11]在軍事治安方面，最初島上守軍8千名，後來逐漸增至1萬4千名，由總兵率領，向福州將軍、福建水師提督及閩浙總督負責。

換言之，清政府的政治體制，重文輕武、中央集權、所有法制全國一律，皇帝向全民抽稅，凡有職能的官位不能遺傳，除了皇位之外，由繼承來的爵位則無實際權力。至於地方行政

---

[11] 許雪姬，《北京的辮子──清代臺灣的官僚體系》，（臺北：自立晚報社，1993年3月），頁2。

事務，大致採取縣、州、府以下的委任給當地行政機關，臺灣地方政治體制亦然。因此，本節將從政治體制本質和行政組織調整的權力關係，論述皇權型的政治性治安，並將其分爲消極理臺和積極治臺的兩個階段治安議題，加以論述。

一、消極理臺的治安議題

清治時期臺灣的政治體制首先是將其分爲城市和鄉村兩種地區。以臺灣鄉村組織爲例，除設置官方職員的地保之外，還設有自治人員，如總理、莊正、董事、老大等，其職位由墾戶（大租戶）、業主（小租戶）、股戶（資本家）及德高望重者（社會人士），經過廳、縣的官府認可後擔任，其工作從維持村社治安到戶籍、稅賦、公共事業等項目。從表5-1清治時期行政區調整與重大政治性治安議題關係的顯示，清治時期臺灣的行政組織調整大致分爲二階段：第一階段從1684年（康熙23年）臺灣隸屬福建省，至1885年（光緒11年）臺灣建省爲止；第二階段從1885年建省，至1895年（光緒21年）臺灣民主國成立與被彌平。

檢視清治時期的行政劃都屬於被動而又密切地與治安議題相關，特別是在1723年（雍正元年），由於中部、北部的人口增加，而增設彰化縣和淡水廳。「彰化」原意即是「彰顯教化」；並且分別在彰化和竹塹設立縣治和廳治，可是因爲淡水廳的知事，畏懼臺灣原住民的凶悍，擔心對其安全造成威脅而不敢到任，只駐在舟運比較方便的臺中縣大甲一帶，消極性勉強遙控處理政務。

因此，從1728年（雍正5年）到1788年（乾隆53年）的60年間，臺灣行政區的增設與改制，都可以從解決治安的議題加以印證。尤其，之後的劉銘傳開山與設立撫墾局，對當時原住

民的生存權而言，顯然是被認為一種嚴重的侵犯行為，尤其臺灣中部以北的原住民，更是倍感其生命財產的遭受威脅。

表5-1 清治時期行政區調整與重大政治性治安議題的關係

年代\內容	省	府	縣（廳）【州】	政治性治安議題
1684~1722	福建	臺灣	臺灣 鳳山 諸羅	頒布〈渡臺禁令〉，1684年發生鄭氏部下林盛密謀起事和蔡機功聚眾抗清案；1686-1691年陳辛結合南投原住民反清；1696年發生的新港吳球（諸羅人）事件；1699年谷霄、淡水地區的原住民反清事件；1702-1703年發生的諸羅劉卻事件；以及1720年的朱一貴事件。
1723~1787	福建	臺灣	臺灣 鳳山 諸羅	彰化（淡水）（澎湖） 頒布〈禁止流寓臺灣人民販賣鴉片條例〉，1732年發生大甲西社原住民、南路吳福生事件，乾隆重申禁止內地人民偷渡令，直到1760年才廢止，1768年仍然發生黃效（教）事件；1782年彰化發生府對府的漳泉械鬥；1786年發生林爽文事件。
1788~1874	福建	臺灣	臺灣 鳳山 嘉義 彰化（淡水）（澎湖）（噶瑪蘭）	1795年發生陳周全事件；1806年福州將軍賽沖阿因蔡奉事件來臺督剿；1808年朱濆事件；1810年閩浙總督方維甸為漳泉械鬥的善後來臺；1822年發生林泳春事件；1833年程祖洛為處理張丙事件的善後事宜來臺；1840年臺灣道姚瑩平定彰化之亂；1860年增加開放打狗、雞籠兩港；1862年發生戴潮春事件；1871年發生牡丹社事件。
1875~1884	福建臺北	臺灣	臺灣 鳳山 嘉義 彰化 淡水 新竹 宜蘭（恆春）（澎湖）（卑南）（埔里社）（基隆）	1875年臺灣全面開放內地人渡臺，以後福建巡撫沈葆楨、王凱泰、丁日昌先後以閩撫身份來臺，1878年以後清軍陸續討伐加禮宛社、水沙連化社、臺東平埔族、率芒社、北勢社等。
1885~1895	臺灣	臺灣臺北臺南	臺灣 鳳山 嘉義 彰化 淡水 新竹 宜蘭 雲林 苗栗 安平 恆春（澎湖）（南雅）（埔里社）（基隆）【臺東】	1885年劉銘傳為臺灣首任巡撫；1886年閩浙總督楊昌濬為臺灣建省來臺與臺灣巡撫會商；1887年10月臺灣第一位布政使邵友濂到任；臺灣民主國成立與被彌平。

資料來源：本研究

根據表5-1顯示，臺灣在歸屬大清帝國時期，是一個位處地方邊陲政府型態的建省及郡縣分治。1684~1722年（康熙23年至61年）間在臺灣鳳山、諸羅等三縣就發生林盛、蔡機功、陳辛、吳球、谷霄、淡水地區的原住民反清、劉卻，和朱一貴等重大治安事件。1723~1787年（雍正1年至乾隆52年）間在臺灣、鳳山、諸羅、彰化等四縣，和淡水、澎湖二廳就發生大甲西社原住民、南路吳福生、黃效（教），和林爽文等重大治安事件。1788~1874年（乾隆53年至同治13年）間在臺灣、鳳山、嘉義、彰化等四縣、和淡水、澎湖、噶瑪蘭等三廳就發生陳周全、蔡牽、朱濆、林泳春、張丙、戴潮春，和牡丹社等重大治安事件。1875~1884年（光緒1年至10年）間清軍陸續討伐加禮宛社、水沙連化社、臺東平埔族、率芒社、北勢社等原住民事件。[12]

換言之，1885年（光緒11年）在臺灣為建省以前，原本只設2府8縣，勉強建省誠名實不相稱；而臺灣各縣地遼闊，也須添官分治，如彰化、嘉義、淡水、新竹四縣，因此在建省後，行政區劃的調整遂成當務之急。至於，在新設與調整職官方面，將設臺灣巡撫兼文武統帥（駐臺北），新設臺灣布政使（駐臺北），統籌省內兵餉、稅務、土地田畝及各省協餉事；增設臺灣（臺中）知府、臺灣縣知縣、雲林縣知縣、苗栗縣知縣、臺東直隸州知州等；調整臺灣鎮總兵官（駐臺南）、澎湖鎮總兵官（駐澎湖），及臺灣道兼按察使（駐臺南）的相關職權。

---

[12] 參閱：伊能嘉矩，《臺灣文化誌》（上卷），（東京（臺北）：刀江書院（南天書局翻印），1928（1994）年9月），頁751-787。

對於統治臺灣的職官體系，在1885年（光緒11年）臺灣未建省以前，臺灣隸屬福建巡撫下的臺廈兵備道管轄。所以，臺廈兵備道道臺是臺灣地方最高的文官，以司獄的保境安民為其職責，有事可命臺灣鎮臺（總兵）的軍隊彈壓地方，並可節制所轄境內副將、參將、遊擊、都司、守備、千總、把總等武職，而在班兵制中，臺灣兵雖得拔補千總、把總，但數目受到嚴格限制。臺廈道加按察使銜，能與臺灣鎮臺（總兵）共同來審判，刑案審判地點在臺灣鎮署，奏事時鎮居前，道在後，決囚的位置亦如是，處決囚犯時，鎮有王命，故鎮在審判時居重要的角色。至於流刑以上才轉到福建按察使的層級來執行。[13]

　　在文官方面臺灣道（臺）下轄府 （知府，設同知、通判）、直隸州（知州）。臺灣的同知職務，一為知府的佐貳官，一為派出專管地方的同知，通判亦與同知負責相同職務，主要工作為掌警察事務、掌供給軍糧、掌河海防禦事務、掌鎮撫蠻夷事務。臺灣府下轄縣（知縣，設縣丞、巡檢）、州、廳級行政單位。知縣掌一縣治理，集所有行政、財政、司法、治安、教化等權責於一身，地方只要有暴亂事件發生，即須負責鎮壓與守衛的責任。[14]「知縣即政府」，真可稱是官僚制度的脊骨。

　　然而，消極理臺政策就是要在以防止動亂，維護社會安定為前提下，為了避免臺灣出現重大的治安事件，除了制定嚴厲禁令限制漢人來臺外，同時還採取如下措施：管制漢人入山、

[13] 許雪姬，《北京的辮子—清代臺灣的官僚體系》，（臺北：自立晚報社，1993年3月），頁13。

[14] 呂實強、許雪姬，《臺灣近代史》（政治篇），（南投：臺灣省文獻委員會，1995年6月），頁4-5。

管制鐵器、不許建築城垣、管制班兵不可以在當地招募久住、
官吏駐臺三年，任期屆滿隨即調離職務，而且早期還規定家眷
必須留在中國大陸，使其在臺任職期間不敢有二心。[15]

　　換言之，清政府對臺灣長期所持的漠視消極政策，導致北
京朝廷，即就近福州的閩省當局，對臺灣的實際情形根本不了
解。對於行政組織的調整，不是在與臺灣內部發生重大事件，
就是在臺灣受外力侵擾的被動之下，設官治理，突顯了邊界與
治安因素是中央政府考慮，是否調整臺灣行政區劃分的重要關
鍵，其次才是考量開發的程度與財政的收入。

　　因此，清治時期的基層治安，即是沿續鄭治臺灣時期的鄉
治制度，乃於各莊、村、鎮設置總理、董事、莊正、莊副等鄉
治幹部。例如「總理」一職，因其不僅由地方紳耆推選而出，
本即具有聲望，且經過地方官的訊驗，認為適任，而後予以核
准，並發給諭帖與戳記，諭帖即為其職位與權力的憑證，戳記
即為其行文印信。

　　至於主要職務：其一是屬於民治治安，諸如約束及教化
街庄之民，取締不肖之徒，對不聽約束者加以懲罰；維持境內
治安，監視外來之可疑人物，捕拿盜匪，且因此而團練壯丁，
必要時並聯合相近里保團練；接受人民投訴爭執而予以排解；
稟請董事、街庄正、墾戶、隘首等鄉職的充任與斥革；建造寺
廟，開路造橋，設義塾、義冢、義渡、義倉或其他公共的社會
福利事業。其二是屬於官治治安，諸如官署諭告的傳達，公課
的催徵，保甲組織及戶口普查，清莊聯甲，團練壯丁，分派公
差，路屍報處，命案、盜案及民刑案情的稟報，人犯追補等

---

[15] 薛化元，《臺灣開發史》，（臺北：三民，2008年1月），頁54-
55。

等。[16]

　　換言之，臺灣鄉治的基層治安體系是「厲行保甲，組織團練」的兩項措施，期以「聯保甲以彌盜賊」達成地方上守望相助的治安工作。保甲制度是一項源於民間地方性的組織，但經過宋朝王安石的提倡，再運用到鄉村地區時，變成為一個非常機械化的官僚治安系統。

　　基本上，保甲的職務，分為警察、戶籍、收稅三件，就中警察最重。檢視保甲制度雖在臺灣亦於鄭氏時期即已設立，但在清治乾隆的1795年以前臺灣地區，也只是有名無實的地方自治機關。道光的1821年以後，保甲滲入聯莊及團練之內，其固有機能已不亦顯見。但是滿清政府越要掌握漢人社會的控制權，仍就越需要依賴保甲制度，以遂行自衛警察的目的。[17]

　　所以，1874年（同治13年）在沈葆楨籌議下，乃重新編制保甲，成為一種官民混合的治安體系，在府城內設保甲局，城外設保甲分局，其委員均由雜職吏役後補者充任，其任期本來不定，但分局委員以四個月為期，互相交替。臺灣建省後，劉銘傳決定先行編審保甲，為清理田賦做準備，並設保甲總局於臺北城內，以維持此一制度。

　　然而，戴炎輝指出，清治保甲的作用僅編查戶口，並未能成為實質運作的組織體，難充分發揮維持地方治安的機能，徒具保甲制之名。[18]清代司法雖因地方採行保甲制度而獲得強

[16] 戴炎輝，《清代臺灣之鄉治》，（臺北：聯經，1979年5月），頁21-43。

[17] 伊能嘉矩，《臺灣文化誌》（上卷），（東京（臺北）：刀江書院（南天書局翻印），1928（1994）年9月），頁234。

[18] 戴炎輝，《清代臺灣之鄉治》，（臺北：聯經，1979年5月），頁79-85。

化，但由於在許多地方，沒有人願意出任工作繁雜，又具危險性的保甲長，保甲制已形同虛設。但是保甲制所體現社群中所有成員皆須爲善良的社會秩序負責，和罪犯的鄰居朋友都須連帶受罰。[19]

加上長久以來，保甲透過城市、街庄組織的存在，係以彌盜安民爲第一要務。以十戶爲牌而立牌頭，十牌爲甲而立甲長，十甲爲保而立保正。所製作戶口名牌，特別要依序列出某坊某街的保正、甲長、牌頭、左鄰、右鄰和戶主（含年齡）的姓名，男幾丁、女幾口、傭工（含男幾名、女幾名）等詳細資料。[20]而其施行章程係在強調對鄉村社會的分化效果，使保甲之頭人成爲政府執行治安的工具，而非爲地方利益的代表，突顯保甲制度的加之於原有的社會組織上而形成雙軌制。

臺灣辦理團練，始自1721年（康熙60年）平定朱一貴治安事件之後，爲急於訓練鄉壯，連絡村社，以補充兵防的不足。家家戶戶，無事皆農，有事皆兵，使盜賊無容身的地方。1786年（乾隆51年）發生的林爽文治安事件，迫使各鄉多辦團練，出義民，以資戰守。但此僅爲一時權宜，後即裁撤。然而，如何有效維持臺灣的安定卻是一個複雜的問題，清政府幾經討

---

[19] 保甲制度實施的強制禁約包括：違犯父母尊長者治罪；酗酒打降訛詐擾害者治罪；結會燒香立有教會名目、妄言禍福、聚眾斂錢者治罪；把持鄉曲、唆訟滋事者治罪；結拜兄弟、插血為盟者治罪；窩聚娼賭者治罪；窩留盜賊逃及往來詭秘之人者治罪；本家容隱奸九、甲隣不首、一體治罪。伊能嘉矩，《臺灣文化誌》（上卷），（東京（臺北）：刀江書院（南天書局翻印），1928（1994）年9月），頁680。

[20] 伊能嘉矩，《臺灣文化誌》（上卷），（東京（臺北）：刀江書院（南天書局翻印），1928（1994）年9月），頁678。

論，決定將臺灣的部分縣進一步細分，以強化控制，也允許先前赴臺墾荒的家人能渡海團聚，冀望社會安定。同時，也同意漢人得向臺灣的原住民訂約承租地，和爲臺灣的原住民劃定若干保留區。

檢視1786年（乾隆51年）臺灣的林爽文治安事件，參與人數號稱50萬人，攻陷臺南府城，殺知府、道臺等高官數十人，全臺幾乎淪陷。福康安於是年底領兵8,000大軍來臺，鹿港登陸後，再招義勇8,000人。彰化八卦山一戰，福康安以寡擊眾，接著搭船艦登陸雲林北港，協助嘉義的柴大紀軍解圍。一路圍剿大埔林、收斗六門，再攻臺中大里杙。林爽文被迫逃往南投埔裏（理）社，在集集埔（堡）被俘。清軍再至瑯嶠，執莊大田，臺灣平。乾隆皇帝爲了「嘉」獎諸羅縣民的「義」舉，遂將「諸羅」改名「嘉義」。天地會更在歷經林爽文治安事件以後，隨著時代的演變形成兩大幫會組織，陸路以洪門爲主，據山爲寨；又有一些天地會分子加入了漕運工人的清幫，沿江設舵。

1862年（同治元年）的戴潮春治安事件除了與他哥哥組織八卦會有關之外，亦與清政府查緝會黨有關。而在戴潮春治安事件前，清政府就曾召集紳商，籌議保安總局，舉辦團練。1874年（同治13年）日軍侵臺，乃再設臺灣府團練總局，統率各地分局，辦理團練，以備不虞。換言之，團練並非常設組織，多僅以應付戰亂而舉辦，事平之後則中止。評論團練這一民兵組織的最大貢獻，在於協助官軍的綠營平定了朱一貴、林爽文和戴潮春等三次的較大規模治安事件。

二、積極治臺的治安議題

1875年（光緒元年）起，福建巡撫沈葆楨為因應「開山撫番」，而於臺東置卑南廳，埔里社置中路撫民理番同知，基隆置北路撫民理番同知，而更為積極開墾山後，不惜出動兵勇，開通橫斷中央山脈的三條道路，促進北部經濟發展，也影響政治中心的北移，但是人民在前，官在後，仍有許多「番」界無所屬，清治時期所能掌控的疆界並未擴及全臺。

　　所謂「開山」，就是要解除海禁和山禁，有計畫的從大陸招募內地人民，前往山區及山後地帶開墾，並設有隘來保障墾民的安全。也就是說清政府設立的招墾局，採官費方式招募閩粵人民來臺開墾，其辦法是：免其航費，以十人為一組置十長。百人置百長，百長由招墾局選任。所以，開墾仍以十人（戶）為單位，除提供各項實質的糧食、農具、農籽、織機和減租等補助方案之外，還發給百長槍械火藥等，俾墾民自衛，並在重要所修道路沿線的移墾據點，派駐軍隊保護。[21]

　　所謂「撫番」，就是要有計畫促使原住民漢化和大陸化。加上，日本出兵臺灣所根據的理由之一，是清政府並沒有實際擁有臺灣「番」地的主權。清政府不得不積極的透過「開山撫番」，以證明實質上能在「番」地實行主權，並全面阻絕外人對臺灣領土的野心；同時臺灣自開港以後，由於經濟結構的改變，對外貿易的需求，具有經濟性的作物實已取代食糧作物，茶、糖、樟腦是其中主要的經濟性出口產品，而茶與樟腦產地皆鄰近內山，如果「番」界政策的繼續存在，勢必阻礙茶、樟腦業的發展。

　　1885年（光緒11年）起，劉銘傳在臺灣接事，1887年（光

---

[21] 李國祁，《臺灣近代史（政治篇）》，（南投：臺灣省文獻委員會，1995年6月），頁159-160。

緒13年）臺灣建省，改福建巡撫為臺灣巡撫，兼理提督學政，設巡撫衙門於臺北，置布政使司理全臺財政。劉銘傳的實施進取政策，希望「以一隅之施，為全國之範」，將「臺賊多自內生，鮮由外至」的臺灣兵備方針改為以外備為重。臺灣最高武官是總兵官，直接承屬水師提督、陸路提督、督撫、地方將軍，中央則是兵部；臺灣總兵官下屬副將，分水路、陸路兩種，下屬參將、游擊、都司、守備等四個職位的中級武官，下屬千總、把總兩個職位的下級武官，下屬外委千總、外委把總，而最基層武職中的下級官兵，稱為額外外委，與營兵一同配渡而來。[22]

　　檢視1840年（道光20年）的鴉片戰爭後，緊接著太平軍崛起，各地督撫因組勇營剿太平軍而地方勢力大增，其地方上的用人行政權落入督撫手中，臺灣的職官也受此大勢影響，湘系為閩浙總督時，總兵、道臺都全屬湘系，如左宗棠當閩浙總督時臺灣總兵士劉明燈，臺灣道則是吳大廷；淮系若處優勢則自中央到地方都是淮系的天下，如李鴻章當北洋大臣，臺灣巡撫則是淮系的劉銘傳，使得朝中的湘、淮派系之爭也在臺灣出現，平添施政困擾。

　　此外，地方大員的籍貫也深深影響到皇權行政運作和官員任命。從表5-2顯示，臺灣建省初期的勇營駐地、軍力和布署，不斷地發生湘軍與淮軍的派系鬥爭，彼此牽制而削弱軍力的治安情勢。加上，清政府對臺灣人不放心，班兵輪班，泉州子弟兵不能駐紮泉州人的村落，派駐臺灣的政府官員薪水，被限制在臺灣只能領取少部份，其餘部分由眷屬在大陸支領。而

[22] 許雪姬，《北京的辮子——清代臺灣的官僚體系》，（臺北：自立晚報社，1993年3月），頁4-5。

臺灣建省與福建分治的結果，也是臺灣逐漸脫離中國羈絆的開始，而日本更堅定其強佔臺灣的野心。

換言之，清治時期實施的總督巡撫皆帶有督御史銜，名義上雖以布政司使為行省長官，而實際權力則在督撫手上，導致偏重軍事統治的權力結構。此種中央與地方的權力關係，在平時足以阻礙地方政事的推動，而增加地方與中央的隔閡，而當一但中央政權削弱，各行省轉而為反抗中央分區割據的憑藉。於是清末督撫權力關係的演變，形成民國初年的督軍，和後來的軍閥割據局面。

表5-2　臺灣建省初期勇營的軍力駐地佈署與治安維護

駐地的名稱與地點	軍力駐地佈署與治安維護							統帥	派系（李鴻章為首稱淮軍、左宗棠為首稱湘軍）
路別	駐地	粵	淮	楚	土	練	其他		
北路	基隆							蘇得勝	淮
	臺北府城						親兵砲對二哨	劉朝祐	淮
	宜蘭蘇澳							翦炳南	湘
	滬尾							王貴揚	湘
	基隆							孫開華	湘
中路	嘉義埔里社							章高元	淮
	彰化鹿港							柳泰和	湘
	新竹後龍							林朝棟	臺籍
南路	臺南府城安平						安平砲勇三哨	楊金龍	湘
	鳳山旗後							方春發	湘
後路	埤南後山							張兆連	湘

| 前路 | 澎湖 | | | | 由王貴揚或孫開華的一軍調戍 | 王貴揚、孫開華 | 湘 |

資料來源：本研究。

　　回溯1891年（光緒17年）6月沈應奎接任劉銘傳臺灣巡撫，11月邵友濂接任，1894年（光緒20年）10月大清帝國以布政使唐景崧爲巡撫，調兵渡臺籌畫防守，但北洋清軍戰事不利。1895年（光緒21年）3月清政府詔令北洋大臣李鴻章爲全權大使，與日本總理大臣伊藤博文議和，兩國簽訂《馬關條約》。5月23日臺灣民主國成立，推舉唐景崧爲大總統，唐總統爲表示對清皇帝始終忠心耿耿，後來所有的公文、布告都使用「臺灣民主國總統、前署臺灣巡撫布政使」的官銜。

　　新政府各部門分設於臺北府的舊衙門，內閣閣員包括軍務大臣、水師大臣、內部大臣、外務大臣；將官有南部總司令劉永福、丘逢甲鎮守中部、楊歧珍統領北部。新政府雖有張之洞總督的支持，除了供應武器軍火，還曾提供大量軍餉、兵馬、武器予新政府；並亟於尋求外國勢力，尤其是法國的協助，但終究落空，只能自立自強，把地方民兵、招募來的客家軍，以及大陸來的正規軍組織起來，抵抗日軍。新政府的受到政治性治安敗壞的影響，最後軍力不敵，前後僅成立13日即告瓦解。[23]之後的臺灣與朝鮮先後淪爲日本殖民地，亦即結束大清國對臺灣長達212年的統治。

---

[23] 陳政三 譯註，達飛聲（J. W. Davidson）原著，《福爾摩沙的過去與未來》【上冊】，（臺北：國立臺灣歷史博物館，2014年9月），頁339-343。

第四節　君主式經濟性治安

18世紀許多歐洲國家實施君主制度，世襲君主藉上帝之名，統率著土地貴族的階級制度，他們得到傳統組織和教會正統派的支持，專制君主象徵並具體實現了土地貴族的價值觀，並主要依賴他們的支持。專制君主從理論上來說，可以為所欲為，但在實際上，卻從屬於受過啓蒙思想洗滌的封建貴族的世界，這種君主政體在國內加強其權威，增加其稅收財源，壯大其境外力量。而清治臺灣的清皇帝認爲「普天之下，莫非王土」。

因此，本節君主式經濟性治安將從農地結構、行郊貿易，及官辦企業的三個面向所引發的治安議題，加以論述。

一、農地結構的治安議題

清治時期大陸人士來臺，一直要到1875年（光緒元年）之後才完全解禁，但即使在嚴禁期間仍是有禁者自禁，來者自來的偷渡方式。因此，在過去的兩、三百年間，基本上，清政府對臺灣經濟發展是採取隔離策略。當1661年（順治18年）大清爲了封鎖鄭成功家族在軍事上的補給路線，將廣東、福建、浙江等沿海居民，強迫遷徙離海岸30至50里的內陸地區，並且築起境界線，嚴禁百姓在沿海地區居住與耕種，實施嚴厲的「劃界遷民」政策。

除了1662年（康熙元年）頒布〈海禁令〉的實施封鎖之外，1773年（乾隆38年）更實施《保甲法》，嚴格管控人民居住和遷徙的自由。當時影響經濟發展最大因素的土地所有權，主要可分爲兩大類：第一類是原住民活動區，稱爲「番地」；

另一類是非原住民活動區的無主地。漢人拓墾的土地，如果是「番地」，則需要向原住民繳納地租，如果是無主地，則須先向政府申請開墾許可執照，拓墾完成取得土地所有權後，須定期向政府納稅。

換言之，開墾的土地需要一筆可觀的資金，形成以合租方式來共同拓墾土地。清政府對於無主地，也會以公告方式，若無人表示異議，就可以由移民者取得開墾的權利。然而，頻頻出現以公佈方式來處理無主地，導致因原住民不識字，而未能提出異議，加上漢人對原住民具有識字能力上的優勢，如果遇到不良居心的墾殖者，就容易發生土地爭執的治安事件。

換言之，無論是原住民或非原住民所有，只要是所謂「民有地」或稱為「民營田」的開發，以及大、小租戶的「一地二主」結構形成，是由有錢勢者競相向政府申請，取得開墾許可，並將自己的資金投注於土地，而後再招募無佃農從事開墾。這種由出力者向創業者繳納一定租金的形成，即成為日後「大租」制度的原型。

由於收取大租，並非勞動地租，而是採取生產作物地租的「納穀制」，佃戶可根據生產作物的增加，或得更多的分配量，從而靠積蓄而改善生活和累積資金，且因其對土地掌握實權。佃戶地主化的結果，遂將其土地轉租他人形成新的「現耕佃農階級」。因此，在同一耕地上，有墾戶向佃戶徵租，佃戶又向現耕佃人徵租的「一地二主」情形。即墾戶為大租戶，佃戶為小租戶，以及現耕佃農等三個層級關係，如果再加上官廳，更形成在一塊土地上擁有四個層級的複雜結構體。

檢視臺灣土地開墾的正式化與規模化，係於18世紀初期開發臺北盆地的艋舺、雙園、新莊、泰山等地。最有名的墾號是

陳賴章，墾號有如現在的股份有限公司，當時土地經營已具有現代企業管理的技術。例如中部地區神岡的六館業戶墾號，以及隨後金廣福墾號的開墾新竹北埔地區，到了18世紀後半期，大約在乾隆、嘉慶年間吳沙從貢寮進入宜蘭地區的頭圍（頭城）、五圍（宜蘭市）等地的開墾完成。

然而，對於農地結構的產生重大調整，發生在1888年土地清丈以後，大租戶向政府繳納的「納穀制」改為「納銀制」，雖然促進臺灣商品經濟的擴大，但很多大租戶為了繳納地租就得向商人借貸，因而出現典賣大租權的情事，終致大租戶衰落而小租戶興起的結構性變化。

所以，到了19世紀中期以後，臺灣土地結構已經轉向為以小租戶為中心的私有型態。然而，充沛的勞動力和相對稀少土地的供需失衡關係，造成土地的相對獨厚地主階層。特別是實施「結首制」的近似武裝開墾模式，導致頻頻出現以武裝暴力強佔原住民土地的不法情事發生。[24]更何況清廷有時也會順勢利用這一情結，誘使「熟番」壓制漢人，因而爆發嚴重的治安問題。

基本上，清治時期原住民被依漢化程度分為「生番」和「熟番」，後者即為平埔族群。清政府雖丈量地籍，但無法有效禁止漢人購買和強佔土地，以及進入原住民區的不當商業行為。清政府特別選用漢人為通事，指導原住民從事生產和處理社內事務。郁永河針對通事問題指出，沿包社之法，郡縣有財力者，認辦社課，名曰社商；社商又委通事夥長輩，使居社

---

[24] 例如宜蘭有五結鄉，其名稱的由來是因墾殖採取「結首制」，當墾殖完成之後由第五個結首所獲得的土地，結首制的「結」已有合組股份公司的意涵。

中，凡番人一粒一毫，皆有籍稽之。然此輩欺番人愚，朘削無厭，是所有不異己物；平時事無巨細，悉呼番人男婦孩稚，供役其室無虛日。且接納番婦爲妻妾，有求必與，有過必撻，而番人不甚怨之。[25]

高拱乾也指出，有司只按總額徵收，番亦愚昧無知，終歲所捕之鹿、與夫雞、犬、牛、豕、布縷、麻菽，悉爲社商所有，間有餉重利薄，社商不欲包輸，則又誘諸通事，名爲自徵，通事額外之朘削無異社商，雖屢禁懲，未盡改也。[26]以及〈禁苦累土番等弊示〉指出，訪聞有司官役於招商贌社時需索花紅陋規，以致社商轉剝土番，額外誅求，番不聊生。更有各衙門差役兵廝經過番社，輒向通事勒令土番撥應牛車，駕駛往來，致令僕僕道途，疲於奔命，妨其捕鹿，誤乃耕耘，因而啼饑呼寒，大半鶉衣鵠面。至於白取竹木，以供私用，責令駝送，恬不知怪；種種夙弊，均應痛處嚴革，難再一日姑寬。[27]換言之，土地墾殖的爭議問題是引發經濟性治安事件的重要因素之一。

二、行郊貿易的治安議題

承上所述，清治臺灣時期的經濟性治安議題，也突顯在臺灣的被迫開港與外國貿易關係上。臺灣受到傳統中國君主式

[25] 郁永河，《裨海紀遊》，（南投：臺灣省文獻委員會，1996年12月），頁30。

[26] 高拱乾，《臺灣府志》，臺灣史料及編輯委員會 編，臺灣史料集成清代臺灣方志彙刊（第二冊），（臺北：文建會、遠流，2004年11月），頁287。

[27] 高拱乾，《臺灣府志》，臺灣史料及編輯委員會 編，臺灣史料集成清代臺灣方志彙刊（第二冊），（臺北：文建會、遠流，2004年11月），頁410-411。

經濟結構的影響，長期以來在本質上就很明顯地出現「重農抑商」的不平衡現象。雖然臺灣在17世紀就已經受到荷印公司在臺灣實施重商主義的影響，其所呈現的並非只是自給自足式經濟型態。因為，檢視當時臺灣許多日常生活必需品的已經從中國大陸進口，臺灣經濟也逐漸形成依大陸經濟的變化而出口各項農產品，特別是稻米的供應。

換言之，臺灣與大陸經貿活動的來往頻繁，突顯臺灣在漫長的土地開墾過程中，透過與中國大陸的貿易往來，不斷擴大農產品市場，以及商人對周轉資金的需求。加上，市場競爭激烈，商人為了維護同行利益，自會出現有類似幫派組織的行郊，況且臺灣移民社會又最重視族性鄉誼，商人遠赴千里，貿易有無，人地生疏，最需要的患難與共。同行相處既久，情感日深，自然形成一股力量，採取與當時中國大陸所盛行的行會模式，遂因實際需要而增強，而且透過行郊的組織，以加強團結、保持信用、增加利益，以及從事公益事業，特別形成這種同業性質的商業組織。[28]這種民間商業社團遂逐漸演變成為與官方溝通的主要管道。

行郊的領袖還扮演協助推動地方庶務，形成地方自治的基礎。臺灣行郊的組織形態與其他民間社會關係的建立與維繫，亦是建立在宗教文化的基礎之上。[29]這種同業公會的商業

---

[28] 卓克華，《清代臺灣行郊研究》，（臺北：揚智，2007年2月），頁30。

[29] 臺灣「行郊」或「行會」，有如山西平遙地區所盛行的錢莊功能，也有點類似歐洲中古世紀的基爾特（guild），字源於薩克遜語的動詞gildan, 是繳付的意思。是把同一種職業的成員聯合在一起，雖然其發展起源的背景因素不盡相同。基爾特的形成是從內部產生的一種組織，相對於行會是政府立意設計而成的組織與有系統的管理。

組織型態，亦有如歐洲中古世紀基爾特（guild）就已經極具影響力，享有在一個城郭之內專營該行業的權利，只要對最高統治者捐輸可觀的金錢即可。[30]也由於基爾特（guild）的嚴密管控，對內政策強調盡一切手段，使基爾特（guild）的會員能機會均等；對外政策則採取市場獨占策略。同時，基爾特（guild）為處理市場糾紛，常設工業警察和工業法庭等機構，以有效維持市場公平競爭的秩序。

檢視當時臺灣的行郊組織，主要分為內郊和外郊兩大類。內郊就如現在的同業公會，有米郊、糖郊、布郊、茶郊等；而外郊主要經營與大陸的進出口貿易，如臺南「三郊」；而配運上海、寧波、天津、煙臺的貨物與中國大陸的中、北部海港城市進行交易，共有蘇萬利等二十餘家商店則稱為「北郊」；配運金門、廈門二島，漳、泉二州，香港、南澳等處的貨物，以中國大陸南部的各海港城市從事貿易，其成員有金永順等三十餘家商店稱為「南郊」，商船從福爾摩沙到廈門運來一船船的大米、食糖、食油和落花生。負責臺灣東港、旗後、鹽水港、朴子腳、基隆等各港的採購貨物稱為「港郊」。

換言之，這些郊商在商業經營與兩岸經貿互動的過程中，掌握臺灣與中國大陸之間的高度區域分工，不但壟斷商務，而

---

[30] 這種行之歐洲基爾特的人訂下品質標準，負責訓練人員，指定公證人和中介人，從事慈善事業，負責懲處，並且興建宏偉的會館，有些建築到今天還存在。當時在倫敦，一個人只要靠行當了七年學徒，就可以換得自由身，除了免役，還可在倫敦自治市內開業做生意。所以，基爾特是西方封建時代的產物，在當時政治權威渙散的狀況下，成為一種具有高度自主性、自律性和排他性的商業組織。徐振國，《中國近現代「國家」轉型和政商關係遞變》，（臺北：韋伯，2008年8月），頁83。

且進成為地方政經領袖，突顯臺灣農業資本轉化為商業資本的一項重要面向。如果比較郊商之所以能夠壟斷對岸貿易，更能突顯把臺灣的米、糖等農產品，以壓低運費的策略將其出口到大陸去，亦略帶有殖民利益的性質，也實是肇因於清帝國實施對外貿易的鎖國政策所致。[31]

承上所述，臺灣郊商的組織係以保護商人本身利益，和伸張其權利為目的而成立的政經結構體，而且與中國社會特有的鄉土特性息息相關，故得以在同業之間迅速結合與擴散，並形成集團式的統治權力。這股集體勢力不僅限於經濟，其影響力也突顯在治安上，例如發生於1786年（乾隆51年）林爽文與1806年（嘉慶11年）蔡牽的治安事件時，臺南三郊的出錢出力，特別是1884年（光緒10年）的中法戰役，透過臺南三郊在臺南設立團練分局，訓練勇士以備邊防，而臺北三郊為防禦法軍偷襲，並制定相關規章，極力保衛社會治安與保障人民生命

---

[31] 相較於英國雖然頒布「航海法」（the navigation acts）使殖民地含蓋於不列顛帝國整體政治架構內，但是許多殖民地人民尚能自由地發展自己的經濟體系。其實，有時殖民地人民自己加諸在財產權的限制比母國做的還多。這也是本文在論是臺灣近代各政權在統治時期，對臺灣產業發展的影響不採用殖民化理論的論述，而採納「殖民現代化」理論的主要原因。相較於行郊組織的企業公司制度。晚清帝國時期的「官僚資本主義」制度，連同其官營與私營企業徹底相互滲透的特性，跟著大陸移民帶至臺灣。這種「公私混合制度」以及國家和主要政社組織之間的「共生關係」，在1949年以前雖曾有一階段導致大陸中國民族經濟破產的悲慘後果，但國民政府在1945年從日本政府和企業經營的資本家手中接收大量的官營和私營企業，卻為該制度奠下了牢固的產業發展基礎，甚至1949年國民黨政府在國共戰爭失敗，轉移來臺之後，仍然移植這種官營企業模式，確立黨國化政府威權體制的家父長式經濟政策。

財產安全。

　當英美資本進入臺灣的初期，臺灣港口因為受限於條約的內容，而被迫開放國際貿易。尤其臺灣早期對外僑、洋教，以及洋商的排斥，加上早期在臺灣沿岸從事貿易的洋人，經常無視法令，率而行事所引發經濟性治安的對外貿易議題。例如1875年（光緒元年）發生於嘉義城南方市鎮店仔口（今臺南市白河區）隔壁村的「白水溪（今白河區仙草里）教案」，該事件起因於店仔口的頭人吳志高很反對傳教士佈教，尤其對白水溪整修教堂，更是不滿，於是他唆使一群武裝暴徒攻擊教徒住所，導致教徒受傷和財物的損失。[32]

　另外，外國商館與當地商人的企業活動，產生了仲介人士的所謂「買辦」（comprador）角色。透過買辦熟悉與掌握當地的風俗習慣及商情資訊，提供外國商人創造企業利益，買辦成為英美資本在臺灣政經勢力與企業發展的橋樑和利益共同體。例如製茶業的「媽振館」（merchant）既非單純的茶商，亦非一般中間商，其身分正介於洋行與茶商之間，經營製茶的委託與販賣，同時將製茶作為抵押品，向洋行進行通融資金的交易。

　洋行是洋貨行的簡稱，又稱十三行，而實際上洋行數並不拘十三之數，各洋行的組織有行主、買辦、通事、司事、管店、雜役等。洋行主要功能除了經營外貿，承保出入口稅，經辦官府與外商的聯繫之外，洋行還被賦予管束外商，如有外商與當地人民交結、或出外滋事，洋行必須負起維護治安的責

---

[32] 參閱：陳政三 譯註，達飛聲（J. W. Davidson）原著，《福爾摩沙的過去與未來》【上冊】，（臺北：國立臺灣歷史博物館，2014年9月），頁253-254、265-266。

任。[33]由於茶葉的經濟價值高，茶商等於是臺灣貿易的尖兵。當時製茶資金的主要來源是匯豐銀行，其提供資金給洋行，洋行貸款給媽振館，媽振館再供應給茶館資金，最後轉借給生產者。媽振館不僅做融資，還將茶葉交由洋行外銷。外商競相收購粗茶結果，刺激茶葉價格上漲，暴利誘使農民擴大種植規模，以因應外商出口市場的需求。同時，也因為茶生意有了厚利可圖，拓墾種植者大舉侵吞山區原住民土地，導致治安事件的頻頻發生。[34]

由於外商介入臺灣經濟被迫本地資本的累積和成長；加上，在沈葆楨和劉銘傳等人積極的推動近代化改革，臺灣的貿易結構和出口數量上，更出現明顯的影響與變化。其中影響出口的最大宗項目就是茶葉、砂糖及樟腦的輸出。檢視1878年（光緒4年）以前臺灣的出口值與進口值仍然互有高低，但1878年（光緒4年）以後，臺灣市場的出口值一直多於進口的貿易順差。縱使當時臺灣貿易總額已經是順差時，但是占進口大宗卻是鴉片，幾乎近60%，突顯毒品議題對經濟性治安的影響。

---

[33] 洋行是清廷特許建立，具有一定行政外交權的外貿壟斷機構，其性質是官商。洋行商人也大多捐有官職。1863年大清海關正式在淡水開徵。

[34] 尤其溯自1870年勿汝士（Robert Bruce）來到淡水，設立出口臺茶的德記洋行（Tait & Co.）。起先廈門和福州商人並未把淡水視作可能的競爭對手，最後卻不得不正視該處快速發展的茶葉生意，到了1872年秋天，北臺已有寶順洋行（Dodd & Co.）、怡記洋行（Elles & Co.）、水陸洋行（Brown & Co.），以及和記洋行（Boyd & Co.）等外商公司參與茶葉出口市場的競爭。陳政三 譯註，達飛聲（J. W. Davidson）原著，《福爾摩沙的過去與未來》【下冊】，（臺北：國立臺灣歷史博物館，2014年9月），頁455。

換言之，臺灣1860年（咸豐10年）的開口通商和以後的推動近代化改革，促進了北部茶葉與南部砂糖業的興起，而樟腦生產規模的不如茶、糖，主要還是清治政府收歸官營的專賣壟斷，使得民間和外商要在臺灣市場上充分展現自由競爭的活力仍然受到相當的限制。特別是樟腦問題其實就是原住民課題，樟腦業發展的成敗與原住民態度有直接密切的關係。

　　加上，進出港口的商業利益即爭取好碼頭。臺灣被強制開港後，儘管增加外國商人的實力，但對砂糖的交易結構並未有大幅度調整，只是原以大陸對岸貿易爲基礎的北郊商人，因其對日本出口的糖業利益被剝奪泰半而沒落。由於砂糖業營運資金的融資借貸，多爲洋行親自兼任外國銀行的代理店來進行，導致臺灣糖業資本尚須仰賴外國資本。

　　檢視1895年（光緒21年）以前的19世紀下半葉，臺灣郊商也分享世界經濟景氣。外貿爲臺灣增加財富的促使臺灣買進更多的中國大陸商品，促進兩岸貿易的成長。然而，郊商的資本結構雖不完全依附於英國資本之下，但轉而對中國山西票號與錢莊資本的依賴，突顯臺灣行郊商人資本的形成與發展，同時出現對以歐美和中國資本市場的雙重依附關係，遂引發臺灣行郊金融結構不健全的經濟性治安議題。

三、官辦企業的治安議題

　　溯自18世紀初，清治政府就已將臺灣的樟腦業列爲官產，即便砍伐一棵樹也是違法亂紀，依法應處死。在嚴苛法令下，1720年（康熙59年）就有200多人因違禁遭斬首，導致1721年（康熙60年）發生朱一貴的治安事件。回溯1840年代雖然原則上外人並不得在中國設立工廠，但因爲外人從事貿易及在口岸地區居住的需要，已有些輕便的現代工業開始萌芽。對照於清

政府1860年代開始的發展軍火工業，到了1870年代以後進而有官督商辦，以及純粹民營的輕重工業。

換言之，近代中國的工業化社會是在一個經濟發展水平相當落後的傳統社會中興起的，造成產業啓動階段的初始資金來源十分困難，成爲制約工業化的一個瓶頸。因此，清政府在推動自強新政的策略提出官辦、官督商辦、官商合辦或商辦等經營模式。

中國畢竟是個以官爲本的國家，而在西風東漸之初的中國辦洋務，沒有官股本是辦不成的，純依賴民間商人的資本力量還是太小，但光靠官辦也辦不成，因爲官場有太多的累贅。所以，普遍主張在官方的領導下，官方也入股，加以監督、指導和連絡，以商業爲市場主體的經營模式。

清政府最早實施的官督商辦方案，是李鴻章接受盛宣懷建議而成立的輪船招商局（現在臺灣陽明海運公司的前身），以從原先被洋行霸佔的船運市場中分出一些油水來，招商局透過官的力量把漕運的生意攬回來。[35]

除了輪船招商局之外，陸續成立的企業包括電報事業、中國通商銀行，和中國第一個近代鋼鐵企業漢冶萍公司。這些企業在資本結構與企業經營型態上，不論是由原先官辦、官商合辦、商辦或官督商辦，其目的是將市場利益直接置於官權的控制之下，並且利用民間資本的力量爲企業及其主持者牟利，導

---

[35] 招商局自1872年設立到1949年遷臺爲止的七十多年中，經歷了1873年至1884年的官商合辦時期；1885年至1909年的官督商辦時期；1910年至1926年的商辦隸部時期；1927年至1932年的官督整理時期；1933年至1948年的國營時期等五個階段。戴寶村，《近代臺灣海運發展─戎克船到長榮巨舶》，（臺北：玉山，2000年12月），頁333。

致出現「挾官以凌商，挾商以蒙官」的官商共生關係，是早期典型的國家資本主義（state-capitalism）發展模式。

　　檢視清治臺灣鐵路經營雖然由私營，後因商家以耗費過鉅、回收利潤遙遙無期而不願意繼續投資，終致改為官營，且因鐵路工程品質粗糙，經營效能不彰，對清治政府官辦、官商合辦或官督商辦的企業經營模式，包括日後演變成「保路風潮」的中央與地方的收回路權之爭，其制度面或許運作技術尚待改進，但對臺灣近代工業發展卻具有火車頭的作用，也導致清治時期臺灣經濟發展的重心已由南部移至北部。

　　臺灣的近代化工業發展可說發軔於1874年（同治13年）展開求新、求強、求變的自強新政，比起大陸內地雖然已晚了15年，但因為臺灣物產豐饒，茶、糖、樟腦的外貿暢旺，且來自中央政府的羈絆較少，地方官員能放手建設事業，除了當時臺灣已具備相當規模的產業基礎，及逐漸存在擁有商品交易實力的資本家，從內部支撐自強運動之外；再加上臺灣是海島，住民的民智普遍早開於內地，因此不僅未形成改革的阻力，反而是促成近代工業化幕後的助力。

　　同時，發生日本出兵恆春事件，清政府洋務運動派為了擴充並確保東南七省防務與安全，調派來臺的官吏都是一時之選，在船政大臣沈葆楨、福建巡撫丁日昌、岑毓英、臺灣道劉璈、福建臺灣巡撫劉銘傳的銳意興革下，急起直追。因此，臺灣近代工業化的工作，不僅未因起步較遲而落後於大陸各省，反而成績斐然，這時臺灣經濟發展早就是清帝國統治下的模範省了。

　　劉銘傳的推動自強新政，銳意經營臺灣，有意將臺灣朝向資本主義化的開發，卻使政府支出費用增加，尤其為充裕財

源及達到產業自立的目標，並解決土地佃人有大、小租戶所形成一地二主的雙重結構，藉由實施清丈土地，以廣增稅源。[36] 劉銘傳的改革由於大幅增稅及與大租戶作了相當的妥協，使得原本欲仰賴小租戶支持的改革無法推動下去。劉銘傳因為增稅而失去與小租戶結盟的機會，另一方面因土地改革而得罪並削弱原本是政府最堅定支持者的大租戶力量，結果造成兩面不討好，導致他最後的去職。

然而，檢視劉銘傳的臺灣近代化計畫，就計畫的本身而論原本是良善的；而劉氏亦曾真摯執行，不遺餘力，但其結果卻挫折重重，究其原因，亦由於社會治安的混亂。劉銘傳更於1887年上奏「擬修鐵路創辦商務摺」，陳述在清賦、水陸電報次第完成後，能籌措經費修建鐵路，以俾利於海防、建立省城及興建鐵路的利益，並即著手動工，建設第一條原由私辦後改制官營的鐵路。[37]

---

[36] 劉銘傳這次丈田清賦，從規模、效果、意義上是臺灣歷史上一次重大的制度性改革，就性質而言，可稱為臺灣史上第一次賦稅改革。這方面的成績，表現在全臺入冊的畝數為4,774,468畝，比原來多出400多萬畝，多徵田賦974,000兩，比過去多出570,000兩。二年來，劉銘傳的財政改革，造成經濟社會巨大變動，招致既得利益者的反彈。主要起因為大地主對於個人所擁有的權威，是封建領主的權力基礎，加上社會治安的混亂。劉銘傳推動清丈土地，實行土地調查，雖未竟全功，卻也充分反映出小租權興起與大租權沒落，以及單一地權制的形成。

[37] 根據布雷克（Robert Blake）指出，1876年12月26日通車的淞滬鐵路是由怡和洋行負責建造完成，後來因發生壓死人事件，大清帝國由李鴻章出面以申銀28萬5千兩贖回路段，怡和不再參與管理，而官府又經營不善，最後遭到全線拆除，組裝後運往臺灣，任其閒置生鏽，中國第一條鐵路就此消失。Robert Blake, 張青 譯，《怡和洋行》，（臺北：時報文化，2001年8月），頁187-188。

由於劉銘傳在臺灣推行新政並非按部就班，而是一時俱起，以致造成財政困難，民生困苦的動盪不安。加上，劉銘傳的推動工業近代化所引起臺南道劉璈的臺灣南部與北部政治情勢對立的引發經濟上治安議題。

第五節　定著化社會性治安

　　檢視臺灣土地的開墾與經營，不論是出於自願或非自願，突顯從海洋移居的面對死亡威脅，即其遭受身心的痛苦，但也為移民臺灣的漢人創造了機會和財富。這是市場經濟社會下的移民現象：人類為了改善環境而離開，因為有人離開，又替那些沒有離開的人倍加了談判的籌碼，而在新的移居地，人們創造財富或獲取新的貨品而將其運回原鄉，也改善了原有的生活環境。

　　臺灣移民對原鄉的認同與臺灣主體意識的遲遲未能形成，在加上經濟利益的衝突，清治時期漢民族移民臺灣的歷史，好比美國西部邊疆，是那些東部人不滿現實的「安全瓣」，美國歷史的形成是由許多不同種族的人，自歐洲各國移民來美，在邊疆的環境中融合而結成為一種新的美國「複合民族」，也正如人類的歷史，是由最原始的發展到最文明的階段。[38]

---

[38] Frederick Jackson Turner（1861-1932）在1893年提出美國歷史之「邊境發展論」，認為北美荒野的開拓，並非單純歐洲文化的移植與擴張，也是美國特質的形成過程。以來一直影響美國學者解釋美國史的特質。參閱George H. Kerr, 詹麗茹 等譯，《被出賣的臺灣》（Fomosa Betrayed），（臺北：臺灣教授協會，2014年2月），頁xvi。

臺灣社會作為大清帝國的邊疆，有如化外之地、化外之民，多少也具有了相同的冒險拓荒特質。因為，邊疆代表是一個地理區域，與無人的荒原相連，土地與人口的比率很低，自然資源尚未被開發，誘使某些薄於貨財的人比較多的機會，去改善或創造他們的經濟與社會地位。當然，在某層的義意上，清政府專制君主政權控制著人口向臺灣的流動，以及天然資源並不是那麼豐富，或者是老百姓並不被允許充分開發資源，導致杜納所提出「邊疆在美國歷史的意義新史觀」，並不完全存在於當時的邊陲臺灣。清政府是以滿人統治漢人，對臺灣的漢人而言，其情勢亦然。

以下將從渡臺墾地、分類械鬥、族群對立所引發的社會性治安議題加以論述。

一、渡臺墾地的治安議題

因為，在清治之初，以臺灣孤懸海外，容易成為奸民盜徒逃亡的處所，是以禁大陸移民臺灣。1684年（康熙23年）臺灣設縣後頒令，欲渡臺者，先向原籍地方政府申請，經分巡臺廈兵備道查核，最後由臺灣海防同知審驗批准。渡臺者不准攜帶家眷，業經渡臺者亦不得招致；廣東地區屢為海盜聚集出沒的地方，遂以積習未改，禁止其人民渡海來臺。但此禁令，雖諸多限制，並未產生實際的遏止作用，私渡來臺的人仍絡繹不絕，到1780年（乾隆45年）的100年間估計增加有70、80萬人之多。

由於清政府對臺灣採取消極的統治，特別是從原住民，尤其是平埔族土地的失去因素，由於漢人不斷拓墾荒地，導致鹿場喪失，而鹿皮是平埔族重要收入之一；其次，漢人的巧取豪奪，不能不說是造成原住民地權流失的最大原因；最後是「番

產漢佃」導致平埔族喪失土地。[39]

　　漢人大舉來臺拓墾，有原鄉的「外推」（push）力量，也有臺灣本地的「吸引」（pull）因素。漢人對於平地的開拓，當時以臺北盆地及淡水溪平原為最多，前者為閩人所開，後者為粵人居多。另因山地是逃犯、遊民喜歡聚集藏匿的地方，政府遂頒布封山令。然而，清政府既不能全然遏止移民來臺。加上1871年（同治10年）又有琉球民眾被原住民殺害，引起日本向清政府抗議而促使1875年臺灣全境的開放移民。

　　因此，清末在臺灣的「開山撫番」，從原住民族的角度來思考，卻是移民者入侵其土地的心中永遠的痛。然而，在這最後階段短短的20年期間，不但對加速大陸移民者在老家與臺灣的移民社區，建立了前所未有的新社會關係。無論其與原來的居住地有無聯繫，移民社區的建立，多少會創造或改變移入地區文化權力或社會認同的型態；也無可避免地與當地原來的文化產生磨合。

　　隨著大陸移民腳步而來的是新宗教與媽祖等民間信仰，卻是清治時期促使臺灣社會加速定著化的黃金時期。然而，臺灣社會在皇權體制下的民間組織與活動，大都只是同鄉、同宗等聯誼性質，比較不具強烈的政治意識，甚至屬於經濟性的組織與活動也不是很多。[40]

---

[39] 周婉窈，《臺灣歷史圖說（史前至一九四五年）》，（臺北：聯經，2002年10月），頁92-93。

[40] 英國皇權體制的轉變，首先是轉變到地主的特權政治，然後再經過一連串的和平變動，才轉到成年人普選的代議政治。中國歷史上早期的貴族階級和後期世族大姓，的確具有龐大的組織力量，足以與政府體系相抗衡，但這些人的利益都建立在政治權貴的特權上，不僅不會對抗政府，而都只是會為維護自己政經利益與政府官僚體系

二、分類械鬥的治安議題

清治臺灣治安議題除了民變問題之外，另一個影響治安的就是社會分類械鬥。臺灣的民間組織與活動，大都只是同鄉、同宗等聯誼性質，比較不具強烈的政治權力上爭奪，就是和經濟利益的組合與商業活動也不是很多。中國歷史上早期的貴族階級和後期世族大姓，的確具有龐大的組織力量，足以與政府體系相抗衡，但這些人的利益都建立在政治權貴的特權上，不僅不會對抗政府，而都只是會為維護自己政經利益與政府官僚體系相結合，把政府權力視為獲得私人利益的工具。

由於移民性格的強悍，加上時常發生的官逼民反事件。所以，臺灣住民反清與民間械鬥事件，不但阻礙政治進步，更影響經濟發展的勞動人力，及嚴重破壞地方秩序，致使臺灣社會停滯在落後的暴民階段。臺灣長期的民間械鬥也一直延續到1895年清帝國割讓臺灣，面對新的統治政權，臺灣住民深感國家喪亡之痛，加上逐漸淡化的族籍意識，當時的住民才醒悟不能再挑起閩、粵，或漳、泉的族群對立，而一致團結對抗日本帝國主義的殖民統治。

也因為臺灣移民的多樣性與族群特性，檢視臺灣社會民間的分類械鬥，起因於狹隘村社組織的地區觀念所形成開墾地和水源使用權的問題。如1782年（乾隆47年）的莿桐腳及1826年

相結合，把政府權力視為獲得私人利益的工具。例如農民抗爭有時也可以發揮摧毀政權的力量，檢視過去歷次王朝革命，最後幾乎都依賴農民參加，而扮演後代推翻前代王朝的角色出現，但這種凝聚農民力量所產生的結果，總是為投機份子所利用，等到獲得政權，建立新的王朝，農民仍然淪為被統治、被剝削的對象，並沒有使民間社會有建構的機會。

（道光6年）的李通等事件，統計清治時期共有28次的民間械鬥發生，平均每八年就有一次，這僅是史上有記載的大械鬥。地方政府未能有效阻止民間械鬥的發生，也正是清政府用來對統治臺灣的一種策略，亦是臺灣社會大陸化長達兩百年的原因之一。

從臺灣社會民間械鬥的對象分類有：（一）省對省（閩、粵），（二）府對府（漳、泉），（三）縣對縣（同安、晉江、惠安、南安），（四）姓對姓（廖、李、鍾），（五）西皮福祿械鬥（樂器及祀祭不同），（六）部落對部落（爲水利墾地的灌漑及爭地），（七）頂廈郊拼（爲商業利益）。械鬥的結果，不僅是族群的紛爭，最後其鄉里或姓氏不同者也都捲入，其爲私利而鬥的不和情況相當嚴重，造成民變迭起、匪徒蜂起、社會秩序大亂，也因此有以客家爲主的「六堆」，其類似武裝組織的形成。

此外，臺灣住民對清政府官僚體系的抗爭治安事件，如吳球之亂，意在恢復明室，爲政治目的；劉卻之亂，是利用宗教迷信的復明運動；自稱曾在臺灣道衙門擔任守夜更夫的朱一貴（鴨母王）之亂，是以人民利益爲名，實以匡復明室爲目的的治安事件。然這階段的治安事件均缺乏組織與計劃，後期因有天地會的出現，才進入有組織的階段，如戴潮春、黃九位、賴唇、林洪、林爽文等治安事件，都以八卦會和天地會的團體有關，顯然是深受內陸影響而採取宗教型態抗爭的治安議題。

特別直接與臺灣定著化社會性治安議題有關的，一直到林永春的私煎樟腦、郭光侯的以納穀換銀率爲由，及施九段的起因於土地清丈等，臺灣才進入突顯以經濟爲訴求的抗爭事件，這從清治時期臺灣漢人的定著化經驗可以得到印證。因爲，移

民來臺的漳州人、泉州人、潮汕地區的客家人、同安人、安溪人等大陸祖籍地緣作爲社群分類指標，彼此燒殺搶掠。後來之所以形成定著化的現象，主要是地方寺廟信仰和宗教祖先崇拜的轉型，原來每年回大陸祭祖的漢人，開始在臺灣興建祠堂和建立祖產，並以「開臺基祖」作爲奉祀對象，這些村廟反而成爲融合不同族群的源頭，也促成社會定著化的主要因素。另外，有些村莊爲了建守護神廟，形成宗教和信仰的中心，間接有助於安定社會的民心和治安。

上述抗爭的治安事件，反映了舊體制國家之所以會發生革命危機，是因爲現存結構使得它們不能應付它們在現代環境中所面臨的挑戰。清治總督軍務成爲地方常設性的疆吏，權限過大和於集中，前期國勢強盛尙可一紙命令指揮調動，中葉以後，八旗軍力衰弱，代之以綠營，復代之以練勇。事定之後，各省疆吏擁兵自重。清治時期臺灣社會治安不好與抗爭事件的頻傳，所謂三年一小亂（反），五年一大亂（反），不亦顯示臺灣社會力的受到壓制，而與清政府實施政策之間的矛盾而衍生不斷衝突的社會治安問題。

三、族群對立的治安議題

對於臺灣教育文化的推動採取書院的全成官辦性質，設有府縣儒學、書院、義學、社學、土「番」社學、民學六種。府縣儒學爲官立最高學府，是爲行政機關，而非學校。先後成立有臺南府儒學等九個。書院設於省城府縣及各地，設山長（院長）掌之，爲臺灣文運中心，計有臺南海東書院、臺北學海書院和鹿港開平書院等30個。義學亦稱義塾，由官方或鄉紳富戶設立，延聘老師以教育鄉里子弟的貧困者。社學爲士子結社敬業樂群之所，土「番」社學爲專門教育原住民的學校。民學係

為私立學校，普設民間。因此，清治時期強調祖籍地緣促進國家認同和文化定位。

　　從族群關係檢視清治政府結構，其畢竟是以滿人為主，漢人為輔建立的政權。而當時居住在臺灣的，除了原住民族之外，大多還是以漢民族為主體。當時科舉制度在清治臺灣後的第三年就在臺灣實施，與全國進行的方式相一致。科舉制度是地方人才進入中央官僚體系的重要途徑，對臺灣社會階層的變動產生最大影響。因為，科舉制度是設定了在社會中名望與地位的標準，政府認為知識份子代表的士是四民之首，而商人居末。

　　承上所論，科舉功名便成為有能力的人一生努力的方向，而工商企業發展難被視為終身追求的志業。這如同英國在19世紀末期，由於無可救藥的自命清高，看不起商業，精英子弟所唸的學校總是指導有才華的學生接觸古典文學等比較不實用的科目，任何事物只要沾有商業氣息，他們就百般不屑，也因此英國偏好家族企業和個人經營公司喪失探究科技和管理知識，而將公司現代化的大規模經營與管理的機會拱手由美國企業公司所取代。

　　然而，1895年（光緒21年）以前，臺灣所累積的知識與制度，主要還是受到中國大陸的影響。清政府推廣臺灣教育卻是影響臺灣社會定著化的重要因素，相較於日治臺灣時期，由於日本政府不許臺灣人學習文、法等學科，臺灣人轉而習醫和習商，臺灣企業的經營管理反而有了結構性改變的機會，臺灣家族企業的規模化才逐漸形成，現代企業的管理技術和文化才有大幅度的成長。

　　清治初期消極移墾臺灣所實施的「墾首制」，其大戶挾資

本和勢力，得到官方的協助與保護，割據一方，形同小諸侯，也都賦予墾戶治安的責任。墾首對其墾佃不但有收租權，而且更具備替官府執行監督的權力。同時，他們也是官府徵稅的汲取對象，無形中靠著官威而維持其權勢。分析墾首制的開墾組織儼然已經是一種社會制度，墾戶與佃戶的關係有一部分已超出純粹土地租佃的經濟關係，而具有行政和司法的主從關係。

例如1830年（道光10年）所合資組成的墾戶「金廣福」，金乃代表官方給多保護資助之意；廣指廣東，代表粵人；福即福建，代表閩人。取此公號乃意味著三位一體，協力開墾之意。如此，墾地雖屬民業，但不僅帶有開疆責任，而且墾區內的警察事務，隘防汛防等原屬地方政府執行的事權，也一併委任墾首團體，隸屬淡水同知的監督。特別是在「金廣福」的大規模經營，促成其勢力越來越大，遂奏請鑄鐵印，做公定戳記，指揮數百隘丁，區處土番。除了一般事務之外，其兵權儼如守備都司游擊。

檢視對臺灣社會定著化影響的另一項因素，英美資本的進入臺灣市場，尤其在1860年（咸豐10年），臺灣被迫開港，及正式對西方開放貿易之後，西方文化也影響臺灣家族企業的形成。然而，臺灣家族企業社會真正能夠發展起來，除了國際國家競爭體系與世界資本主義市場利益的環境因素之外，主要還是靠臺灣移民披荊斬棘、化地成田，以及從清墾到募股、籌資、備器、招佃、拓墾、鑿渠，其精神、能力與業績，已不只是純粹傳統的農民與士族，而是具備現代「資本主義精神」（capitalism spirit）的智慧、能力與氣質，有助於形塑臺灣人刻苦耐勞、簡樸無華的本質。[41]

---

[41] 韋伯（Max Weber）指出，現代資本主義精神，不只是精神，而且

承上所論，清治初期南部是出產糖，北部是出產米，食糧的生產是採單一耕作方式，因而不論鄉村還是城市手工業都不發達。清政府為增加原住民的農業生產，在1886年（光緒12年）劉銘傳設立全臺撫墾局，直屬巡撫，並以林維源為全臺撫墾大臣，襄助劉氏，其主要職責是配合專設的屯隘及營汛兵勇，以負責綏撫原住民的善後工作，總計劉銘傳在短短的兩年之內，其綏撫原住民部落880餘社，15萬8千餘人，但是原住民並不是一但歸化，即永遠歸化。雖然臺灣移民社會到了1860年代左右已是定著化，是個在地化社會，但是對原住民而言，到了1889年（光緒15年）的原住民實際上並不能算是被完全歸化了。

第六節　小結：邊陲政府型態的警察角色

　　清政府在中央設有宮廷警衛、京師治安，和地方設置基層治安與邊防治安的結構相類似。[42]然而，郁永河指出，議者

也是現代文化構成元素之一的「以職業觀念為基礎的理性的生活經營」，同時也必須是職業人乃是我們文化時代中的每一個人的命運，必須正視此一命運的嚴峻面貌，才能做我們自己命運的主人。Max Weber, 于曉 等譯，《新教倫理與資本主義精神》，（臺北：左岸，2001年8月），頁XXIX。

[42] 屬於宮廷警衛設有侍衛處、護軍營、前鋒營、三旗包衣三營；屬於京師治安設有步軍營和巡捕五營的步軍統領衙門，五城御使和五城兵馬司，以及順天府率大興、宛平二縣衙掌京城郊區的治安；屬於地方基層治安除設有保甲制度外，還有屬於地方士紳出錢所辦的鄉兵自衛部隊，和由鄉兵聯合組織而成的團練，既可自衛防寇，又可維護當地治安；屬於邊防治安則設有「更番候望之所」的邊境卡倫制度。

謂佔領臺灣，海外九泥，不足加中國之廣，裸體之身，不足共守，日費天府而無益，不如徙其人空其地。[43]

檢視臺灣自1683年（康熙22年）起到1860年（咸豐10年）開港前的清政府統治臺灣，是為防內亂而治臺所採取的「消極理臺」政策。當時臺灣是非法宗派或盜匪滋生聚嘯，而政府力量鞭長莫及的區域。由於移民性格的強悍，加上時常發生的官逼民反，和分類械鬥事件，即便他們毫無疑問地同族同宗、系出同源，但彼此夙怨相向，宛如愛爾蘭、蘇格蘭、威爾斯的塞爾特人與英格蘭薩克遜人之間夙仇的東方翻版。

所以，臺灣住民反清與民間械鬥的治安事件，不但阻礙政治安定，更影響經濟發展的勞動人力，及嚴重破壞社會秩序。也因為臺灣移民社會的多樣性與族群特性，引發族群械鬥及盜匪嚴重，鄉里常成立自衛組織，為避免官方的疑慮，大多依附在廟方，而「角頭」就是最小的鄰里區域，每個角頭，都會有一間角頭廟。角頭往往是最基層的民防組織，掌管寺廟的地方頭人常被稱為「老大」，擁有仲裁力量。所以，鄉治之外的另一基層治安體系，是突顯在臺灣早期的「移墾治安」，清政府一方面要防堵大陸人民渡臺，一方面卻允許在臺流民開墾的兩難困境。

當時清政府透過漢人佃墾將部分的土地規劃為官方目標，以及濫發墾照，以多報少，造成官員貪瀆與農民之間衝突，導致治安事件頻傳，社會動盪不安的時間長達150年。檢視當時移民來臺，政府所實施的移墾治安模式，其墾首得到官方的協助與保護，同時，政府也都賦予墾戶治安的權力與義務。墾首

---

[43] 參閱：郁永河，《裨海記遊》，（南投：臺灣省文獻委員會，1996年12月），頁30。

對外可以協助防止原住民的作亂，對內則握有維護治安權力。這「墾首制」的移墾治安的功能儼然已經是形成一種邊陲政府型態警察角色中的重要一項機制，也突顯了清治臺灣初期消極治理的管理治安方式。墾戶與佃戶的關係有一部分已超出純粹土地租佃的經濟關係，而具有行政和司法的主從關係。

　　清治時期政府「一禁一弛」的渡海禁令，不但造成偷渡和賄賂「有禁無阻」的嚴重治安議題，也增加鎮守汛口的汛兵負擔，更突顯每當開禁移墾最後必設治，而設治又必促進移墾，政府透過移墾治安的管理機制才足以保障移民安全。臺灣土地的開發，雖然廢除內陸人民入臺移墾的禁令要到1875年才廢除，但是在1860年代，臺灣已逐漸從早期以聚落為主的移墾社會，發展成為以城鎮為主，具備宗族組織的農業社會型態，而人口數在1811年就達200萬3,861人，到了1895年更高達254萬5,731人。

　　尤其在晚清時期，雖然時間上限始至1840年（道光20年），受鴉片戰爭衝擊為臺灣涉外性治安的轉折點，由於與西方列強的接觸頻繁，涉外糾紛議題迭起，地方官的業務，遂於傳統主管民刑事的刑名，和主管錢糧會計的錢穀等以外，特別增加了因通商與傳教而新起的涉外性治安事務，乃至於透過重賞陸師指派其分擔剿捕洋盜的責任。由於對外的港口通商，英美等國家的外資與本土商人為主的「行郊」結合，而「行郊」資金來自入會費，有的會所還有房地產，能有大筆租金收入。甚而有「行郊」可以藉發行債券融資。「行郊」基於熱心公益和照顧自家利益的動機，「行郊」就在容易發生火災的城鎮設防火瞭望臺和消防隊，在港口設置救生船。「行郊」通常都會出錢雇用巡夜負責打更的人，甚至於組織鄉勇民兵，協助政府

維護社會治安。

對照1760年（乾隆25年）到1830年（道光10年）的英國工業革命時期，正盛行英國自由貿易論，和推動議會的改革。在1822年出任英國內相的皮爾（Robert Peel）認為，採取拿破崙戰爭時期高壓手段來維持治安的作法，將來一定不會很有效，應該以比較自由的措施來加強國家機關，逐積極建構警察制度的完成，並以先行修改刑法，接著在倫敦設立新的警力，然後漸漸的推行到各地。因為，警察制度可以增加國家的治安功能，而不像義勇兵，或常備軍極易引起內部的爭端。

尤其是到了1874年（同治13年）日本出兵圍攻牡丹社，清政府更感受到涉外性治安的重要，除了不得不於1875年（光緒元年）全面開放大陸人民可以自由移民臺灣之外，並將原本旨在防止民亂的「消極理臺」，調整為防止外患的「積極治臺」，突顯積極治臺的整頓臺灣治安，其所推動的「開山撫番」，並不只是因應地方治安而已。1884年（光緒10年）法軍開始進攻基隆，1885年（光緒11年）的派艦佔領澎湖，益發清政府加強臺灣的涉外性治安，特別是在閩海地區實施戒嚴，加上臺灣缺乏水師戰船，只能改採以陸師為主的鄉勇策略，主要是分布在塘汛，也就是在隄岸附近駐防武職人員，加重擔任涉外治安的工作。

換言之，從荷蘭、鄭氏到清代，海上和水運都是臺灣商業貿易的基礎，故水上治安也一直是社會生活關注的焦點。1885年（光緒11年）9月臺灣建省，並任命劉銘傳為首任福建臺灣巡撫，1888年（光緒14年）臺灣與福建正式分治。1890年（光緒16年）清政府改派邵友濂接替劉銘傳的職務，其所回復實施的消極保守政策，不但造成工業化政策的中挫，也因為助長武

員及班兵跋扈，和其包賭、包娼，還兼營「外務」的破壞治安效果，是吏治腐化致使臺灣邊陲政府型態警察功能的不彰。

1895年（光緒21年）臺灣被清治政府割讓給日本之後，臺灣的警察與國家發展關係又進入一個全新時期。特別是日治初期「兒玉、後藤體制」階段，是以現代警察的地方行政與舊有保甲系統，其雙軌建構起來的完備統治體制。前者，作為以治安為中心，自上而下的在臺灣社會中紮下根；後者，則被改編為協助治安單位的基層組織，而且發揮作用的被保存下來。

中　編
現代警察與國家發展的軍領治安
（1895～1987）

第六章　日治時期殖民治安的結構與變遷（1895～1945）

※殖民地最有用的功能，便在供應母國一個現成的市場，讓母國發展工業，進行貿易，並供應母國的公民，包括工業家、工人、消費者更多的利潤、薪資及貨物。※

（Paul Leroy-Beaulieu）

日治臺灣時期的時間是根據1895年4月簽訂的《馬關條約》，清政府將臺灣、澎湖割讓給日本；到了1945年8月日本無條件投降，日本政府根據《開羅會議》於10月25日將臺灣、澎湖歸還中華民國。因此，本章日治臺灣時期的殖民治安結構與變遷將分別從：國際民族主義時代涉外性治安的主權、鴉片、非法入境、危險物及武器販運等議題，和帝國型政治性治安的中央集權、地方分權體制、戰時動員體制題，統制式經濟性治安的農工失衡、米糖相剋、專賣獨佔議題，內地化社會治安的內臺同化政策、內臺共學共婚、皇民化運動議題所引發治安性議題加以檢視，並結論其所綜合形塑殖民治安軍國政府型態的警察角色。

第一節　日治時期治安議題

　　回溯日本統治臺灣時期國際涉外性治安環境，主要是由歐洲列強所主宰的競爭性國家體系、世界性資本主義體系和全球性公民社會的結構性因素所形成。人類自工業革命以來的幾個世紀，歐洲成為全球重要的政治經濟中心。歐洲強權國家的海外市場和技術投資，推動了世界性資本主義市場的發展，科學和技術的超前，也促成國際政權興替的關鍵因素。相對的，民族主義時代突顯了沙皇俄國（1547~1721）、俄羅斯帝國（1721~1917），和大清帝國（1636~1911）的衰弱沒落，並都分別成為帝國主義強權侵略的悲劇國家。

　　帝國主義（imperialism）的發生，實導因於資本主義體系的失調，資本家把剩餘的資本轉投資於海外賺錢的企業，以其在國內無法銷售或使用的貨品和資本，創造海外市場和投資，

使帝國主義變得更依賴海外市場。加上政府結合企業，運用國家資本，宰制國際市場利益。換言之，帝國主義是一個團體對另外一個團體的統治支配，帝國主義侵略是一種人類深沉的內在驅動力，人類當然也有其他更精緻的感情，如博愛的衝動，團結的理想，良性統治的夢想。但是這些都是高貴的理想，就連宗教家都只能歌頌，而不能期待每個人都能辦到，唯有強權國家刻意設立的規定，不僅約束自己不從事侵略性行為，並禁止所屬團體如此做，這種動力才能受到克制。

因此，帝國國家（imperial state）即以專制君主為首、由中央協調、行政和軍事的職能分化行政和軍事體制。[1]帝國不只是一個「主權」國家，而是擁有不同「治權」的結盟機構所組成的強權實體，在殖民地完成其國際市場和世界土地的劃分。因此，殖民主義（colonialism）代表著帝國主義的灰色面，殖民體制（the mode of colonialism）是一個殖民母國與殖民地之間脈絡相連的結構。這個結構促使殖民地的政治、經濟、社會和文化皆從屬於（subordination）它的殖民母國。

承上所論，殖民主義導致民族主義時代新興國家設立警察、中央銀行、智庫等新的國家機器。日本於1868年趁勢而起的引進歐陸警察制度，將警察業務分為消防警察、經濟警察、特高（思想）警察、勞動警察、衛生警察、建築警察、水上警察等不同性質的單位。[2]殖民主義也誘使了日本民族主義警察權的擴大，及對一般行政的建築、衛生、商業、財稅等議

---

[1] Frances V. Moulder, *Japan, China and the Modern World Economy*（Cambridge: Cambridge University Press, 1977），p.45.

[2] 鄭善印，〈警察與法律〉，《警學叢刊》（第30卷第6期），（桃園：中央警察大學，2000年5月），頁141-176。

題的干預，並爲因應國家與社會的發展，從而走向軍國主義
（militarism）之路。

第二節 民族主義時代涉外性治安

　　民族主義時代的時間指的是19世紀以來，尤其是在第一次
世界大戰之後的期間。檢視1880年代初的日本政府，將原本國
營的工廠以低價賣給私人企業，其中不乏特別是與政府官員關
係密切的民間人士。這雖不是一種最理想的轉移方式，但實質
上卻補助了商人，讓他們有一個全新走向國際舞臺的機會。同
時，世界性資本主義體系的日本棉紡業，開始從手工走向機器
紡紗的工業化。

　　政府對於製造機器、馬達、船隻、火車頭、鐵道、港口、
造船廠，尤其是電力供應，政府提供了財務和訓練人才等方面
的資助。加上，日本社會集體主義在現代化上的全力投入，加
劇促使日本近代化的明治維新政權，扮演向外擴張的軍國主義
角色。

一、民族主義時代國際性治安議題

　　從民族主義時代國際治安的結構性環境因素，引發臺灣
涉外性治安議題除了要溯自日本德川幕府時代，關於臺灣的文
獻記載，都曾將臺灣和「中國」加以區別，並將臺灣列爲「中
國」的屬國，以及大清國與日本關係的惡化因素。

　　從1875年日本與朝鮮江華島戰役的簽訂《江華島條約》，
到1884年朝鮮開化獨立黨發動「甲申政變」失敗，日本與朝

鮮、大清國分別簽訂《漢城條約》與《天津條約》。[3]乃至於1894年4月朝鮮爆發「甲午東學教（黨）之亂」，大清國與日軍在漢城附近的牙山發生海戰，以及後來的黃海戰役，導致1895年5月的簽訂《馬關條約》。[4]

換言之，從甲午戰爭爆發到《馬關條約》換約成立的期間，大清國決定將臺灣和澎湖諸島割讓送給日本時，國際強權國家的各為自己利益盤算，讓臺灣住民在內外情勢無依無靠的絕望情境下，不得不以「全臺紳民」的名義，對外發表〈臺灣民主國獨立宣言〉（Official Declaration of Independence of the Republic of Formosa），並由唐景崧於1895年5月25日發表〈總統就任文告〉，年號「永清」，國旗圖樣是藍地黃虎，首都定在臺北。

但從〈獨立宣言〉和〈總統就任文告〉顯示其否定臺灣要獨立的本意，突顯臺灣民主國建國的目的，旨在於阻止日本對臺灣的佔領，建國只是抗日的權宜式獨立。只是短命的臺灣民

---

[3] 〈漢城條約〉旨在拿捕殺害磯林大尉的凶徒，以及賠償遭害的日本人遺族，並對負傷者撫恤，和商民貨物毀損攘奪者，總計金額為朝鮮國支撥11萬圓；〈天津條約〉將原本處於優位的大清帝國，承認朝鮮為大清帝國與日本帝國的共同保護國。李瑄根 原著，林秋山譯註，《韓國近代史》，（臺北：中華叢書編審委員會，1967年3月），頁219-233。

[4] 1895年3月日軍攻陷營口，並在遼東半島西岸集結，眼見攻進山海關而威脅北京。同月20日起，清、日雙方代表在馬（下）關展開合議之際，日軍於23日攻佔澎湖，並於4月17日簽訂和5月5日的合約交換，大清帝國賠償日本2億兩及享有許多特權，並將臺灣及其附屬島嶼，包括澎湖島永遠割讓日本，遼東半島則遭受俄、法、德三國干涉而返還。參閱：許極燉，《臺灣近代發展史》，（臺北：前衛，2000年4月），頁158-161。

主國卻在1895年11月底隨著劉永福棄守臺灣而告崩解。臺灣處境受到主權割讓的影響，出現了部分認同大陸的地方精英，便返回他們在東南沿岸的「祖國」老家，留下的反日人士則在各自家鄉，進行短暫零星的抗日游擊戰。

　　換言之，臺灣清政府官員宣布的成立臺灣民主國，主要希望由西方國家出面，阻止日本接管臺灣，但這一急就章的策略，突顯臺灣涉外性治安的複雜環境，因爲受到民族主義時代主權、鴉片、非法入境、危險物及武器販運等議題，所形塑國際治安因素的影響。

　　因此，檢視民族主義時代臺灣的涉外性治安環境，到了20世紀初期的1914年至1918年第一次世界大戰中，美國已從國際安全中取得獨霸優勢。1918年美國總統威爾遜（Woodrow Wilson）提出〈十四項原則〉，包含取消秘密條約、建立海洋自由、解除國際經濟禁制、削減軍備、公平調整殖民需要、保障弱小民族自主等。[5]然而，期望負責維護國際安全的「國際聯盟」（League of Nations）理想，也因美國霸權始終沒有加入而功能不彰。

二、日治時期臺灣涉外性治安議題

　　檢視大清國在與日本簽訂《馬關條約》之前，當時臺灣

---

[5] 美國總統威爾遜（Woodrow Wilson）在戰爭即將結束前指出，堅持和平應在人類有力的組織下建立，強調國際聯盟（League of nations）的構想，沒有任何一個國家，得伸展及於他國；也不容一個強權可以控制大陸和海洋。同時主張軍備武器限制，為了保證將來和平，免除仇恨，此次大戰結束條款，不當提及任何一方的權益，應是「沒有勝利者的和平」。參閱：周一變，《美國歷任總統列傳》，（臺北：黎明，1986年2月），頁427-428。

經濟貿易利益所引發的涉外性治安議題，事實上都已被英國掌控，遂有由英國向臺灣出兵，甚至表示在必要時把臺灣割讓給英國的提議，可是被英國拒絕了。英國考量爲了防範遠東俄國勢力的擴張，迫切需要將日本培養成一大強國的主張，正契合日本爲了彰顯自己國家的主體性，與提高自己國家的亞洲文明創始者地位。而法國自清法之戰以來，亦對臺灣持有野心。

當日本海軍亟欲佔領澎湖島時，法國遂派遣軍艦駐守澎湖，以防備日軍的侵襲。因此，亦出現將澎湖出讓給法國之議，但被臺灣守將劉永福所拒，導致澎湖爲日軍佔領。另一強權國家德皇威廉二世（William II）則覬覦臺灣的豐富資源，對於法國在臺灣的擴張勢力表示異議。

換言之，國際列強爲了爭奪臺灣利益，彼此之間發生尖銳的對立。根據《馬關條約》簽訂之後，臺灣澎湖及附屬島嶼割必須割讓給日本，就引起俄德法三國的干涉行動，迫使日本聲明臺灣海峽航行的自由，以及臺灣與澎湖的不得轉讓。例如1986年6月12日發生於雲林，及所擴及英國商人遇害所引發的涉外性治安議題，史稱「雲林事件」。[6]

「雲林事件」源起於總督府實施砂糖和樟腦的貿易立法，致使臺灣南部的貿易市場陷入一片混亂。該涉外治安事件的發生可視爲對英國貿易帶來損害責任的譴責。其中還傷及彼得森（Perterson）的貿易公司（Mess Manncel & Compay）店鋪遭到

---

[6] 該事件發生在雲林地區，有日本人經營的雜貨店遭大約二十名「土匪」襲擊。「土匪」持長槍或棍棒搶奪了衣物、毛毯及手錶等三百多件商品。此一襲擊後，就發生了日本軍隊跟「土匪」大規模的戰鬥，包括戰鬥後的打「土匪」，這一連串的騷動被稱作「雲林事件」。

掠奪，公司持有的樟腦木材也被士兵作爲燃料使用。同時，德國的介入也擔心其國商人在臺灣利益的受到影響。英、德要求日本政府在治安上盡到保護外商的投資權益。[7]

　　檢視臺灣涉外性治安環境因素，從殖民國家利用船堅砲利的優勢，在亞、非等落後地區強行建立貿易據點，並以公司型態的經營管理模式，無非是希望進行「核心－邊陲」的移轉資本主義的市場利益，增加母國及資本家的立即經濟剩餘；資本家又將經濟剩餘轉投資在工業生產上，以提昇國家對外的擴張競爭力。

　　日本統治臺灣一直到1945年8月15日的日本天皇宣佈無條件投降爲止，也代表了民族主義時代部分國際強權國家，尤其是大英帝國的沒落。亦即任何形式的種族優越論都遭到徹底的否定，取而代之的是二次世界大戰之後，進入以美國霸權一元體系所主導的國際安全體系。

第三節　帝國型政治性治安

　　檢視日本歷任駐臺的19位總督中，任期時間超過三年者只有6位，占不到總數的三分之一；持有軍職的武官一共10位，超過總數的二分之一，而且合計執政的時間有28年，也超過日本在臺50年的一半，軍國政府型態治臺也因此得名。

　　因此，分析1895~1945年日本在臺灣長達50年的統治期間，日治臺灣的第一任至第七任總督皆具軍人職務，自第八任

---

[7] 《雲林沿革史》收藏於中央圖書館臺灣分館，資料上雖未明寫作者姓名，不過，由於討伐「土匪」的過程，是以軍方當事者的觀點來描述，因此，應該可以視作總督府方面的紀錄。

開始至第十六任才改由文人擔任，軍權則分由增設的軍司令官接管，而從第十七任開始，又恢復軍人總督，直至戰爭結束。依其出身和職業背景分析，在歷任重要職位的總督、行政長官（總務長官），及軍司令官之中，許多幹部都先後曾經擔任過與警察職務有關的重要工作。[8]

所以，本節在處理民族主義時代的帝國主義概念時，特別針對日本統治臺灣時期的以軍國主義的政府型態稱之，尤其是日本在1931年發動一連串的東亞戰爭之後。[9]基本上，舉凡軍國主義、帝國主義與殖民主義（colonialism）都一致認為，海外征服和工業化就像自然法則一樣不可抗拒。

市場利益的誘使日本在明治維新成功後，整個國家與社會亟欲轉型為資本主義體制，更為證明其國家在推行工業化之後所獲得的成果，應該與西方國家的地位平等，國內遂興起一股「國權皇張」的「脫亞論」主張，而最佳試驗對象就是採取侵略緊鄰的大清國，及其附屬地的臺灣與朝鮮。[10]

承上所論，日治時期臺灣政治性治安隨著帝國主義體

---

[8] 諸如樺山資紀、大島久滿次、明石元二郎、田健次郎、伊澤多喜男、後藤文夫、川村竹治、河源田稼吉、石塚英藏、大田正弘、高橋守雄、森岡二郎、齋藤樹等人。

[9] 鶴見俊輔指出，1931年的九一八事變，是日本進入軍國主義時代，參閱：鶴見俊輔 著，邱振瑞 譯，《戰爭時期日本精神史》，（臺北：行人文化實驗室，2008年1月），頁100。

[10] 參閱：矢內原忠雄，《帝國主義下の臺灣》，（東京：岩波書店，1929年10月）。該書諷刺日本侵略中國的不當，並呼籲日本應承認臺灣人的參政權，方能證明其為文明的殖民統治者，該書因而於1934年由有關當局指示出版社自發性停止印刷。矢內原伊作 著，李明峻 譯，《矢內原忠雄傳》，（臺北：行人文化實驗室，2011年3月），頁501。

制的衍變，本節將從中央集權（1895~1920）、地方分權（1920~1937）和戰時動員（1937~1945）等三階段所引發的政治性治安議題加以分析。

一、中央集權的治安議題

1895年5月起至1920年8月止的中央集權體制政治性治安，主要突顯在這時期的臺灣人武力抗爭事件。特別是在1895年5月到1898年2月止的所謂「軍政」，亦可以將之稱為「中央集權體制政治性治安前期」，而所謂1898年2月至1920年8月的所謂「民政初期」，則可將之稱為「中央集權體制政治性治安後期」。

中央集權體制的政治性治安前期，是從1895年5月21日自通過《總督府臨時條例》的第十四、十五條就已有民政局內務部警保課的編制和職權規定，警政人事由民政局長官水野遵、內務部長牧朴真、警保課長是千千巖英一擔任，並於6月17日舉行「始政典禮」。接著樺山總督發布〈臺灣人民軍事犯處分令〉，即以唯一死刑的嚴酷手段來維護社會秩序；7月18日內閣總理伊藤博文更決定將總督府改組為軍事組織的型態，一直到全島平定為止。[11]

所以，8月6日發布的《臺灣總督府條例》，即設有民政局內務部警保課，而且一切措施必須根據總督府的軍令施行。縱使如此，當時在臺灣人民強烈的反抗下，實際上日軍僅佔領基隆、滬尾（淡水）、臺北三個地區，臺北以南的武裝抗日，仍

---

[11] 臺灣總督府警務局 編，《臺灣總督府警察沿革誌（一）》，（臺北：臺灣總督府警務局1933年12月刊行，南天書局1995年6月重印），頁15。

然方興未艾。以劉永福、丘逢甲、林朝棟、吳湯興等人所領導的武裝抗日一直要到這一年的10月才正式宣告結束。

依據10月總督府發布的〈警察分署設置及職員命免要件〉規定：民政局長在總督的認可之下，得在各重要地區設置警察署和警察分署，以及民政支部的警察部長。亦即地方的三縣一廳，臺北縣保持警察部；尚未靖定的臺灣縣、臺南縣改稱民政支部；澎湖島廳則設警察署、分署。[12]

換言之，1895年8月開始實施的「軍政統治」，除了在11月又軍令頒布以〈臺灣住民刑罰令〉的嚴刑重罰，和軍警參與司法制度檢察及審判的〈臺灣住民治罪令〉來統治，即是採取「中央集權式」軍事警察法制，突顯在軍政、警政、行政的「三政合一」機制。

檢視當臺灣社會的抗日行動漸趨平息之時，「軍政統治」的「軍令立法」警察法制到了1896年4月配合總督府實施「民政統治」的「律令立法」。根據3月30日公佈的法律第六三號，簡稱《六三法》之外，陸續還有〈臺灣總督府地方官官制〉、〈地方縣島廳分課規程準則〉、〈警察規程〉等法規的實施。

《六三法》的條文規定：第一條 臺灣總督得於其管轄區域內，發布具有法律效力的命令；第二條 前條命令應由臺灣總督府評議會議決，並經拓殖大臣呈請敕裁。臺灣總督府評議會的組織以敕令定之；第三條 臨時情況緊急，臺灣總督府得不經前條第一項手續，直接發布第一條所規定的命令；第四條

---

[12] 臺灣總督府警務局 編，《臺灣總督府警察沿革誌（一）》，（臺北：臺灣總督府警務局1933年12月刊行，南天書局1995年6月重印），頁39。

依前條發布的命令，於發布後直接呈請敕裁，且向臺灣總督府評議會報告。未獲得敕裁核定時，總督應立即公佈該命令無效；第五條 現行法律及將來發布的法律，其全部或部分要施行於臺灣，以敕令定之。第六條 此法律自施行日起滿三年即失效。[13]

由「軍令立法」改以「律令（委任）立法」方式，確立殖民地特殊的總督專政體制。因此，治安制度有了較大幅度的調整，在總督府內務部警保課下分設高等警察（政治警察）、警務、保安、戶籍四股，課長為警部長，可指揮監督下級警察機關，縣廳則設警察課，內有警務、保安、衛生三股，並可視事務繁簡程度，增設高等警察主任，支廳的警察組織與縣同，但是成員須由其下的警察人員兼任。地方警察權由支廳長執行，可指揮轄區警察，警部長則負責監督。[14]

調整後的警察職權幾乎包括：行政、司法、警察、監獄、出版、報紙雜誌、船隻檢疫、鴉片與藥品販賣、衛生、地方醫療人員管理等事項，逐漸分奪軍、憲權限，加上總督府內部也出現了文官與武官系統之間的矛盾，導致1897年3月乃木總督決定實施「三段警備」制，並於6月將地方行政區域由「三縣一廳制」改為「六縣三廳制」，同時廢除支廳，而將警察署、辦務署與撫墾署三署同級並立，直接受之縣警察部長指揮。1897年4月在臺北城外龍匣庄設「巡查看手教習所」，1898年6

---

[13] 臺灣總督府警務局 編，《臺灣總督府警察沿革誌（一）》，（臺北：臺灣總督府警務局1933年12月刊行，南天書局1995年6月重印），頁353-360、371-373。

[14] 許介鱗，〈日據時期統治政策〉，李國祁總纂，《臺灣近代史》（政治篇），（南投：臺灣省文獻委員會，1995年6月），頁256-257。

月發布《警察官與司獄官練習所組織章程》，廢教習所，7月成立練習所，分警察官、司獄官二部，各部再分甲科—養成警部、警部補、監吏，乙科—養成巡查或看守。[15]

1897年開始實施的三段警備制，遂將臺灣各地分為三級，未曾確立治安的地方為一級區，派駐憲兵及警備，以警備隊長兼任地方行政官；山岳及平原緩衝區為第二級，憲警聯合共同負責治安行政；臺北、臺南等社會治安已經確立的為三級區，由警察擔當治安責任。並且招募17-36歲的平埔及漢人，組成護鄉兵，訓練3個月後，月給8日圓，充當軍人，多少也有警察的功能。同時，配合實施辦務署制度，警察署與辦務署、撫墾署鼎足而立，直接受縣警察部長指揮。換言之，雖名稱實施民政，但實際上是削弱了民政局的權限。特別是乃木總督依據1897年10月發布的〈臺灣總督府官制〉第十四條、第十五條，在總督之下設置總督官房、陸軍幕僚、海軍幕僚、民政局、財政局等五個系統。[16]

換言之，中央集權體制政治性治安前期的警察系統，主要任務是協助憲兵維持治安，協助憲兵進行搜查、逮捕等工作。依據〈內臺憲兵條例共通時代〉的憲兵條例，透過軍政、警政、行政的「三政合一」機制，以利於軍憲維持治安。憲兵將臺灣分為若干守備管區，其下設憲兵警察區派置分隊，執行軍事、司法、行政警察任務，有效的鎮壓了當時發生在北部的林

[15] 陳添壽，《臺灣治安制度史—警察與政治經濟的對話》，（臺北：蘭臺，2010年2月），頁60。
[16] 臺灣總督府警務局 編，《臺灣總督府警察沿革誌（一）》，（臺北：臺灣總督府警務局1933年12月刊行，南天書局1995年6月重印），頁83-84。

大北、林李成、陳秋菊，中部的簡義、黃丑、柯鐵，南部的鄭
吉、林大幅、林少貓等武力抗爭事件。[17]

中央集權體制政治性治安後期，主要是1898年2月的繼任
總督兒玉源太郎，基於治安與殖產的雙重任務，且認為三段式
警備制的指揮權嚴重侵犯行政權，遂廢止三段警備制，而將警
察署、撫墾署併入辦務署，在總督府成立警察官及司獄官練習
所，開創警政合一制度。

尤其是發佈嚴苛〈匪徒刑罰令〉，不僅以本刑科處置未遂
犯，還實施溯及既往的規定。同時，制定《臺灣保甲條例》，
以十戶為一甲，十甲為一保，且執行保、甲的人民負有各連坐
的責任，連坐者並得以科處罰金。[18]換言之，「中央集權體制
政治性治安後期」的警察系統，則是地方警察權由支廳長執
行，地方警察職權逐漸分奪了軍、憲的權限。

檢視1897年改制後的地方官制，則因同時統一了基層街、
庄、社長制度，並由辦務署監督基層行政，確立了辦務署為地
方行政「中間機關」的角色。到了1901年11月起更配合「廢縣
置廳」的地方改制為20廳，1909年10月由20廳調整為12廳的行
政改革，下設支廳。支廳在性質上屬於虛級的派出機關，而支
廳長係由警部擔任，實質上等同於警察機關。亦即將基層行政

---

[17] 臺灣總督府警務局 編，《臺灣總督府警察沿革誌（一）》，（臺
北：臺灣總督府警務局1933年12月刊行，南天書局1995年6月重
印），頁56-62。

[18] 根據保甲條例，1901年樸仔腳支廳襲擊事件中，保甲的老百姓，就
被依連坐法科處急縱罰金1,400日圓。1907年北埔支廳的襲擊事件
中，37名的保甲民也被科處2,420日圓的急縱罰金。黃昭堂 原著，
黃英哲 譯，《臺灣總督府》，（臺北：前衛，1996年10月），頁
94-96。

工作完全轉換成爲警察工作，形成警察「萬能主義」的支廳制。[19]

特別是1902年殖產局更將所管轄的「蕃人」、「蕃地」事務，移交由「警察本署」負責。1904年總督府發布〈犯罪即決例〉，並於1906年在署中獨立設置「蕃務課」，警察成爲總督府「理蕃」政策的執行者；同時，配合實施〈臺灣浮浪者取締替規則〉，以改善治安環境。1909年總督府成立「蕃務本署」並廢除「警察本署」，由警視總長兼任內務局長。

到了1911年總督府雖然廢除「內務局」，重設「警察本署」，但根據臺灣省行政長官公署統計室公布的數據，1899年至1909的10年間警察經費占總督府歲入的比率，如表6-1顯示，從1899年至1904年每年警察經費在歲入決算所占比率幾乎都高達8%以上，到了1905年以後才減少下來，並且維持在1%。

表6-1　日治初期（1899-1909）警察經費與總督府歲入比率　　　單位：日圓

名稱年度	歲入決算	警察經費	比率（約）
1899	17,426,618.00	1,388,871.00	8%
1900	23,269,695.00	1,387,928.00	6%
1901	19,766,334.00	1,485,748.00	8%
1902	19,479,579.00	1,664,168.00	9%
1903	20,037,523.00	1,672,805.00	8%
1904	22,333,114.00	1,681,250.00	8%
1905	25,414,146.00	268,017.00	1%
1906	30,692,173.00	310,020.00	1%
1907	35,295,772.00	350,080.00	1%
1908	37,005,764.00	381,463.00	1%
1909	40,409,108.00	391,110.00	1%

資料來源：本研究，參閱：臺灣省行政長官公署統計室，《臺灣省五一年來統計提要》，（臺北：臺灣省行政長官公署，1947年），頁983-1040。

---

[19] 藍奕青，《帝國之守：日治時期臺灣的郡制與地方統治》，（臺北：國史館，2012年7月），頁33-34。

換言之，檢視「中央集權體制政治性治安後期」的這段期間，總督府陸續鎮壓了1901年詹阿瑞、黃國鎮，1902年賽夏族日阿拐，1907年蔡清琳，1908年丁鵬，1912年劉乾、黃朝，1913年羅福生、李阿齊、張火爐、賴來，以及攻打太魯閣族等武力抗日治安事件，直到1915年隨著余清芳事件的平定之後，大規模的武力反抗活動才接近尾聲，總督府遂將「蕃務本署」廢除，所管事務移交「警察本署」辦理，地方廳的「蕃務課」也併入警務課為「蕃務股」，使臺灣無論平地或山地，漢人或原住民都納入警察政治的管轄下。

　　1919年更藉由內地同化政策的實施特將直屬於總督府的警察本署改隸屬民政部為警務局，1920年更配合地方官制的五州二廳，在州設警務部，郡設警察課，市設警察署與分署，廳設警務課與支廳，以利於將警察政治隱形在地方分權的民政制度下。[20]由於這階段新官制設立與舊官制廢止的變動非常頻繁，加上官紀鬆懈，以及在臺文武官員相互爭權奪利，因而出現嚴重的政治性治安問題。

　　涂照彥指出，臺灣島上本地勢力的頑強抵抗，使日本初期的殖民地統治，一方面為鎮壓「土匪」必須耗費龐大的軍事支出，另方面不得不儘速結束軍事統治，進入民政時代。[21]根據表6-2顯示，警察費占民政費的比例，由日本統治臺灣的第三年起至1903年為止，每年都高達40%以上；表6-3更顯示，1898

---

[20] 許介鱗，〈日據時期統治政策〉，李國祁總纂，《臺灣近代史》（政治篇），（南投：臺灣省文獻委員會，1995年6月），頁256-259。

[21] 涂照彥 著，李明峻 漢譯，《日本帝國主義下的臺灣》，（臺北：人間，1993年11月），頁33。

年至1913年警察費用占總支出的30%~60%；而用於「理蕃事業費」方面的費用，如表6-4顯示，預算從1910年的3,060,000圓（決算為2,945,556圓），增加到1914年的3,580,000圓（決算為3,920,769圓），所費不貲。到了1920年起，警察經費劃歸國庫負擔。

表6-2　日治時期警察經費與民政費、經常費比較　　　　　　　　　單位：日圓

項目 年度	經常費 （A）	民政費 （B）	警察經費 （C）	（C）/ （A）	（C）/ （B）
1898	7,453,575	3,812,856	1,553,307	21%	41%
1899	10,304,738	4,397,468	2,089,259	20%	48%
1900	12,032,410	4,852,212	2,184,872	18%	45%
1901	11,837,073	5,368,999	2,398,001	20%	45%
1902	10,972,804	5,764,627	2,610,584	24%	45%
1903	12,457,243	6,237,996	2,602,514	21%	42%
1904	13,238,552	6,506,158	2,537,946	19%	39%
1905	15,952,229	6,769,694	1,164,010	7%	17%
1906	18,874,722	7,702,725	1,229,100	7%	16%
1907	19,669,671	8,241,980	1,345,415	7%	16%
1908	19,758,176	9,595,794	1,334,083	7%	14%
1909	20,924,006	10,546,936	1,373,095	7%	13%
1910	24,176,919	11,180,768	1,403,658	6%	13%
1911	24,418,770	11,629,090	1,470,213	6%	13%
1912	25,687,771	14,445,489	1,116,618	4%	8%

資料來源：民政費是由經常費中減去專賣、鐵道、通信、鹽務、樟腦及至要的官業經費；警察經費包括法院警察、警察及監獄人員訓練所與監獄費。參閱：鹽見俊二，〈警察與經濟〉，周憲文，《臺灣經濟史》，（臺北：臺灣開明書局，1980年5月），頁955。

表6-3　日治時期警察經費與地方稅收對照　　　　　　　單位：日圓

項目 年度	經常臨時合計 （A）	經常部分	警察費（B）	比率(B)/(A)
1899	－	－	339,802	
1900	3,869,633	2,825,104	1,388,872	36%
1901	3,076,698	2,757,199	1,836,971	60%
1902	3,333,327	2,938,275	1,882,825	57%
1903	3,785,990	3,408,879	2,167,227	57%
1904	4,075,301	3,640,127	2,227,665	55%
1905	4,243,006	3,687,121	2,280,857	54%
1906	5,200,103	3,977,964	2,558,489	49%
1907	4,940,334	4,236,009	2,694,615	55%
1908	5,588,828	4,740,126	3,200,367	57%
1909	6,781,515	5,485,277	3,614,020	53%
1910	7,085,869	5,785,398	3,845,673	54%
1911	5,278,115	4,034,847	1,838,899	35%
1912	5,971,487	4,134,611	1,925,628	32%
1913	6,348,100	4,110,000	1,992,848	31%
1914	6,487,640	4,904,388	2,823,437	44%

資料來源：本研究依據鹽見俊二，〈警察與經濟〉的資料整理製成，參閱：周憲文，《臺灣經濟史》，（臺北：臺灣開明書局，1980年5月），頁956。

表6-4　日治時期理蕃事業費（1910~1914）　　　　　　單位：日圓

項目 年度	預算	決算
1910	3,060,000	2,945,556
1911	3,130,000	2,166,203
1912	3,300,000	3,105,816
1913	3,170,000	3,041,134
1914	3,580,000	3,920,769
合計	16,240,000	15,179,478

資料來源：本研究依據鹽見俊二，〈警察與經濟〉的資料整理製成，參閱：周憲文，《臺灣經濟史》，（臺北：臺灣開明書局，1980年5月），頁956。

二、地方分權的治安議題

所謂的「內地同化主義」與「殖民地自治主義」是日治臺灣後就一直爭論不休的殖民地政治性議題。所以，1896年賦予臺灣總督委任立法的《六三法》和其延長問題，一再遭支持內地法延長主義的國會議員抨擊。殖民地的「委任立法」問題其實是日本藩閥、軍閥對抗議會、政黨的策略，因此必須在前者政治勢力消退後，日本的殖民地才可能從武力統治轉爲文化統治。

日治中期殖民政府在臺灣政經情勢稍有穩定之後，對臺灣人改採安撫策略，並進行行政上的分權制度。這階段歷經九位總督，分別是代表內地政黨派系勢力消長的政友會田健治郎、政友會的內田嘉吉、憲政會的伊澤多喜男、憲政會的上山滿之助、政友會的川村竹治、民政會的石塚英藏、民政會的太田政弘、政友會的南弘、民政會的中川健藏。

這些文官總督的任職之所以都會很長的原因，突顯臺灣總督人事派定完全受到日本內地政治力量的制衡與分贓的結果。當時日本的國力已經可以成爲第一次世界大戰後東亞國家的強權，代表西方強權國家都極力拉攏日本，希望將其納入成爲世界經濟、軍事體系的一員，並促進其政治民主化。

因此，日本政黨深深感受到國內政治自由主義的風氣，以及在威爾遜（Woodrow Wilson）主張民族自決思潮的呼籲，殖民政府不得不削減總督府權限，降低對臺灣的高壓統治，轉而設立臺北帝國大學等教育機構，加強殖民化思想教育。同時，根據1919年修正的〈臺灣總督府官制〉第三條內容指出，總督只能認爲必須保持安寧秩序的時候，得以請求在其管轄區域內的陸軍司令官，使用兵力來維持秩序。換言之，隨著臺灣軍司

令官制度的建立，臺灣軍的指揮權從總督手上轉移到臺灣軍司令官，總督再也沒有指揮臺灣軍的權力。[22]

　　具體而言，《六三法》除了賦予臺灣總督絕對立法權、行政權和設置臺灣總督府評議會之外，規定以海陸軍大將或中將出任總督，統帥海陸軍；總督得經敕准、或必要時，不經敕准公佈命令，以代替法律，並得頒發總督府令；總督得處理關稅、鐵道、通信、專賣、監獄及國家財政等政務。所以，1921年以前的臺灣人為抗爭殖民政府結束帝國體制，極欲爭取廢除《六三法》的努力並未成功。1902年當帝國議會三度有效延長《六三法》，並在結束日俄戰爭後的1906年12月底，亦即在《六三法》有效日屆滿之時，發布第三一號法律，俗稱《三一法》。

　　《三一法》的第一條與第五條內容雖規定總督的命令位居本國法律及敕令之下，總督的命令不得違反施行於臺灣的法律及特以施行於臺灣為目的而制定的法律及敕令；惟第六條又規定臺灣總督所發布的律令仍然有效。而《三一法》在歷經1911年和1916年的各延長五年，到了1921年為因應國內外政經環境變遷而改以《法三號》代之，並根據〈臺灣總督府評議會官制〉恢復「評議會」，同時廢止「律令審議會」。[23]

　　地方分權的政治性治安階段是從1920年8月起至1937年7月止。這一時期軍人武官總督改派文官總督，地方警察權限的自主權較已往增加，普通行政業務也改由文官系統處理，但是州

[22] 黃昭堂 著，黃英哲 譯，《臺灣總督府》，（臺北：前衛，2002年3月），頁115。

[23] 臺灣總督府警務局 編，《臺灣總督府警察沿革誌（一）》，（臺北：臺灣總督府警務局1933年12月刊行，南天書局1995年6月重印），頁233-248。

知事還是有權指揮地方警察。換言之，1920年以前臺灣在警察政治的氛圍下，警察與地方行政實爲一體兩面。亦即1901年11月起至1920年10月皆爲「廳治期」。

1920年10月總督府宣稱爲順應時勢及臺灣人的實況，乃改革地方制度，於是改廳爲州，廢支廳，設郡、市，廢區、堡、里、澳、鄉改設街庄。將臺灣西部10廳廢除，改設臺北、新竹、臺中、臺南、高雄等五州，東部的臺東、花蓮港廳仍保留舊制；州、廳之下共設47郡、3市、5支廳、260街庄、18區等，開啓所謂「準地方自治制度」。[24]

田健治郎以首任文人執政，強調臺灣人民的自治，修改《六三法》，以日本法律第三號稱之的《法三號》）公佈，其內容：第一條，日本法律全部或部分，須引用於臺灣時，以敕令定之；第二條，須引用法律而無適當法律之規定，或難依前條規定辦理時，得仍依總督命令規定之；第三條，前條總督之命令，因應主管大臣奉敕准而公佈；第四條，如遇緊急事項，總督得不依前條之規定，而依第二條逕先發布命令，便宜行事，但須呈經敕准。如不獲敕准，須公佈該命令即刻失效；第五條，臺灣總督發布之命令，不得與敕令衝突；第六條，此法律自實行日起滿三年即失效。[25]

依據《法三號》開始實施的地方分權體制，總督府乃大唱「內臺一體」及「內地延長主義」，並創設代表民意之臺灣總督府評議會，以爲臺灣總督府的諮詢機關。1921年6月，公佈

---

[24] 吳文星，《日治時期臺灣的社會領導階層》，（臺北：五南，2012年2月），頁185。

[25] 黃昭堂 著，黃英哲 譯，《臺灣總督府》，（臺北：前衛，2002年3月），頁218。

〈評議會官制〉，以會長一人（總督兼）副會長一人（民政長官兼）及會員二十五人組織之，承受總督的指揮監督，會員中九人為指定的臺灣人，惟被指定的臺灣人卻被譏諷為「御用紳士」。

因此，導致1921年發生臺灣議會設置請願運動和臺灣文化協會等臺灣人為爭取較高地位的一連串政治性活動。嗣後，臺灣議會設置請願亦逐漸轉成的臺灣民族運動，尤其是到了1927年，由於部分左翼民族主義者不贊同無產階級路線，蔣渭水、林獻堂、蔡培火等人因而退出臺灣文化協會。

檢視從1921年開始到1934年為止，臺灣議會設置運動每年不斷的向日本帝國議會提出〈臺灣議會設置請願書〉，總計15次，簽名人數高達18,528人。雖然該運動自肇始以來即屢以「不列入議程」、「不接受審理」或「審議不通過」為由遭議會打壓，但是運動發起諸人始終不放棄，每年往返臺日之間，進行勸說、連署或遊說請託日本議員與官員等工作。

換言之，地方分權體制政治性治安突顯蔣渭水等人，根據1900年日本實施的《治安警察法》，向臺北警察署提出臺灣議會期成同盟會的結社申請，在遭受拒後，即改在東京重新成立，導致臺灣的臺灣議會期成同盟會會員，被依1923年實施於臺灣的《治安警察法》逮捕。1925年2月三審宣判，蔣渭水、蔡培火被判刑四個月，陳逢源等被判刑三個月，史稱「治警事件」。

1925年日本內地為取締反對日本天皇制與私有財產制的活動，通過《治安維持法》，同年在臺灣實施，以防範政治性犯罪活動。蔣渭水等人為了規避1925年實施的《治安維持法》，於是先組織臺灣民黨，再過渡組成以確立民本政治為其三大綱

領之一的臺灣第一個合法政黨—臺灣民眾黨，並在蔣渭水等人的領導下主張民族自決，因而導致主張殖民地自治的林獻堂、蔡培火等人於1930年8月另組臺灣地方自治聯盟，其中民眾黨員加入者爲數不少。臺灣民眾黨亦因與工友總聯盟走得比較接近，遂逐漸爲左翼份子把持，並公開鼓勵階級運動。1931年2月總督府遂以該黨違反《治安警察法》，強迫其解散。8月更隨著蔣渭水的去世，「臺灣民眾黨」終於劃下休止符。[26]

尤其是檢視1928年總督府爲因應地方分權體制的政治性治安議題，特別是防範共產主義與民族自決思想，開始增設臺灣特高的思想警察，負責集會結社與出版事務、取締危險思想等，加強對臺灣人的思想和行動的控制，還將結社類別分爲政治性結社與非政治性結社、祕密結社、違反《治安維持法》的結社，但在1930年仍然發生原住民激烈抗爭的「霧社事件」。

「霧社事件」的發生除了是勞役剝削，舉凡建築、修繕工事，勞役即使有償，亦遠低於應得，且勞役過重；加上，警方帳目不清，引起不滿而爆發的因素之外。

主要還是原住民與日本警察「內緣妻」的政略聯姻方式，所導致原住民部落的極度不滿而爆發。加上，溯自1928年4月成立的臺灣共產黨發展到了1931年以後已逐漸掌控了臺灣文化協會的主導權。同時，臺灣共產黨藉由農民組合、臺灣文化協會內部成員組成的臺灣赤色救援會，在與年底同臺灣文化協會幹部遭到舉發後，實際的影響力已大大被削弱。[27]

[26] 吳三連等，《臺灣近代民族運動史》，（臺北：自立晚報社，1982年2月），頁441-443。

[27] 臺灣總督府警務局 編，《臺灣總督府警察沿革誌（三）》，（臺北：臺灣總督府警務局1939年7月刊行，南天書局1995年6月重

1935年臺灣人雖然首度爭取到象徵性地方選舉的行使投票權，臺灣地方自治聯盟推薦的候選人也有人當選，但是這樣半數官選、半數由市會及街協議會員間接選舉的有限選舉制度，實在與臺灣地方自治聯盟所訴求的改革運動相去甚遠。1936年3月林獻堂參加〈臺灣新生報社〉所組織之華南考察團，在上海接受華僑團體歡迎時，林獻堂於席上致辭，有林某歸還祖國之語，為日本間諜獲悉轉報臺灣軍部。〈臺灣日日新報〉後來揭發此事，對林獻堂大張撻伐，造成所謂「祖國事件」。因此，臺灣地方自治聯盟也在發生「祖國事件」後，林獻堂、楊肇嘉先後避難東京，臺灣地方自治聯盟亦在是年8月召開的第四次全島大會宣布解散。[28]

三、戰時動員的治安議題

　　戰時動員的政治性治安階段時間是從1937年7月起至1945年10月止。總督府推行南進政策即於1937年7月7日盧溝橋戰役起，臺灣的政治與軍事地位提高了，可為從邊陲地區進入半邊陲地區，從純粹被剝削調整為既受日本剝削又剝削別地，成為日本向東南亞擴張的一個基地。所以，日本為在臺策應進攻中國大陸，強化外交，加設華南調查局及南方協會，並改制地方行政，建設高雄港工程，以及調遣海軍、增建機場等各項軍事設施，完成戰時動員體制。

　　1940年11月海軍大將長谷川清繼任總督，時正準備發動太平洋戰爭；1942、1943年分別公佈陸海軍特別志願兵制，徵用

印），頁766-767。

[28] 吳三連等，《臺灣近代民族運動史》，（臺北：自立晚報社，1982年2月），頁491。

臺灣人達20萬，赴中國戰場協助日軍作戰；提倡皇民奉公運動，強迫臺胞擔任後勤支援。1944年日本太平洋戰線失利，臺灣形勢更為險惡，導致長谷川清的政治地位不穩，加上臺灣軍司令官安藤利吉的策動內閣，准其自兼臺灣總督，復行軍政，增徵臺灣青年入伍，從全臺各地調遣海陸空軍加強內外治安；1944年美空軍開始轟炸基隆、高雄等要港，航路幾乎中斷，工廠大部分停工，社會秩序不安。

檢視日本進入戰時動員體制之後，更是強調戰時警察的功能，亦即戰時警察工作除了政治性治安之外，還要執行各種經濟統制、經濟情報的搜集和特殊物質的配給，對於戰時統制經濟的秩序也更加嚴密。1939年以後更因為戰爭需要在總督府分設防空課與兵事課，各種重要戰時的措施完全由警察掌握。直到1945年8月日本宣佈投降後，戰時增設的兵事、防空、防空措施等單位被取消，而增設了等待中國接收的調查與警備課。

戰時動員體制的政治性治安面對逐漸形成高漲的「臺灣意識」，透過增設特高警察的取締思想犯，對於皆二連三地涉嫌叛亂事件，如1941年發生的「東港事件」、1944年發生的「瑞芳事件」、「蘇澳事件」等，對於相關的關係人予以酷刑逼供，冤死監獄者比比皆是。從1941年11月起，至1945年4月止，一共起訴200多人，其中包括議員、律師、醫生、地方士紳，乃至販夫走卒。[29]

承上所論，日治時期帝國主義型政治性治安不論是中央集權、地方分權，和戰爭動員的體制都突顯在日治之初，總督府即為解決治安而實施《保甲條例》，並制定《聯庄規約》的聯

---

[29] 寺奧德三郎 著，日本文教基金會 編譯，《臺灣特高警察物語》，
（臺北：文英堂，2000年4月），頁83-92。

庄自衛方式，總督府亦從聯合庄中推舉壯丁爲警吏，在適當場所並設立警察官臨時出差所，令其監督、指揮村民與警吏，作爲警察體系的輔助利器，因而形成臺灣特有的警察和保甲兩輪運作機制。保甲制度實施到了1943年，在臺灣設置保甲的數量已達6,074保（里）、58,378甲（鄰）。[30]

　　保甲機制也成爲警察掌握地方行政的有利工具，愈是基層行政區，警察與行政結合的程度愈高，與臺灣人民的接觸就越密切，因此，治安的重點不僅在行政，更是強調社會的控制力，保甲制度一直實施到1945年日本戰敗才廢除。

第四節　統制式經濟性治安

　　日治時期臺灣經濟主要受制於日本資本主義市場欲藉由佔領及經營臺灣爲發展因素，以穩固其帝國主義侵略的基礎。換言之，對於日本統治下臺灣經濟發展呈現殖民地化與近代化的雙重性。相較於工業革命時期的歐洲與日本的經濟發展，日本經濟具有比歐洲更爲優勢發展的條件諸如：長達250年的和平，沒有戰爭，沒有革命；廉價而且便利的水陸運輸；單一文化與語言；廢止就貿易障礙，並防止新障礙的設立；發展出共同的商業文化等。

　　由於臺灣是日本的殖民地，初期臺灣經濟發展的主軸是「工業日本、農業臺灣」，迨至發動太平洋戰爭後才調整爲「工業臺灣、農業南洋」，形成農工產業不平衡發展的結構

---

[30] 臺灣總督府（1945年）編撰，山本壽賀子、曾培堂 譯，《臺灣統治概要》，（臺中：大社會文化事業出版社，1999年3月），頁127。

關係。[31]檢視1895至1905年總督府開始經濟發展的基礎工程；1905年至1920年代前半期即以蔗作農業為中心，臺灣經濟發展成為生產單一作物；而1920年代中期到1930年代後期即以種植蓬萊米與蔗作並存且相剋的階段；1930年代後半期到日本戰敗，即以推行軍需工業化，臺灣經濟成為生產戰時所需作物及軍需工業產品的基地。[32]

以下針對上述經濟議題聚焦在日治臺灣農工業失衡、米糖業相剋，和專賣獨占業的統制式政策所引發經濟性治安加以檢視。

一、農工失衡的治安議題

總督府在臺灣首先推動的資源調查是臺灣統制式經濟發展內地化的最基礎工程。資源調查包括人口、土地及林野調查等三大項目，特別是土地調查，反映了日本武裝力量已由北向南逐漸掌控臺灣的推進順序，並且為了進行資源調查，特地從內地募集來臺執行這項工作的警察，本身並未具有這方面的專業，素質也很差；另外，有些警察則是由陸軍省的雇員勉強充任警察官，來臺灣執行這項工作。[33]

根據1898年7月公佈的第一份臺灣《地籍規則》和《土地調查規則》，當時日本統治的實際範圍僅限於北部地區，檢視1898年7月至1900年的約兩年半時間，政府所測量的土地面積

---

[31] 如果以日本殖民統治下的朝鮮與臺灣互相比較，由於日本在戰前的擴張政策，北進一直重於南進，朝鮮則為日本北進的基地，其經濟發展以配合軍需發展的工業為主，農業不像臺灣如此強調。

[32] 涂照彥 著，李明峻 漢譯，《日本帝國主義下的臺灣》，（臺北：人間，1993年11月），頁55。

[33] 後藤新平、中村哲，《日本植民政策一斑》，（東京：日本評論社，1944年2月），頁63。

不過129,000甲，且大部分集中在臺北附近。當1902年臺灣全島反抗勢力勢力逐漸被平定之時，也正是土地調查的巔峰時期，總督府總共投入1,760,000人，耗資經費達5,220,000元。[34]

因此，土地調查工作的完成，也表示日本對臺灣殖民統治地位的確立。至於林野調查與整頓，由於山林地與農耕地不同，尚未形成明確的私人所有權，因而總督府在進行林野調查，即出現強權沒收臺灣人私有財產，遂行帝國主義侵略的目的，總督府共賣出204,912甲林地，獲利金額為5,459,863圓。在人口普查上亦以掌握臺灣人的生活動態，而且遍及島內各地，來達成維護社會秩序的治安環境，這是典型帝國主義體制的本質，也是總督府運用權力性格的象徵。[35]

總督府在完成臺灣土地、林地及人口調查等基礎工程之後，即開始進入農業發展的階段。檢視總督府在農業水利設施方面，從官設埤圳、公共埤圳、水利組合，到認定外埤圳等四種型態的變遷，總督府強調對水權的控制與支配，一方面要穩固臺灣農業經濟的獲利，另一方面要有助於對日本國內推動資本主義經濟的發展，因而直接衝擊到臺灣原有土地資源的利用。總督府以發放國家債權的方式補償「大租戶」，其目的在確立「小租戶」為土地的唯一所有者，而佃農仍維持傳統的租佃地位，以簡化所有權關係。

因此，隨著土地權的轉移，大租戶的土地所有權也日漸被削弱。總督府對大租權的整頓，不但確立了臺灣現代的土地

[34] 凃照彥 著，李明峻 譯，《日本帝國主義下的臺灣》，（臺北：人間，1993年11月），頁37。

[35] 矢內原忠雄 著，周憲文 譯，《日本帝國主義下之臺灣》，（臺北：海峽學術出版社【重刊】，1999年10月），頁26-31。

所有權制，也使得本地大地主或多或少獲得轉向現代企業和金融投資的機會，例如彰化銀行、嘉義銀行、臺灣製麻會社等本地產業與金融，都是根據總督府的授意和政策性的配合下設立。換言之，總督府為了確保支配權，選擇了保留小租戶所有權，與小租戶階級妥協的手段。該手段促使臺灣在短期內恢復生產、財政自足，以及穩定社會秩序。然而，從長遠來看，臺灣土地分割的零碎化，卻演變成日資後期發展大規模農場的障礙。[36]

另外，總督府依據無主土地「國有化」原則，沒收無法提出所有權證明的臺灣人土地，又透過墾荒和強行收購農民的土地，將其出售給退休的政府官員及日本公司。這些被徵用的土地都成了日資壟斷公司的地產，主要用於種植甘蔗，導致大多數臺灣的農民都被迫成為隸屬在公司組織下的蔗農，形成資本主義或半資本主義生產關係。

至於工業發展方面，由於統制式經濟初期是以臺灣農業配合日本工業發展，臺灣只能選擇開發以食品工業為主的加工出口業，導致臺灣原有的染織、製陶、刺繡、造船等傳統工業，特別是舊式糖廍的喪失競爭力。臺灣工業建設一直要等到開始有了鐵路網、公路和水力發電等三項成果之後，特別是在1931

---

[36] 柯志明，〈農民、國家與農工部門－臺灣農業發展過程中家庭農場之存續與轉型（1895－）〉，徐正光、蕭新煌主編，《臺灣的國家與社會》，（臺北：東大，1996年1月），頁20。這一策略的運用亦同樣實施於日本統治的朝鮮，其主要是透過東洋拓殖會社收奪土地、分割土地和移住人民，致使零佃化，農家結構亦被區分為地主、自耕農、自作兼小、作農、小作農。李炫熙，《韓國史大系（第八冊）－－日本強佔時期》，（漢城：三珍社，1979年8月），頁57-63。

年日本發動上海「九一八戰爭」之後，總督府在臺灣的統制式經濟才由原以「工業日本、農業臺灣」調整為「工業臺灣、農業南洋」的策略，臺灣產業結構才轉而發展與軍備有關的工業規劃和生產。

　　加上，總督府透過統制式經濟政策合併各種企業，並充分運用海外原物料資源來協助發展臺灣工業，以充分支援戰爭的需求。1937年7月7日爆發「盧溝橋事件」以後，臺灣被要求編入日本的總體戰時體制，臺灣援引內地的《臨時資金調整法》，規定金融機關的貸款必須依照政府指示投資用途，優先貸款給直接參與軍需工業有關的企業。[37]

　　1938年日本政府依據《戰時總動員法》，制定〈生產力擴充計畫〉，要求臺灣應擴充工業、農業及礦業生產。尤其加強工業方面的生產，為了達成擴充生產力目標，總督府不但在資金、勞力、物資等方面實施統制管理，更在總督府增設企劃部，負責物資統制與配給，抑制民生產業減少生產，並以其重要設備、原料優先配給軍需產業，並由經濟警察擔負戰時經濟統制之責。

　　1942年太平洋戰爭爆發，1943年日本政府不但將自1925年以來所設立的商工省（MCI）改為軍需省（MM），更將其內地淘汰或老舊的民間工業機械運來臺灣設廠生產，再將成品銷售到東南亞，並將東南亞的工業原料轉運來臺灣生產，形成「工業臺灣、農業南洋」的產業分工型態。此時總督府的經濟統制政策，乃透過臺灣鐵工業統制會制定〈臺灣戰力增強企業

---

[37] 陳添壽，〈臺灣殖民化經濟與警察角色演變之探討〉，收錄：陳添壽等，《臺灣經濟發展史》，（臺北：蘭臺出版社，2009年2月），頁566。

整備要綱〉，以及成立臺灣戰時物資團，加緊對各項工業物資、人力、資金的統制，並集中在發展軍需工業上，導致臺灣農、工業結構的嚴重失衡現象。

二、米糖相剋的治安議題

日治時期統制式經濟除了造成農工業嚴重失衡之外，由於臺灣農業被迫從事米、糖業的單一耕作生產，強制被要求配合維持日本米價的平穩，即抑制臺灣稻米生產與輸入；而又為滿足日本市場對於糖製品的需求，即強迫臺灣農民大量種植甘蔗。[38] 換言之，總督府針對糖業資本的累積係建立以停滯的米作部門，及其所致生的低米作收入為前提的統制式經濟政策，這米糖相剋的現象一直到1920年代中期才有了新的變化。

由於傳統地主和佃戶之間關係的調整，加上農地價格取決於農民依附土地作為維生工具的程度，非以追求利潤為生產目的，又習慣不把自家勞動算入成本，導致臺灣高昂的地價，這也造成日本糖業資本家收購土地的障礙。[39]1909年爆發反抗林本源製糖株式會社強制收購土地，以及1925、1926年彰化二林地區農民強烈抗議不合理糖業制度所引發的「二林事件」。農民反抗製糖會社的收購政策及其對作物選擇的控制，地方行政部門在製糖會社的要求下，指揮警察恐嚇不願出售土地或拒絕簽屬原料供應契約的農民，突顯日資藉由國家暴力強行削弱並取代臺灣經濟以臺灣人為主的資本勢力，和英美資本家在臺灣

---

[38] 1911年梁啟超應林獻堂之邀來臺考察，其中一站拜訪斗六，他眼見日本警察強迫徵購農民土地種植甘蔗，梁啟超感慨地寫了一首〈斗六吏〉，紀錄所見殖民統治壓榨。

[39] 宮川次郎，《臺灣の農民運動》，（臺北：拓殖通信社支社，1927年12月），頁134-136。

的市場利益。[40]

　　對殖民政府而言，移植日本新式製糖業一方面可以解除每年高達1千萬圓的砂糖進口，防止外匯流出，每年還可結餘近1千萬圓的臺灣所需財政經費，以達成臺灣財政自足的目標。新式製糖業移植臺灣的統制經濟政策，突顯臺灣提供了相當基礎的製糖條件，但在比較製糖的過程中，根據新式製糖廠的「分糖法」，臺灣蔗農可以取回固定比率的糖，但糖廠並不是分給蔗農砂糖實物，而是依當時的市價折算現金給付。

　　「分糖法」的實施，蔗農除了要與糖廠業主共同承擔糖價波動的風險之外，糖廠業主更為榨取蔗農在總督府特權優惠下糖價所帶來的利益，遂以瑣碎易生糾紛為由，改以直接收購的辦法取代。同時，為了減輕新式製糖廠原料取得的困難，總督府於1905年發布〈製糖廠取締規則〉，透過設置壟斷性的原料採集區制，在劃定的甘蔗原料產區內，以新式製糖廠為唯一的買主，賦予市場壟斷權；同時，總督府為為保護新式製糖業，採取現金補助、確保原料供應，及關稅優惠等措施。然而，適用對象僅限於日資的製糖業，而將臺灣原有的舊式製糖業排除在外，形成日資製糖業獨占市場利益的不公平現象。[41]

　　因此，新式製糖業的產量由1905年占舊式糖業總生產量750萬斤的10%，到1909年產量已升為兩倍，達到11,880萬斤，占臺灣糖產量的三分之二以上。1911年整個臺灣糖產量高達4億5,000萬斤，不但創下歷史最高，而且滿足了日本國內市場

[40] 持地六三郎，《臺灣灣植民政策》，（東京：富山房，1912年2月），頁122。

[41] 柯志明，《糖米相剋──日本殖民主義下臺灣的發展與從屬》，（臺北：勤學，2003年3月），頁112-113。

80%的需求，致使臺灣舊式糖業的產量，在日本公司的壟斷與排擠下，到了1937年，產量比重只剩2%。[42]

相對於米穀，除了1924年臺灣米穀外銷金額首度超過蔗糖之外，1926年日本蓬萊米的移植臺灣，總督府在水利灌溉設施方面的投入，透過對水權的控制，操縱獲取臺灣種植稻米的利益。加上，總督府投入稻米增產的資金，幾乎完全用在灌溉排水設施上，因而在1933年確立了米穀外銷首位的成績。1934年在其總投入資金4,746萬圓中，有關灌溉排水設施占98%，近4,662萬圓。雖然在灌溉排水設施上的資金投入，並非只是全然有利於稻米種植，其背後尚還附帶對糖業的獎勵政策，但實際上對稻米的增產產生極大效果。[43]因此，大規模的生產糖和米所形成臺灣配合日本經濟需要的準單一作物耕作制，締造了日本的「糖業帝國主義王國」之稱。

另外，日本極欲改善外貿逆差，遂在臺灣選擇甘蔗種植是利益最大，和最符合市場需要；加上與農業緊密關聯的工業，大多是把農產品加工成適合消費或儲存、運輸的產品，卻也導致他項工業產品的停滯。加上，臺灣農工業的失衡發展，更突顯源於日本支配國對某些產品或原料的需要，或起於殖民主義者為營利目的而種植經濟作物，或兩者兼而有之。檢證了統制式經濟生產決策是由支配國市場和資本的需要決定，而不是由

---

[42] 臺灣總督府，《砂糖關係調查書》，（臺北：臺灣總督府，1903年2月），頁176-177。

[43] 1926年4月伊澤總督命名新品種米為蓬萊米，陳政三 譯註，達飛聲（J. W. Davidson）原著，《福爾摩沙的過去與未來》【下冊】，（臺北：國立臺灣歷史博物館，2014年9月），頁550；臺灣總督府殖產局 編，《產米的改良與增殖》，（臺北：臺灣總督府，1930年2月），頁8-34。

殖民地內部的需要來做考量。

　　因此，「米糖相剋」形成臺灣製糖會社的經營者是日本資本家，而甘蔗耕作者是臺灣人，若不能改善生產關係，使蔗農與製糖業主的利益密切結合，將導致農民的抗爭運動趨於惡化，甚至擴及香蕉與其他的經濟作物。換言之，「米糖相剋」的經濟性治安議題已不是單純的經濟階級矛盾，而是臺灣社會民族對立與階級鬥爭兩股力量的結合，亦即臺灣地主仕紳政治權力和資產階級發展經濟的受挫，匯聚成臺灣抗日的民族運動，亦即因為經濟結構加上階級結構的失衡，造成臺灣米、蔗的小農，與資本家之間的互剋所引發的統制式經濟性治安危機。

三、專賣獨占的治安議題

　　總督府實施的專賣獨占業，主要包括專賣性和獨占性的產業。專賣性產業始於1987年的鴉片專賣，此後逐漸擴張專賣對象，諸如1898年的樟腦，1899年的食鹽，1905年的菸草，1922年的酒精和酒，以及1943年的石油等10餘種產業。在總督府的特別會計經常收入中，專賣收入所占的比率，最高曾達55%，最低也有36%。[44]總督府的除依據《專賣事業法》推動統制性經濟政策之外，又因為1931年的發生「九一八事件」，臺灣經濟逐成為日本向中國華南及東南亞推進的基地，被迫分配積極支援日軍南侵的後勤補給。

---

[44] 涂照彥，李明峻 譯，《日本帝國主義下的臺灣》，（臺北：人間，1993年11月），頁543。專賣事業延續到國府時期，以食鹽為例，1947年3月12日國民政府制定〈鹽政條例〉，各類鹽品售價都需由政府訂定，2004年1月9日立法院院會通過〈鹽政條例廢止案〉，政府不再管制鹽品產製與運銷，臺鹽公司走向民營化。

因此，檢視獨占性產業則是除了臺灣銀行及臺灣電力株式會社等性質的重要產業之外，有關林業及鐵路亦完全收歸總督府所有，不但導致官營企業特權的獨占市場，並且透過指定的委託經營方式，授予民間私人資本獨占的特權，例如由總督府直接監督的臺灣青果株式會社及嘉南大圳等。尤其是在企業股權結構屬於日資的產業，總督府特別設立以臺灣銀行為中心的貨幣與金融政策，獨厚日資企業取得融資，並結合日本金融制度，透過以統一臺灣幣制的方式來抑制臺灣金融業的崛起。

　　1920年初日本爆發所謂「戰後反動」的經濟恐慌；繼之1923年發生「關東大地震」，重創內地的經濟發展；1927年復爆發「昭和金融恐慌」，當時的臺灣銀行縱使有總督府的投資和保證盈虧，亦因受到「鈴木商店」不良貸款的拖累，導致臺灣銀行瀕臨破產所引發的經濟性治安議題。尤其當臺灣部分地主有意將農業剩餘資金轉投資工業或金融業時，就深刻體會自身是獨占產業下差別待遇的受害者。

　　特別是1926年由林獻堂創辦的大東信託公司，由於其股東結構完全是以臺灣人所組成的金融機構，導致在初創階段不但受到總督府百般的無端阻擾，而經營非常不順利，甚至被視為是支持臺灣民族運動的潛在工具。加上，深受獨占性統制經濟相關法令的限制。所以，到了1944年8月總督府更藉由《信託法》在臺灣的實施，強調因應戰時動員需要，強迫大東信託公司與頗具規模的臺灣興業信託、屏東信託合併，改名臺灣信託株式會社，突顯總督府只允許臺灣企業的經營特權集中在三井物產、三菱商事、杉原產業、加藤商會等與總督府關係密切的日本大資本家手中，對於當時臺灣人的企業經營造成很大的衝擊。

因此，1938年成立的經濟警察，業務包括：價格管制與取締，物資管制與取締，勞務調查與管制，總動員物資運輸管制，企業許可與管制，貿易管制，電力調整與管制，資金調節與匯兌等金融管制，暴利行為取締，奢侈品販賣與使用管制，以及生活必需品管制等多項經濟統制措施。1939年又由於日本《國家總動員法》的實施，臺灣的經濟警察亦於1940年由原來的225名增加了380名。但因戰時物資的缺乏，糧食及其他重要物資都必須實施配給，仍造成經濟警察人力的不足，臺灣所有的警察人力幾乎經濟警察化。

　　單是1944年經濟警察一共處分了34,991件與違反經濟活動有關的案子，犯案人數多達40,691人，其中主要是違反《臨時措置法》的9,790件案子、犯案人數13,162人，及《國家總動員法》的24,476件案子、犯案人數26,751人。另外，被檢舉而受牽連，但獲未處分的案子高達428件，關係人也高達531人，所受影響的經濟項目高達上千種之多。[45]

　　承上所論，統制式經濟性治安當總督府面對臺灣農民為爭取米糖業平衡利益，以及日漸升高的民族運動，總督府乃於1928年援引內地特高警察制度，加強對臺灣人思想的控制。凡是日本與臺灣來往的船隻上分派警察官，防範彼此之間的思想交流和政治活動，以及加強查緝人犯的潛伏或偷渡；亦在往來臺灣與中國大陸之間的船隻上分派警察官，更在大陸口岸長駐警察官，加強監視中國大陸與臺灣之間的來往，達到鎮壓無產運動與民族主義份子活動的目的。[46]

---

[45] 臺灣總督府（1945年）編撰，山本壽賀子、曾培堂 譯，《臺灣統治概要》，（臺中：大社會文化事業出版社，1999年3月），頁169-170。

[46] 因此，特高警察除了被賦有與日本國內同樣鎮壓無產運動的任務之

第五節 內地化社會性治安

日治臺灣時期所指的內地化意涵，主要強調臺灣社會的日本化。所以，臺灣時期的社會性治安因素突顯在臺灣人反殖民、反帝國、反內地化社會運動。主要的社會抗爭運動可分為兩階段：第一階段即是始於上述1895年5月臺灣民主國的成立，是以武裝戰爭的方式直接反抗日本統治，形成大有以「臺灣為中國的大陸化」對抗「臺灣為日本的內地化」態勢。

有關臺灣民主國的倡議者多認為清政府官吏以及臺灣本土士紳，其運動並未建立在臺灣一般大眾基礎上，是屬於前現代社會的士紳集團反抗外來統治者的行動，尚未建立基於主權在民的國民國家的抵抗運動。

第二階段起於1914年林獻堂與日本自由黨黨魁板垣退助共倡「臺灣同化會」的成立，該階段的源起主要是受到現代自由民主、民族自決及馬克思主義啟發的知識份子普遍覺醒，領導了非武裝的、社會及政治的抗日活動，例如在抗日運動中，林少貓的抗日事件，引起社會很大的關注。[47]因此，第二階段可再分為前後兩個時期，前期即民族主義運動的聯合陣線，後期則為民族主義運動與階級鬥爭運動的對抗。

檢視當時臺灣社會的對日抗爭運動，基本上，公開的社會運動具備右翼、合法的改良主義色彩，主張民眾與本土資產階

外，還必須肩負壓制臺灣民族主義高漲的責任。參閱：鹽見俊二，〈警察與經濟〉，周憲文，《臺灣經濟史》，（臺北：開明，1980年5月），頁950。

[47] 參閱：王曉波，《被顛倒的臺灣歷史》，（臺北：帕米爾出版社，1986年11月），頁1-119。

級都是殖民壓迫的受害者，應緊密團結一致反對殖民者，資產階級和普通老百姓不應因意識型態不同而分裂。然而，私下進行的左翼政治活動，則以社會主義思想的傳播、農民運動及工人運動爲核心，其終極目標是透過革命手段，推翻帝國主義的統治，馬克思主義思想也因而在這階段於臺灣傳播開來。[48]

以下，本節將就殖民政府實施內地延長、共學共婚，和皇民化運動所引發的社會性治安議題加以檢視。

一、內地延長的治安議題

「內地同化主義」簡稱「同化主義」，或稱「內地法延長主義」、「內地延長主義」。因此，「內地延長化」也就是要把日本內地（本土）的社會完全複製延伸到臺灣來之意。尤其是日本維新元勳、積極倡導自由與民權的板垣退助，特地於1914年3月、11月兩次來臺，與臺灣中部地方士紳林獻堂等人成立「臺灣同化會」。當時林獻堂接受「臺灣同化會」的設立，其觀念主要受到梁啓超啓示他效法愛爾蘭人的抗英模式，採用厚結日本中央顯要以牽制總督府統治臺灣人的苛政。

當時板垣退助所提〈臺灣同化會章程〉的第三條指出：本會以日本內地人及臺灣人組織之，相互親睦以厚其交際，渾然同化以奉報一視同仁的皇恩爲目的。[49]突顯臺灣人接受臺灣同化會宗旨的「享受與日本人同樣之權利待遇」；而在臺灣的日本人則認同臺灣同化會宗旨的「化育臺灣人使其與日本人同

---

[48] 陳芳明，〈左翼抗日運動的新探索〉，盧修一，《日據時代臺灣共產黨史》，（臺北：前衛出版社，1990年5月），頁1-2。

[49] 臺灣總督府警務局 編，《臺灣總督府警察沿革誌（三）》，（臺北：臺灣總督府警務局1933年12月刊行，南天書局1995年6月重印），頁16-17。

化」。

臺灣同化會的會員分爲名譽會員、特別會員、普通會員三種，全島加盟的結果，除了澎湖、臺東兩廳無人參加之外，共有會員3,178人，其中包括內地（日本）人44人（含名譽會員1人、特別會員1人、普通會員42人）。[50]總督府最初以要求該會不要干涉政治，許可其推行日語與移風易俗等性質活動，設定該會是一個對臺灣人進行社會文化侵略的教化團體。可是到了成立隔年的1月總督府即以「妨害公安」爲由，命令解散。臺灣同化會不僅只存在一個多月就失敗收場，蔡培火還因爲是臺灣同化會成員被迫辭去公學校訓導的職務。蔡培火身爲「臺語羅馬字普及運動」的提倡者，這個運動也是孤立的。原因被認爲是大部分的知識份子在面對來自日本殖民主義的同化壓力時，無法放棄以「漢民族之固有文化」和「漢字」來做爲抵抗方法的執著所致。[51]

相對的，反對同化論的陳逢源指出，要將臺灣人的民族性變成跟日本人相同是絕不可能，但是接受教育和經濟等環境的影響，可以漸漸地改變民族心理，而使之以人類共同的理想，來享受與異民族共同生活的利益，這種情況不叫做同化，而是「友聯」。所以，陳逢源就提出「友聯主義」（federalism）來代替「同化論」，主張殖民地臺灣與日本要成爲聯邦，前提當然是臺灣能高度自治。[52]所以，導致 1921年以後的臺灣同化會

---

[50] 臺灣總督府警務局 編，《臺灣總督府警察沿革誌（三）》，（臺北：臺灣總督府警務局1933年12月刊行，南天書局1995年6月重印），頁22。

[51] 吳三連等，《臺灣近代民族運動史》，（臺北：自立晚報社，1982年2月），頁22。

[52] 謝國興，《亦儒亦商亦風流：陳逢源（1893~1982）》，（臺北：

即被轉以臺灣議會設置，和臺灣文化協會等團體推動的社會改造運動所取代。

二、共學共婚的治安議題

共學共婚化指的是內臺共學制與內臺共婚化的全面性社會改造。內臺共學制特別針對控制臺灣殖民教育與教師訓練體系，以及箝制重要的文化性活動。所以，總督府於1926年設立文教局，在文化教育政策上，透過國語傳習所與國語學校，移植日本式的教育，全面壓制臺灣人的傳統漢文教育。

檢視1922年以前採取初等與中等教育區別的方式，在初等教育方面，臺灣有兩種不同的學校，一是專為日本幼童設立的小學校，另一種則是臺灣幼童唸的公學校。在中等教育方面，日本人就讀的學校是獨立的，臺灣人的學校則附屬於日本語學校。所以，內臺共學制的這種教育制度改變，是要延續1922年發布新的教育令，以利整個教育制度的趨於一致性，但臺灣人受高等教育的機會仍受到歧視而不平等待遇。

比較內臺共學制的對臺灣人不公平教育政策，相對地也改變了臺灣人受教育是少數人專利的傳統觀念，取而代之的是建立了每個人都應該接受教育的近代化社會觀念。所以，到了1944年，臺灣學齡兒童就學率高達71.1%，在亞洲可能僅次於日本。[53]而其中突顯日本除了在統治上最為實用的醫師養成教育之外，重點大多集中在產業技術面，對文法等社會學科的教育方面臺灣人仍是受到相當大的限制。總督府藉引導臺灣青年

允晨，2002年6月），頁116。

[53] 周婉窈，《臺灣歷史圖說（史前至一九四五年）》，（臺北：聯經，1997年10月），頁146。

從事既賺錢又遠離政治的醫師行業，一方面防止具有政治覺悟和文化意識的臺灣菁英向殖民政權提出挑戰。

因此，總督府在嚴厲箝制言論和出版自由方面，首先管制新聞紙的發行，必須獲得總督府的許可，但臺灣人日刊新聞紙除了《臺灣民生報》之外，從未獲得許可。至於由過去在東京以周刊方式發行的《臺灣民報》，在1927年8月才開始被許可遷回臺北印行，1930年3月改稱《臺灣新民報》，1932年4月15日起改版爲日刊報紙，這是日治臺灣唯一由臺灣人所辦的新聞報，也是持續刊行最久的機關報。[54]

《臺灣新民報》最早是由1918年林獻堂在東京以撤廢《六三法》爲目標組成「啓發會」，1920年改名「新名會」，並與「臺灣青年會」共同創立機關雜誌《臺灣青年》月刊，1922年4月改稱《臺灣》，翌年改爲漢文半月刊的新聞型態《臺灣民報》，同時10月改爲旬刊，到了1925年7月改爲週刊，1927年8月把發行所遷回臺灣。1941年日本已準備發動太平洋戰爭，對臺灣的言論控制更加緊密，《臺灣新民報》被迫改名《興南新聞》。1944年戰爭結束前一年的3月，又被迫與其他五家報紙合併爲全島唯一的《臺灣新報》。換言之，其他即使是日本出版的雜誌期刊，輸入臺灣時也必須接受嚴格檢查，甚至禁止進口來避免引發社會性治安。

至於，共婚化的社會性治安最早即發生在日治之初的鼓勵日本警察與原住民女子成婚的「內緣妻」政策。當時的部分日本警察縱然在內地已經結婚生子，但是其在臺灣娶高山族妻

---

[54] 黃得時，〈臺灣新文學運動概觀〉，李南衡 主編，《文獻資料選集－日據下臺灣新文學》（明集5），（臺北：明潭，1979年3月），頁287。

子的法律並不承認下，然又有婚姻之實，准許在戶籍上以「內妻」（妾）登錄。這一政策的實施，主要還是爲了血緣同化原住民社會爲最終目的。例如「內緣妻」的政略婚姻，包括馬赫坡社頭目莫那・魯道的妹妹，嫁給日本巡佐近藤儀三郎；曾經擔任霧社地區警察最高長官霧社警察分室主任的下山治平與馬烈巴社頭目道雷・亞猶茲的女兒貝克・道雷結婚；同樣曾經擔任霧社警察分室主任佐塚愛祐與馬悉多翁社頭目泰木・阿拉依女兒亞娃依・泰木的政令逼婚。[55]

因此，1933年《內臺共婚法》的通過，更突顯總督府藉由以解決內臺共婚化的適法問題，達成推動內臺一體的內地化社會目標。同時，回溯1915年以前針對原住民所實施的鎮壓式武裝理蕃，調整爲以撫育的化蕃政策。在1930年的爆發「霧社事件」之後，更促使理蕃政策轉而加強學校教育、日語學習、農耕栽培等教化手段。尤其經過蕃童教育畢業後從事的職業，包括警察、教師、醫生、護士等工作。

特別是1937年以後的理蕃政策，因而著重蕃地治安的確保，希望將蕃地的人力物資都納入戰爭體制內。總督府除了將蕃地編入普通行政區、加強蕃地取締、改稱蕃人爲高砂族，其目的就是要積極來達成內地化社會的目標，臺灣原住民文化因而被消滅殆盡。

三、皇民運動的治安議題

承上論，1930年發生重大影響治安的「霧社事件」，迫使總督府在1931年改以制定教化爲重的〈理蕃大綱〉，加強管理

---

[55] 參閱：下山一（林光明）自述，下山操子（林香蘭）譯寫，《流轉家族──泰雅公主媽媽日本警察爸爸和我的故事》，（臺北：遠流，2011年12月），頁10-31。

原住民的農民地，進而同化能夠效忠犧牲的日本帝國臣民。特別是1936年9月小林躋造繼任中川健藏爲臺灣總督，以「海軍南進論」爲架構，將「南進化、工業化、皇民化」合爲一體。

受到1937年7月7日中日開始全面戰爭的影響，總督府於9月配合〈臺灣總督府國民精神總動員實施綱要〉的實施戰時防務體制，以及1939年加速推動臺灣的工業化、南進基地化、皇民化。工業化是要將臺灣從一個以農業爲主的殖民地社會，蛻變成爲工業社會；南進基地化是要將臺灣從原來只屬於後勤調整成爲南進戰略的前哨；皇民化則是要改造與昇華臺灣人的人格，使其成爲道地日本人，不但可以具備從軍的資格，從而建構了皇民等於日本化，等於近代化的思考模式。

總督府檢討以往臺灣作爲日本的米糖倉庫而滿足，現在應調整成爲神國日本的南方玄關。同時，必須使居住於當地的人不愧爲神國日本的玄關子民，因而對所謂「本島人」（臺灣人）努力施行皇民化運動。皇民化運動爲皇國精神強化運動、發揚「皇民意識」，使「本島人」能成爲真正的日本人，即所謂的皇民化運動。[56]

所以，「皇民化」運動的內容主要包括：一、推行國語（日本語）運動；二、改姓名；三、宗教與社會風俗的改革；四、志願兵制度。因此，皇民化比先前推動同化會的內地化意義更爲強烈，尤其日本人擔憂當臺灣人在與同一民族的中華民國作戰時，日本政府對臺灣人的忠誠度產生極大的危機感。所以，廢止臺灣報紙的漢文欄，積極推行國語（日本語）常用運

---

[56] 近藤正己、林果顯 譯，〈「皇民化」政策的形成〉，薛化元主編，《近代化與殖民：日治臺灣社會史研究文集》，（臺北：臺大出版中心，2012年4月），頁537。

動，並撤廢偶像、改善正廳、更新牌位、改建寺廟，強制參拜神社，廢止舊曆正月儀式等，達到改造臺灣社會文化的內地化目標。

尤其，1940年開始實施改姓名方案，亦即是不論在精神上、形式上都讓本島人（臺灣人）與內地人（日本人）絲毫沒有兩樣之後，始能稱為完全的日本內地化，遂也引發臺灣人的激烈抵制，特別是林獻堂除了未配合皇民化運動的改變臺灣人的信仰與生活習慣、廢止漢文及推動國語之外，更明白的表示自己絕對不改姓名，並公開勸告親族。[57]

1941年總督府將改姓命的許可權由總督府警務局移至各州管轄。許可的流程，在提出申請後，文件由受理官廳移至所屬派出所，負責的警察則針對所分配到的家庭調查是否常用國語、戶主與家庭成員的品行、經歷、職業、思想傾向，及一心致力涵養皇國民資質的具體事例，並製作調查結果的報告書。

其次，以郡守及警察署長等為委員長，警察課長、庶務課長、督學、街庄長、國民學校校長、民間有力人士等為委員，組成審查委員會加以審議。經過州、廳的保安課與警務課的調查，待州知事、部長、警察部長、高等課長、保安課長、教育課長等之審議裁決而許可。改姓名改為由地方審議決定後，以國民精神總動員為中心，加速了改姓名的推動。

同時，總督府更配合日本的大政翼贊會，1941年4月在臺灣成立皇民奉公會，陸續組織了奉公壯年團、產業奉公團、挺身奉公隊、臺灣文學奉公會、臺灣美術奉公會、未婚女性的桔梗俱樂部，作為皇民奉公會別動隊，強調文學者必須秉持「皇

---

[57] 許雪姬等 編註，《灌園先生日記（十二）一九四〇年》，（南港：中央研究院臺灣史研究所，2006年9月），頁306-308。

民一員」的信念，以推動臺灣的皇民文化運動。[58]除了先後在日本東京召開的第一屆，和第二屆大東亞文學者大會、在臺北召開的大東亞文藝會議、臺灣決戰文學會議之外，更組成日本文學報國會臺灣支部，突顯臺灣作家在大東亞文化共榮圈的陰影下，文學思考與創作完全失去了自主性。

1944年1月總督府爲了因應臺灣開始實施徵兵制度，更進一步大幅放鬆許可條件。尤其是在西川滿創辦的《文藝臺灣》，和張文環、黃得時創辦的《臺灣文學》的這兩份刊物被迫停刊之後，揭櫫皇民文學大旗的工作改由皇民奉公會所出版的《臺灣文藝》，來遂行配合戰時體制在刀尖下，寫出歌頌日本軍國主義侵略行爲的「文學創作」。[59]《臺灣文藝》在1945年1月出版最後一期時，皇民化文學運動也隨著告一段落。

檢視以日籍作家爲主體的《文藝臺灣》，和以臺灣籍作家爲主體的《臺灣文學》，當這兩份雜誌之間的緊張關係，正是突顯了戰爭時期皇民化臺灣作家的迂迴抗拒與消極批判。因爲，這樣建構的皇民化文學是配合警察的驅策臺灣人去爲聖戰的完成而奮鬥，導致從左翼的楊逵，到右翼的龍瑛宗，其中包括呂赫若、張文環、楊雲萍，以及較爲年輕的陳火泉、周金波、王昶雄，都在這場文學爲名，政治其實的運動中受到損害和欺侮。[60]

[58] 柳書琴，《荊棘之道：臺灣旅日青年的文學活動與文化抗爭》，（臺北：聯經，2009年5月），頁453-456。

[59] 李南衡 主編，《文獻資料選集—日據下臺灣新文學》（明集5），（臺北：明潭出版社，1979年3月），頁499。

[60] 陳芳明，《臺灣新文學史（上）》，（臺北：聯經，2011年10月），頁33-34。

第六節 小結：軍國政府型態警察角色

軍國主義（militarism）與帝國主義的本質相同，特別是軍國主義更突顯其強調軍事武力戰爭的必要性。檢視民族主義時代臺灣涉外性治安議題，儘管帝國主義的殖民地，其取得及捍衛殖民帝國的成本，遠超過所獲得的利益。但也檢證殖民國家可以提供產品的新市場、增加就業機會、創造財富，並積極對外掠奪，更何況日本軍國主義政府實肇因於武士道，並善用傳統治安的全民戰鬥，突顯了民族主義時代日治臺灣的涉外性治安。

帝國型政治性治安突顯以1922年警察占人口數的密度為例，臺灣地區的警察密度已經是最高了。特別是標榜軍人專政的朝鮮，從住民人數的比例來看，警察的數目大約只是臺灣的一半，就面積比例而言，朝鮮每一平方公里有1.3名警察，臺灣則是3.1名警察，警察單位儼然成為臺灣的「地下總督府」，是典型警察政治的國家。[61]

統制式經濟性治安係以實施軍需工業為核心的由上而下資本主義化路徑，而且以作為低工資勞動力供給的寄生地主與佃農關係為基礎，建立起半封建性的農業結構，其工業資本發展模式則為國家資本及特權關係的產業資本，而此特權資本的發展模式特別突顯在1890年代發跡的日本財閥，因而其所導致臺灣農工業失衡、米糖業相剋，和專賣獨占的統制式政策議題引

---

[61] 在日本軍國主義的領土範圍，臺灣每一名警察管理住民的人數為547人、南樺太（庫頁島）572人、關東州797人、朝鮮919人、「內地」（本州地區）1,228人、北海道1,743人。參閱：臺灣總督府，《臺灣現勢要覽》，（臺北：臺灣總督府，1924年5月），頁45。

發一連串的經濟性治安。

內地化社會性治安是以臺灣總督府配合來自日本本土的實施皇民化政策，並透過警察體系來達成臺灣社會的內地化目標，警察成爲皇民化政策下的工具，致使警察有時必須處在臺灣人民的對立面。或許臺灣從來沒有真正與日本內地制度一致過，但是內地化的臺灣治安議題，由於日本支配文化的強勢壓境，不但導致臺灣社會的主體性日漸消失，更讓臺灣陷入國族與文化議題認同的社會性治安危機。

總結上論，日治時期臺灣治安史的結構與變遷，經由民族主義時代臺灣涉外性治安、帝國型政治性治安、統制式經濟性治安、內的化社會性治安，綜合形塑了日治時期殖民治安的軍國政府型態警察角色。不論從1895年至1901年的嘗試由「軍警察」改制爲「官警察」，經過1901年至1920年的由「警部」兼任「支廳長」，到1920年至1945年的由「郡守」兼掌「警察權」，再再都突顯了殖民治安對社會的兼具汲取性、保護性及生產性功能，殖民治安警察在與國家發展的關係中，亦充分扮演了首先維持秩序，其次打擊犯罪，最後才是扮演公共服務的角色。

中　編
現代警察與國家發展的軍領治安（1895～1987）

第七章　國治時期戒嚴治安的結構與變遷（1945～1987）

※財富的獲得是一種永無止境的過程，它只能由奪取政權來保障。因為，累積過程遲早必定會強迫打開一切既定的領土邊界。社會已進入了永無終結的獲得財富之路，不得不設計一個充滿活力的政治組織，能夠適應於永無終止的權力增長。※

（Thomas Hobbes）

近代臺灣治安史的結構與變遷，基本上在歷經代表歐洲的荷蘭、西班牙統治之後，主要經過三個性格迥異的帝國，包括：作為古典傳統世界帝國的清國、作為近代殖民帝國的日本、作為第二世界大戰後「非正式帝國」的美國所主導下國際競爭體系、世界資本主義體系和公民社會體系的邊陲處境，其中或編入或被庇護，刻劃出臺灣治安史上一段獨特的發展歷程。

　　而所謂「非正式帝國」的美國帝國，擁有自由主義的價值體系，內部有主權評等為核心的主權國家體系，以及資本主義經濟體系並存。這是一種志不在擁有殖民地之「無殖民地的帝國」，它的非正式帝國體系是透過在其他主權國家內所租借的土地上建構的軍事基地網絡，以及在東南亞地區典型可見的軸心—放射狀的安保同盟機制來維持。這是一個「基地的帝國」、「租地的帝國」，也是一個「據點的帝國」。[1]

　　而中華民國的國名，始自於孫中山在辛亥革命成功之後，在元旦發表〈臨時大總統宣言書〉，首句「『中華民國』締造之始」，次句即「夫『中國』專制政治之毒至二百餘年來而滋甚」。可見「中華民國」是新政府國號，國家還是「中國」。1949年後，中華民國在聯合國代表全中國；1971年聯大2758號決議承認中華人民共和國是中國在聯合國內唯一合法代表。所以，根據聯合國官方立場，中國主權一直包括臺海兩岸，也始終是創始會員國和安全理事會常任理事國。

---

[1] 若林正丈，《戰後臺灣政治史—中華民國臺灣化的歷程》，（臺北：臺大出版中心，2014年3月），頁85。

第一節　國治時期戒嚴治安議題

　　回溯1911年孫中山領導辛亥革命，推翻滿清政府，1912年元月孫中山依照〈臨時政府組織大綱〉就任臨時大總統，宣布中華民國成立，但臺灣、澎湖尚在日本統治之下；1945年日本戰敗，遂依據1943年11月〈開羅宣言〉（Cairo Declaration）約定，將臺灣、澎湖諸島歸還中華民國。1949年底的中華民國政府自中國大陸遷來臺灣，1950年5月宣布臺灣地區戒嚴，直到1987年7月宣布臺灣解嚴。

　　但是臺灣自1895年清治政府將臺灣、澎湖割讓給日本，一直到1945年歸還的這一段時間，已經在第六章有所論述。因此，本章所指國治時期臺灣戒嚴治安的時間是從1945年國民政府接收臺灣起，論述到1987年臺灣解嚴為止，至於1912年至1949年國府在大陸時期的治安史結構與變遷，仍將安排在本章的第二節加以檢視。

　　因此，國治時期臺灣戒嚴治安史的結構與變遷，主要探討20世紀中華民國如何在美、蘇兩大集團中的生存與發展，突顯極端主義時代國際性治安臺灣的主權、非法入境、危險物及武器販運、劫機、貪污與賄賂、恐怖分子活動等議題所引發的涉外性治安；在威權型政治體制治安主要是從蔣介石硬式威權和蔣經國軟式威權統治的議題，來檢視其引發的政治性治安；在家父長式經濟上則從貿易結構、產業結構等議題所引發的經濟性治安加以檢視；在黨國化社會方面是從公黨營企業、中小業等議題來探討社會性治安，最後，根據極端主義時代涉外治安、威權型治安、家父長式經濟治安、黨國化社會治安所綜合形塑了國治時期戒嚴治安戡亂政府型態的警察角色。

第二節　極端主義時代涉外性治安

　　極端主義時代的時間，指的是第二次世界大戰之後的
1945年到1987年蘇聯解體的冷戰期間。回溯1945年到1970
年代初期，美國的「非正式帝國」就是擁有壓倒性的實力
（power）。依據此一實力，美國不但可以影響對方國家的外
交政策，對於其國內政治更具有不對稱的巨大影響力；在國際
體系內則是在經濟、軍事、價值觀上佔據壓倒性優越地位，能
夠對多數國家發揮影力的國家。[2]

　　換言之，美國帝國主義和歐洲帝國主義最大的不同是美國
不是以佔有其他國家為主要目的，而是以取得據點和控制海洋
交通為主要目的；而且美國的帝國主義是一時的，只要其他國
家不染指與美國利益衝突的有關地區或基地，美國便無意繼續
擴張。

　　所以，戰後以美國為首的國際體系，是一種同時具有以帝
國為馬首是瞻所形塑經濟、軍事和價值觀的下層結構，以及反
映這種結構的以帝國為軸心—放射狀同盟關係的上層結構。極
端主義時代的國際就以這種結構為前提，對於體系內部的政治
體（國家）行使壓制性不對稱的影響力。

　　檢視國民政府1912年至1914年臨時政府時期的警政，中央

---

[2] 霍布斯邦（Erin Hobsbawn）指出，20世紀的從1914年起到1945年二
　　次大戰結束，可視為大災難的時期（Age of Catastrophe）；緊接著
　　1945年以後到1970年代的初期，它可以視為某種黃金年代（Golden
　　Age），是一段經濟成長異常繁榮，社會進行重大變遷的25年至30
　　年；而自1970年代晚期至該世紀末，則是一個解體分散、徬徨不
　　定，危機重重的年代。Erin Hobsbawn, 鄭明萱 譯，《極端的年代
　　1914-1918）》（上冊），（臺北：麥田，1996年11月），頁11。

將民政部改內務部，警政組織主要分為中央警察機關、首都警察機關和地方警察機關等三大部門。中央警察機關屬於內務部警務局，首都警察機關主要是採取巡警和衛戍交互運作的雙軌制，由江寧巡警路工總局負責，下轄各區的巡警署。[3]至於地方警察機關，中央要求各省所設的「部」改為「司」，縣級單位的警察機關有稱「民政部」者，亦有稱「警務科」者，名稱與職權不一，突顯1912年至1914年的政治局勢並未實質統一。[4]

1915年至1928年南北分裂政府時期的警政，是以孫中山為首的南方軍政府在大元帥之下設最高統帥部，稱之「大本營」。袁世凱北京政府則將晚清京師內外城巡警總廳合併的京師警察廳，直屬內務部。

1928年蔣介石北伐完成，但從1929年至1949年的政府則形成中央與地方分治的警政，政府為因應反國民黨言論的不斷升高，遂1932年4月蔣介石指定戴笠成立「特務處」，辦理「參謀本部特務警員訓練班」，9月軍委會成立「調查統計局」（簡稱軍統局），「特務處」改編為該局的第二處。[5]

另外，由負責黨務的陳立夫等人也在中央黨部成立「調查統計局」（簡稱中統局）。軍統局和中統局的上級指導單位則由委員長侍從室第六組負責。所以，在中國現代的國民黨政治史中，政治警察被稱為「特務（系統）」（戰後在臺灣，後來

---

[3] 參閱：韓延龍、蘇亦工 等著，《中國近代警察史》，（北京：社會科學文獻出版社，2000年1月），頁295-296。

[4] 陳添壽，《臺灣治安制度史──警察與政治經濟的對話》，（臺北：蘭臺，2010年2月），頁80-81。

[5] 楊明基，《從無名英雄到有名英雄──戴雨農先生的奮鬥過程》，（臺北：正中，1977年1月），頁86-87。

也被稱爲情（報）治（安）系統）。特務的工作不只是對外蒐集情報，也會對政權內部的政敵或者體制外的反對者進行情報蒐集、監視、逮捕、拘禁的工作，有時候也會變成執行恐怖攻擊的組織，是鞏固政治權力的重要工具之一。

檢視中華民國史上曾公布三次《戒嚴法》，第一次是1912年12月16日的《戒嚴法》，第二次是國民政府1916年7月29日北伐公布的《戒嚴條例》，和影響及於戰後臺灣戒嚴歷史，1934年11月29日國民政府訓政時期公布的《戒嚴法》，其特別指出，國內遇有非常事變，對於某一地域應施行戒嚴，國民政府得不經立法院之議決宣告戒嚴。[6]1936年4月政府鑑於各省市警察行政與警察教育的各自爲政，而統一警官教育又爲改革警政的張本，遂將警官高等學校改爲中央警官學校，蔣介石兼任校長。1943年政府提出「建警五年計畫大綱」，確定警政發展方針。

1945年8月抗戰勝利，蔣介石發布各省警務處長，胡福相被派任臺灣省警務處長，10月率領臺幹班師生來臺接收警政，進駐日治時期的臺灣總督府警察官與司獄官訓練所。[7]1947年1月1日起中國民國憲法的開始實施，國民政府改稱爲中華民國政府，1948年12月10日中華民國首次宣布全國性戒嚴。

一、極端主義時代國際性治安議題

由於1943年美國提出以美國、蘇俄、英國、中國的「四大警察」（four policemen），來維護國際性治安角色的不被接

---

[6] 薛月順等 編註，《從戒嚴到解嚴—戰後臺灣民主運動史料彙編（一）》，（臺北：國史館，2012年7月），頁3。

[7] 內政部警政署，〈顏世錫序文〉，《中華民國（臺灣地區）警察大事記》，（臺北：內政部警政署，1995年12月），頁1。

受，遂致形成20世紀以來，極端主義時代的50、60年代，以「非正式帝國」的美國國際競爭性國家和世界性資本主義體系，除了必須因應國內財政收支的赤字之外，還要負擔包括西歐國家的馬歇爾計畫（Marshall Plan）、中華民國、希臘與土耳其，以及對未開發國家的援助；再加上北大西洋公約組織和韓戰軍費的支出，並容忍以西德為主的歐洲國家和日本所採用的貿易保護與對美元的差別待遇政策。

尤其是布萊頓森林（Bretton Wood）會議勉強建立的國際貿易組織（ITO）協定，為了促進國際貿易發展，美國及其重要經濟伙伴乃於1947年在日內瓦行簽訂關稅暨貿易總協定（General Agreement on Tariffs and Trade, GATT）。但在1967年的甘乃迪回合（Kennedy Round）之後，鑑於國際貿易結果加深了國與國之間的互賴程度，國家競爭力改變了產業結構，石油危機與停滯性通貨膨脹迫使政府採取行貿易限制政策，以及浮動匯率造成美國貿易赤字，導致國際貿易轉而趨向保護主義。

因此，檢視極端主義時代國際治安環境，在1960年代以前由美國主導的「圍堵」（containment）策略，並未因美國改採取和解策略，就消弭了發生在共產主義與資本主義、極權體制與個人自由、無神論與宗教信仰之間的衝突議題。對照國共延續戰爭受到國際安全環境的制約，導致中華民國政府遷移來臺，以及戰後亞洲世局的轉變，突顯國共內戰即是美蘇兩大集團主導下的國際性安全議題。

檢視當時政府的涉外治安環境主要是藉由美國冷戰戰略中擔負起「協力者」的角色，不但獲得美國在經濟、軍事上的援助，更可以在國際上成為「一個中國」原則的受益者。對中華

民國政權而言，這是其中一項確保國家安全和政治正統性的重要來源。

可是到了1960年代末期，美國受到越戰的重擊，在國際上改以和解爲策略，以爭取「敵人的敵人」，但國際性治安環境並未達成美國重造國際社會新秩序的目標，因而更突顯極端主義時代主權、軍經援、非法入境、危險物及武器販運、劫機、貪污與賄賂、恐怖分子活動等議題所引發的治安議題。

二、戒嚴時期臺灣涉外性治安議題

1945年國民政府至1949年中華民國政府期間，政府在這階段治安工作的重點，在於警政的接收與重建。然而，1949年5月的宣布戒嚴，年底中華民國政府撤退來臺，國民黨進行權力核心結構的重大變革，確立戡亂戒嚴體制的正當性，積極推動警政一元化。迨至1971年中華民國退出聯合國，政府面對國內外政經情勢的變化，開始進行比較大幅度的政治自由化與警政現代化改革，這階段一直延續到1987年的政府宣佈解嚴。

因此，檢視延續國共戰爭臺灣涉外性治安議題，依據1943年11月《開羅宣言》（Cairo Declaration），協議日本將東北四省、臺灣、澎湖群島，須於戰後歸還中華民國，但從1949年8月美國發表〈對華白皮書〉、10月1日毛澤東在北京天安門廣場宣布成立中華人民共和國，至1950年6月韓戰爆發，美國雖仍在表面上承認中華民國政府，但拒絕繼續給予軍援，並將臺灣屏棄在美國西太平洋防線之外。直到韓戰爆發，改變了美國對遠東的政策。

杜魯門（Harry S. Truman）認爲中共若佔領臺灣，勢將直接威脅美國在太平洋區域的安全與利益，美國才恢復對中華

民國的支持，並恢復原已中斷的軍事援助。繼任總統艾森豪（Dwight D. Eisenhower）即以結束韓戰訴求爲其新政策，以中華民國暫不參加舊金山對日和約，另在三年內與日本單獨簽訂和約。換言之，從法理上論，1952年4月日本與中華民國在臺北簽訂《中日和約》才是至今界定臺灣主權歸屬及國籍移轉的最後一個國際性條約。[8]

換言之，臺灣涉外關係自《波茨坦宣言》、《開羅宣言》，乃至於《舊金山和約》及《中日和約》才確立中華民國在臺澎金馬的主權地位。1954年12月美國與中華民國在華盛頓簽訂《中美共同防禦條約》（The Sino-U.S.A. Mutual Defense Treaty）。條約內容旨在重申締約國對聯合國憲章的信心及和平相處的願望，並欲增強在西太平洋區域的和平機構；以光榮的同感，追溯上次大戰期間，兩國爲對抗帝國主義侵略，團結一致的並肩作戰關係；願公開宣告精誠團結，抵抗外來武裝攻擊的共同決心，俾使任何潛在侵略者不會妄想孤立在西太平洋區域的任一締約國；並願加強兩國爲維護和平與安全，而努力建立集體防禦西太平洋的區域安全制度。[9]

1955年1月通過《臺灣決議案》（Formosa Resolution），進一步確保了中華民國的國際地位，和臺澎金馬的安全。特別是中共受到《中美共同防禦條約》的影響，1957年8月23日發動猛烈炮轟金門，造成臺海治安史上的另一大危機，促使美國檢討在國際安全上是否有必要改變對中國大陸實施的圍堵政策，

---

[8] 林滿紅，《晚近史學與兩岸思維》，（臺北：麥田，2002年10月），頁50、57。

[9] 袁文靖，《美國對華政策─繼續協防臺灣》，（臺北：國際現勢週刊，1978年12月），頁283。

和嚴肅面對同年8月中共的〈北戴河會議〉決定推動「人民公社化運動」和「生產大躍進運動」。

因此，檢視1950年代臺灣涉外性治安議題突顯美國對國府的軍事和經濟援助。回溯1948年7月中美政府在南京簽訂《中美經濟援助協定》，美國經援27,500萬美元，但因國共內戰，實際僅支用17,005萬美元，餘數則又由美國政府移用於東南亞地區。惟在國共內戰後期，美國對國民政府由支持轉爲放棄，美援也隨之由撥款轉爲中止；韓戰爆發後美國恢復對臺援助。美國軍事援助先運抵臺灣，隨後也恢復經濟援助，並將前未撥付的援款餘額延用至1950年6月底止。[10]

初期的美援以政經安定爲主要目標，然而，美援的目的並非出自人道主義關懷，而是要將臺灣地區變成圍堵體系的一環，是軍事戰略性的手段。所以，美援對於臺灣紡織工業，因棉花自美國進口而受惠，卻對臺灣肥料工業發展產生不利影響。美國爲了解決盟軍佔領下日本的缺糧與工業復建問題，曾於1950年9月透過盟軍總部的安排，要我國和日本簽定《中日貿易協定》，規定臺灣自日本進口肥料及其他工業產品，並出口米、糖及其他農產品，這協定透過每年的更新，使政府在1950至1965年間不得不將肥料進口稅固定於5%，因而造成臺灣在關稅收入的損失，和政府原先的整建與發展計劃。[11]

1970年美援物質的運抵臺灣，宣告美國爲解決援外經濟的

---

[10] 美國對臺軍經援助金額，從1950年起至1967年止，屬贈與之金額為3,575.3百萬美元，屬貸款之金額為394.7百萬美元，所占比率分別為90%與10%。趙既昌，《財經生涯五十年》，（臺北：商周文化，1984年7月），頁11。

[11] 尹仲容，《我對臺灣經濟的看法》（初編），（臺北：行政院經設會，1963年11月），頁12。

龐大負擔，也爲了冷戰帶來危機的氛圍，決定改變全球的軍事戰略，以對話代替對抗，臺灣涉外關係進入險峻挑戰。美國的軍事援助，直到1974年結束爲止，總金額約計25億6,600萬美元，至於經濟援助方式，是依據《公共安全法》（Mutual Security Act, MSA）到1965年爲止，總計約15億美元。[12]

溯自1957年3月臺灣發生涉外性治安的「劉自然事件」，又被稱爲「五二四事件」。事情經過是服務於國民黨陽明山革命實踐研究院的黨務人員劉自然，在美軍眷屬區被美軍顧問團上士雷諾（Robert G. Reynolds）開槍打死。據雷諾指出，劉自然被他發覺偷窺他太太洗澡，因劉自然持棍子，他爲了自衛才開槍。當我國警方前往調查，卻遭阻止，理由是依《中美共同防禦條約》規定，美軍顧問團屬美國大使館一部分，享有治外法權，美軍犯罪由美方處理。事後，美軍軍事法庭以「罪嫌不足」宣判兇手無罪，5月24日劉自然遺孀前往美國大使館門前抗議，聚集的民眾，包括中國青年反共救國團團員，高喊殺人償命，以石頭、磚、木棍攻擊大使館；另有一部分群眾圍攻美國新聞處和美軍協防司令部，並將不滿政府退守臺灣，及對趾高氣昂的外國人累積不滿情緒，轉而對警車縱火，政府宣布臺北市及陽明山地區進入戒嚴，晚上實施宵禁，最後由衛成部隊將群眾驅散，然而被捕的民眾多達111人，被起訴的有40人，最後只有7人被判處1年至6個月有期徒刑。

該治安事件的癥結在於美軍所享有不受當地法權管理的特權，最後結果竟導致外交部長葉公超和駐美大使董顯光向美國正式道歉，衛成司令黃珍吾、憲兵司令劉煒、警務處長樂幹等

---

[12] 若林正丈，《戰後臺灣政治史──中華民國臺灣化的歷程》，（臺北：臺大出版中心，2014年3月），頁82。

人被撤職，俞鴻鈞閣揆的職務也改由副總統陳誠兼任。1958年7月臺灣警備總司令部成立，接管原保安司令部，並合併臺灣防衛司令部、臺北衛戍司令部、臺灣省民防司令部，改隸國防部，執行臺灣本島戒嚴任務。

換言之，臺灣涉外性治安議題面臨1958年10月美方迫使蔣介石放棄武力光復大陸，但越戰使美國陷入泥沼，蔣介石欲藉此機會反攻大陸，遂於1965年9月派蔣經國以國防部長身分訪美，向美國國防部提出了國軍登陸西南五省，徹底解決中國大陸援越使美國進退失據的困境。[13]以及1966年加拿大提議聯大研究中國代表權問題，後因中國大陸發生文化大革命而自顧不暇，有關中國代表權的議案遂擱置下來。

換言之，早在1961至1968年間的甘乃迪（John F. Kennedy）與詹森（Lyndon B. Johnson）總統任內，臺灣涉外治安議題就已受到國際姑息主義瀰漫、越戰，和中國大陸與蘇聯關係惡化，開始謀求改善與中國大陸關係的影響。尤其是1961年1月甘乃迪繼艾森豪之後出任美國總統，其政府在內政外交倡導「新境界」（New Frontier），在國際裁軍問題、中國大陸對東南亞自由民主國家的威脅，和聯合國中華民國代表權的僵局，極欲與中華民國的外交關係有所突破。

1970年代是中華民國政府涉外失落的10年。1969年1月尼克森（Richard M. Nixon）提出以「談判」（negotiation）代替

---

[13] 此一計畫的英文代號是GT-5，即「大火炬五號」（Great Torch Five）之意，在這個計畫下，國軍由美國海空軍掩護並運送下，登陸廣東、廣西、雲南、貴州、四川五省，切斷中共援助越南對抗美國的腹地和補給線。陶涵（Jay Taylor）著，林添貴譯，《蔣介石與現代中國的奮鬥（下卷）》，（臺北：時報文化，2010年3月），頁591。

「對抗」（confrontation），4月時任行政院副院長蔣經國再度赴美訪問，在紐約遇刺不遂，兩名兇手黃文雄、鄭自才均來自臺灣，具「臺灣獨立聯盟」背景，暴露蔣介石執政時期臺灣涉外性治安議題的複雜性與困難度。1971年7月季辛吉（Henry Kissinger）密訪中國大陸，與周恩來會談有關中華人民共和國加入聯合國等議題。1971年10月聯合國通過重置（恢復）中華人民共和國在聯合國的一切合法權利，重創中華民國涉外主權議題和在國際上活動空間。尤其是1971年6月美國與日本簽署沖繩返還協定，1972年5月美國將釣魚島列島的行政管轄權隨同沖繩主權一起交還於日本，日本開始實際控制釣魚臺群島，而臺灣及中國大陸在1971年開始對日本對釣魚島行使主權提出抗議的「保釣運動事件」。特別是在發現釣魚臺周邊海底蘊藏豐富的資源之後，更重視釣魚臺列島的主權議題。

　　臺灣涉外性治安議題緊接著受到1972年美國與中國大陸發表〈上海公報〉（Shanghai Communique）聲明，和1978年卡特（Jimmy Carter）政府宣佈與中華民國斷交、撤出駐臺美軍、廢止共同防禦條約及終止與臺灣所有官方關係，承認中華人民共和國才是代表中國唯一合法政府的衝擊。尤其在〈上海公報〉提出的中國政府堅決反對任何旨在製造「一中一臺」「一個中國、兩個政府」、「兩個中國」、「臺灣獨立」和鼓吹「臺灣地位未定論」的論題，美國方面則接受只有「一個中國」的立場。

　　1979年美國國會通過《臺灣關係法》（Taiwan Relations Act），它是美國以國內法來規範與一個非邦交國家的關係，一定程度上認可了臺灣的主權地位，因其主要內容認定任何試圖以和平手段以外之方式，包括經濟抵制或禁運，決定臺灣之

未來，將被認為乃對西太平洋和平與安全的一項威脅，為美國所嚴重關切，美國將提供臺灣防衛性武器，維持美國的能力，以抵抗任何可能危及臺灣人民安全、或社會經濟制度之武力行使，或其他形式的強制行動。

1980年雷根（Ronald W. Reagan）就任美國總統，1982年與中國大陸簽署〈八一七公報〉，宣稱逐年減少對臺軍售，但仍將根據《臺灣關係法》售予臺灣防衛性武器，和繼續發展與臺灣的關係。《臺灣關係法》背後突顯美國必須保有臺灣這個亞太地區的重要據點，中華民國政府在涉外治安議題上遂改採取「彈性外交」推動對外實質關係與經貿活動。

但在1984年10月發生重大涉外治安的「江南命案」，緣起旅美作家劉宜良（筆名江南）在美國舊金山住處遭到兩名不明人士的槍殺斃命。此案牽涉中華民國軍事情報單位幕後指使幫派份子謀害殺人，對美國而言，是臺灣的國家特務單位在美國領土槍殺了一位美國人，是極其嚴重的侵犯主權與犯罪行為。1985年4月「江南命案」依中華民國戒嚴時期的軍法判決相關人員罪刑。[14]

這一涉外性治安議題，劉宜良家屬後來在美國控告中華民

---

[14] 被槍殺的劉宜良（筆名江南）著有《蔣經國傳》一書，根據其自序所寫，1950年年末，加入國防部政治幹部訓練班，班主任正是蔣經國；後來到空軍擔任政工官，再入幹校，1954年1月在該校舉行畢業典禮之際，因故離去。亦即劉君從1949年到臺灣，1967年赴美為止，共十七寒暑，兩度做過蔣經國的學生。劉君稱自己是個自由主義很強烈傾向的人，是否因撰寫《蔣經國傳》後，有意寫《吳國楨傳》，會抖出更多蔣經國難堪內幕，才引來被殺，抑或其被發現有兩岸雙面間諜，又是美方線民之嫌，至今未解。參閱：江南，《蔣經國傳》，（臺北：前衛，1997年1月），頁25-31。

國政府，1990年政府付145萬美元「人道慰問金」和解，蔣經國雖已於1988年去世，但此案已對臺灣軟式威權統治時期的涉外性治安造成不小衝擊。1988年李登輝政府轉以「務實外交」取代「彈性外交」，以因應臺灣的涉外性治安議題。

第三節　威權型政治性治安

　　國民黨政治菁英依靠侍從主義（clientelism）方式，從臺灣社會贏取政治支持的手法，也為階級政治之所以沒有在臺灣發生提供了間接的貢獻。國民黨政治菁英藉由對黨國資本主義體制所控制與汲取的獨占性經濟資源進行策略性運用，構築出一套「二重侍從主義」的機制，藉以從臺灣社會贏取政治支持。換言之，臺灣威權型政治性治安突顯在威權主義（authoritarianism）的強調軍事治理角色，其統治集團通常由社會上不同菁英團體共同組成，他們以公開或非公開的方式聯合遂行寡頭統治，以保障其自身權益，並維護統治權於不逾。

　　因此，檢視戰後臺灣政治體制的演變是從「戡亂動員體制」、「硬性威權主義」（hard authoritarianism）到「軟性威權主義」（soft authoritarianism）」的權力轉移過程，並在九〇年代的中期以後，出現從軟式威權主義轉型到自由民主的體制。承上所論，本節將威權型政治性治安的分為：第一，從1945年至1949年中華民國政府撤退來臺的戡亂動員體制的治安議題；第二，從1950年至1975年蔣介石實施硬式威權體制的治安議題；第三，從1976年至1987年蔣經國實施軟式威權體制的治安議題加以檢視。

一、戡亂動員體制的治安議題

戰後臺灣雖然脫離日本殖民統治，然而國共戰爭的如火如荼，導致臺灣治安仍未能脫離戰時動員的軍人角色。檢視臺灣戡亂動員體制的政治性治安議題可溯自1944年4月，國民政府在中央設計局設立「臺灣調查委員會」，派陳儀為主任委員，並在〈臺灣省接管計劃綱要〉中，規定「預備實施憲政，建立民權基礎」、「接管後，應積極推行地方自治」。

因此，1945年10月25日臺灣行政長官陳儀，代表中國戰區最高統帥蔣委員長，在臺北市公會堂（今中山堂）二樓（今光復廳）主持受降典禮，日方由臺灣總督安藤利吉代表全體日人投降，美軍也派代表到場。臺灣人民並從這一天起恢復中華民國國籍，也同時被賦予了「省籍」。[15]

檢視1945年抗戰勝利至1947年7月政府頒布〈戡亂動員綱要〉的綏靖期間，依據《臺灣省行政長官公署組織條例》，臺灣雖不依行與大陸各地同樣的省制，而採取由中央政府所任命之行政長官掌握政府的行政、立法、司法等大權。由於當時中國國民黨負責臺灣黨務工作的組織尚未建置完成，黨的權力運作還是委由行政長官維持類似日治時期總督府的統治模式來推動。

在這戡亂動員的綏靖期間，臺灣從1946年3、4月間選出縣市參議員（及其遞補者）；1946年4月15日選出省參議員（及

---

[15] 依據1931年制訂的《戶籍法》規定，「籍貫」是一種顯示個人與其男性祖先所來自的特定省、縣之間的關聯之分類觀念，戰後本省人與外省人的稱呼由此而起。換言之，所謂的「籍貫」並不一定是個人的出生地，也不一定是指父親的出生地。但是「籍貫」這一概念，直到1992年《戶籍法》的修訂以前，卻關係到國家考試的法定名額，以及中央民意代表分配的法定人數。

其遞補者）；1946年8月選出臺灣地區國民參政員；1946年10月底選出制憲國民大會臺灣省代表；1947年底選出行憲國民大會臺灣省代表；1948年初選舉產生的臺省監察委員；1948年1月下旬選舉產生的臺省立法委員，以上七種職稱的民意代表，可以分為三個等級，即縣市、省，即中央三級的民意代表機構，代表民意行使職權。[16]

　　然而，1947年2月28日臺灣因警察查緝私菸，不幸爆發「二二八事件」，警備總司令部宣布臺北市臨時戒嚴，引發大陸人和臺灣人之間省籍和族群對立的政治性治安議題。當「二二八事件處理委員會」提出〈處理大綱〉，國民政府蔣介石主席曾於總理紀念周上指出，臺灣省所謂「二二八事件處理委員會」所提出的無理要求，包括取消臺灣警備司令部，繳械武器由該會保管，並要求臺灣陸海軍皆由臺灣人充任，此種要求已踰越地方政治範圍，中央自不能承認，而且又有襲擊政府機關等不法行動相繼發生，故中央已決派軍隊赴臺，維持當地治安。因此，3月8日深夜奉命來臺的整編第二十一師主力從基隆上岸，其後一個星期的軍隊暴力鎮壓，逮捕濫殺行動隨即展開，有不少臺籍菁英份子以及基層百姓，在這個期間喪命，乃至中部地區有組成所謂「二七部隊」。[17]17日政府派遣國防部長白崇禧來臺並下令「禁止濫殺，公開審判」，軍警情治單位由此收斂，許多已判死刑犯人，得以免死，判徒刑者，或減刑，或釋放。[18]然而，5月因米價飛漲，學潮如排山倒海而

[16] 李筱峯，《臺灣戰後初期的民意代表》，（臺北：自立晚報，1986年2月），頁2。

[17] 有關「二七部隊」成立經過與發展，參閱：陳芳明，《謝雪紅評傳》【全新增訂版】，（臺北：麥田，2009年3月），頁241-256。

[18] 白先勇、廖彥博，《療傷止痛：白崇禧將軍與二二八》，（臺北：

來，「反飢餓」、「反迫害」的罷課請願運動洶湧，政府宣布實施〈維持治安臨時辦法〉。[19]

承上所論，蔣介石在「二二八事件」的政治性治安議題上，初起即認定此事是中國共產黨的陰謀，而決心加以剿平的心態，影響後來所採取的血腥鎮壓及清鄉的激烈行動。檢視「二二八事件」政治性治安議題的發生與後果，政府撤換陳儀，臺灣行政長官公署改組為臺灣省政府，改由文人魏道明接任省府委員兼主席和臺灣省警備總司令，同時宣布結束戒嚴、廢止郵件檢查、重申新聞自由，並開始推動地方性選舉。

換言之，「二二八事件」突顯了國家機器對臺灣治安的短期有效壓制。但是檢視所發生的這一治安事件，卻導致1948年春廖文毅與謝雪紅等人組成的「臺灣再解放同盟」，1950年2月廖文毅、邱永漢等人組成的「臺灣民主獨立黨」，以及隨後在東京組成的「臺灣共和國臨時政府」，並由廖文毅出任總統。

然而，在這場有關臺灣政治權力的移轉中，更因事關1948年3月蔣介石、李宗仁當選為中華民國第一屆總統、副總統，和5月實施《動員戡亂時期臨時條款》和《戒嚴法》，突顯「戡亂戒嚴」與「民主憲政」體制並行的正當性。因為，1948年1月的行憲和修正的《戒嚴法》，將公布機關改為總統，且應於一個月內提交立法院追認，如遇立法院休會期間，應於復會時即提交追認。此外，接戰地域內軍事機關得自行審判或交法院審判之罪，包括「其他特別刑法之罪者」，擴大戒嚴司令

時報文化，2014年3月），頁5-7。

[19] 郭廷以，《近代中國史綱》，（香港：中文大學，1976年9月），頁781-782。

官之權，得解散集會結社及遊行請願、限制或禁止人民之宗教活動有礙治安者，對於人民罷市罷工罷課及其他罷業得禁止及強制其回復原狀。1949年1月最後一次修正，還將軍事機關得自行審判或交法院審判之罪擴大適用於警戒地域。惟依該《戒嚴法》的規定，〈戒嚴令〉之公布須經總統之宣告與立法院之通過或追認。[20]

　　1949年1月陳誠接任臺灣省政府主席兼臺灣省警備總司令、彭孟緝為副總司令，蔣經國為臺灣省黨部主任委員，這是所謂「白色恐怖」時期的開端。[21]蔣介石在總統職位引退但仍擔任中國國民黨總裁，由李宗仁代理總統職權後，撤銷〈戡亂總動員令〉，停止《戒嚴法》的實施。11月李宗仁稱病出國治療，立法委員、監察委員，及國大代表先後聯電蔣介石復行總統職權，同時促請李氏返國；12月國民黨中央政府撤退到臺北。

　　檢視這一段期間臺灣的政治性治安議題還包括：發生於1949年4月的「四六事件」，該事件發生於1949年3月19日晚上，臺大和師院兩名學生，共乘一輛腳踏車從士林回學校時遭警員取締，雙方起爭論，執勤警員被激怒動手打了學生。兩名學生分別回到宿舍，兩校的住校生大約400人集體包圍警員服

[20] 參閱：薛月順等 編註，《從戒嚴到解嚴──戰後臺灣民主運動史料彙編（一）》，（臺北：國史館，2012年7月），頁3-4。

[21] 陶涵（Jay Taylor）著，林添貴 譯，《蔣經國傳》，（臺北：時報文化，2000年10月），頁192。1952年1月吳國禎曾向蔣介石抱怨「祕密警察橫行」，如果蔣經國繼續領導祕密警察，必將「成為人民仇恨的對象」。參閱：陶涵（Jay Taylor）著，林添貴 譯，《蔣介石與現代中國的奮鬥》（下卷），（臺北：時報文化，2010年3月），頁587。

務的第四分局，要求分局長出面解釋，督察長趕到處理，學生不能接受，並請督察長到臺大宿舍前面廣場，但分局長始終未出現，學生開始隔天的罷課示威。嗣經臺北市警局承諾會要求警察改善處理違規事件的態度，示威學生才散去。

　　3月29日臺北市許多大學生成立學生聯盟，以「結束內戰和平救國、爭取生存權、反飢餓、反迫害」為口號遊行，晚間在臺大法學院舉行青年營火晚會。事後，臺灣省主席兼臺灣警備總司令陳誠擔心臺灣治安受到當時大陸學生與軍隊衝突的影響，於是下令清查學運主謀。4月5日晚上警備總部派人進入臺大、師院校園逮捕學生28人，引發軍警與師院學生的對峙。6日警總下令強制逮捕學生200多名。8日被捕學生有100多人由家長具保領回，有19名移送法辦。政府為表示對該事件的負責，謝東閔辭去師院代理院長職務。[22]受到該事件的影響，5月20日起臺灣省實施戒嚴，正式進入「戒嚴時期」，隨即展開戶口總檢，全省違檢被拘留者1,500餘人；27日臺灣省警備總部根據〈戒嚴令〉制定〈防止非法的集會、結社、遊行、請願、罷課、罷工、罷市、罷業等規定實施辦法〉和〈新聞、雜誌、圖書的管理辦法〉，以有效維護社會治安，徹底掌控臺灣，以致引來政府被批評不民主、不重視人權。

　　接著1949年7月發生澎湖因軍方強徵學生入伍充當兵源，

---

[22] 1950年政府訂定〈戡亂建國教育實施綱要〉，加強三民主義等政治課程，1952年規定高中以上學校都須設軍訓室。1997年臺大校務會議決議通過成立「四六事件資料蒐集小組」，由黃榮村擔任召集人。1999年4月3日公布更多詳細資料指出，「四六事件」發生前，臺大學生社團有麥浪歌詠隊、耕耘社等20多個，且有臺大集師院學生的壁報區，被學生戲稱「民主走廊」。事件發生時，多位麥浪歌詠隊及耕耘社學生都被捕，有三位耕耘社學生被槍斃。

導致血腥鎮壓的「七一三事件」。該事件的發生緣於山東煙臺聯合中學校長張敏之帶領八千多名師生流亡到澎湖，澎湖防衛司令李振清、三十九師長韓鳳儀等人欲強徵學生入伍充當兵源，導致發生軍方血腥鎮壓的衝突事件。這事件又稱「山東流亡學生事件」，校長張敏之、分校校長鄒鑑和五位同學最後遭到槍決，另有41位羈押入獄，並受9個月的感化教育，61人歷經酷刑，受到管訓或個別看管等不當待遇，全案株連師生109人，還有因而被列入黑名單者更不計其數。[23]

同時，在臺北的臺灣省郵政管理局，則因為郵電改組暨郵電員工分班糾紛，引發了怠工請願的社會抗爭風潮，更加速延續國共內戰政治性治安事件在臺灣的表面化和激烈化，尤其是針對戰後「臺灣共產黨」從「臺共省工委」、「臺灣民主自治同盟」，以及「重整後臺共省委」等共產黨組織的一連串破壞治安活動。[24]

因此，政府為穩定臺灣治安，對投共、擾亂治安、金融及煽動罷工罷課罷市等份子皆依《動員戡亂時期懲治叛亂條例》處以重刑，以遏止共產黨在臺灣蔓延的勢力。1949年8月陳誠

---

[23] 該事件直到1998年，依據「戒嚴時期叛亂及匪諜案件和不當審判補償條例」，被害人與其家屬才獲得平反。這歷史事件，校長張敏之因為抗議將他的學生拉進部隊當兵而犧牲，他的夫人王培五女士更背負「匪妻」的忍辱生活，除了必須撫育小孩外，先後在屏東萬丹初中、臺北建國中學等校教書，1969年王女士赴美，直到獲得平反隔年的1999年，口述出版了《十字架上的校長—張敏之夫人回憶錄》一書，2014年6月在美辭世，享壽106歲。參閱：陳添壽，《臺灣治安制度史—警察與政治經濟的對話》，（臺北：蘭臺，2010年2月），頁127。

[24] 郭乾輝，《臺共叛亂史》，（臺北：中國國民黨中央委員會第六組，1954年4月），頁45-57。

被任命管轄江蘇、浙江、福建、廣東的東南軍政長官，並決定成立臺灣防衛司令部，任命孫立人為防衛司令官。9月更透過改組臺灣省警備總部後的臺灣省保安司令部，派彭孟緝為司令，加強入境臺灣檢查，嚴格取締縱火的破壞社會秩序行為，舉發與肅清中共間諜，禁止與中共地區的電信往來等措施。12月院會決議改組臺灣省政府，陳誠免兼臺灣省主席，改由吳國楨接任。

在此同時，為了徹底使臺灣免於國共內戰的影響，當時臺灣省主席兼兼臺灣省警備總司令陳誠還特別採取三項措施，第一是在大陸上的銀行，一律不准在臺灣復業，以免擾亂金融；第二是在大陸上公私立大學，一律不准在臺灣復校，以避免學潮；第三是大陸上的報紙，除了南京「中央日報」之外，一律不准在臺灣復刊，以避免混淆視聽。並且要求從高雄或基隆登陸的軍隊，一律按實際人數加以收編，不得帶武器上岸，以避免影響臺灣治安。

二、硬式威權體制的治安議題

1950年3月1日蔣介石復任總統職務，並以電報告知李宗仁，希望他以副總統的身份做專使，在美國爭取外援。[25]同時，為了強化治安工作，並將原非正式單位的政治行動委員會，改稱總統府機要室資料組，由蔣經國擔任這個資料組主任，重建臺灣的情治系統。4月臺灣開始實施綏靖與清鄉的治安工作。同時，檢討在大陸的軍事失敗，是因為政治性治安工作不如中共，中共軍之所以有今日的發展和勝利，主要歸功於他們對政治的作戰。

---

[25] 李宗仁 口述，唐德剛 撰寫，《李宗仁回憶錄》（下冊），（香港：南粤，1986年3月），頁665-671。

所以，當蔣介石復職總統後，隨即宣布成立國防部總政治部，重建軍隊的政工來加強思想教育，竭誠服膺領袖的領導，並透過黨的組織建置來掌握軍隊，但隨著1950年4、5月戰事再失利，政府的相繼棄守海南島、舟山島，轉而全力固守臺澎金馬，政府從抗日勝利的頂峰跌落到成為流亡臺灣的谷底悲劇。[26]

　　因此，檢視政府面對兩岸戰爭局勢和鞏固領導中心，乃透過強化硬式威權政治結構的重組，首先進行中國國民黨的改造工作，成立中央改造委員會的目的在：第一，明定黨的屬性為革命民主政黨；第二，裁撤中央監察委員會，採評議委員會制，促使領導更趨於一元化；第三，注重基層組織與民眾團體；第四，建立幹部制度；第五，確立新的黨政關係。[27]

　　改造的目標是要貫徹以黨對政、軍、警、情治，及工會、商會、漁會、農會、青年、婦女、文化界等社會團體的指揮機制，建立「以黨治國」的威權體制，並強烈主張代表的是中國合法正統，不容許有任何反對言論和行動的對政權提出挑戰。改造時間是從1950年8月起到1952年10月國民黨召開第七次全國代表大會開幕之日止。

　　國民黨組織改造的結果，在消極方面，要把失敗主義的毒素徹底肅清，要把派系傾軋的惡習痛切悔改，要把官僚主義的作風切實剷除；在積極方面，關於基層組織的充實，幹部制度的建樹，黨政關係的確立，教育訓練的實施，文化事業的鼓

----

[26] 梁敬錞，《中美關係論文集》，（臺北：聯經，1982年12月），頁148。

[27] 中國國民黨黨史會，《至公至誠的中國國民黨》，（臺北：近代中國社，1991年11月），頁232。

勵，民眾運動的發展，社會調查的舉辦，設計研究的進行，大陸工作的策劃，海外黨務的發展，紀律與考核的執行，以及財務與黨營事業的整頓，較之於改造以前，顯然已有相當的成績與進展。由於黨政關係制度的建立，各級黨政民意機關中政治小組，政治綜合小組，以及黨團的運用，使黨政工作互爲表裏，相得益彰。而且已早在1949年10月開始在陽明山創辦革命實踐研究院，有計劃的調訓黨內高級和中級幹部。[28]

1952年10月國民黨召開第七次全國代表大會，並通過修改黨章，藉由中央委員會的組織結構，接掌原已運作的中央改造委員會職權。中央委員會閉會期間則透過中央常務委員的權力核心執行黨務工作，對中央委員會負其責任。這次的全國代表會議結果，正式宣告陳果夫、陳立夫兄弟（所謂的CC派）、宋子文、孔祥熙、孫科等重量級人士，和閻錫山、白崇禧、楊森等多位將校紛紛被解除軍職，而被排出權力核心，蔣介石第一次完全控制中國國民黨，硬式威權體制獲得更進一步的鞏固。

因此，政府爲鞏固硬式威權體制還採取凍結總統、中央民意代表的選舉，只局部開放具有象徵意義的地方性選舉，會有這樣的選舉方式的考量，一方面可以突顯實施民主政治，另一方面也使人們能有效地表達言論的自由，而且只需要花費極少的成本。對於中央民意代表方面，立委、監委則依據大法官1954年1月30日釋字第31號解釋：「在第二屆委員未能依法選出集合與召集以前，自應由第一屆立法委員、監察委員繼續行使職權」；國大代表，則適用憲法第28條「每屆國民大會代表

---

[28] 張其昀，《黨史概要》（補編），（臺北：中央文物供應社，1979年3月），頁2065-2066。

之任期至次屆國民大會開會之日為止」的條文。第一屆國大代表的任期與立委、監委一樣，實際上無限期延長，形成舉世罕見的「萬年國會」。

　　對於不會影響權力結構的地方性選舉，政府依據1950年4月制定的《臺灣省各縣市實施地方自治綱要》[29]，於1951年12月及1954年4月分別選出第一、二屆臨時省議員；1957年4月及1960年4月分別選出第一、二屆省議員；縣市長則於1950年10月、1954年4月、1957年4月，及1960年4月分別選出第一屆至第四屆的縣市長。[30]這是透過籠絡地方政治精英及結合地方仕紳的策略，實施既能以民主選舉號召，又能兼顧確立威權體制治安的有效雙軌制，繼續以〈動員戡亂時期臨時條款〉及〈戒嚴令〉，限制人民的言論、集會、結社、出版，及新聞等自由，並強調以「法統說」來掌控國會的權力運作。

　　1953年6月政府制定《警察法》，凡警察之組織、職權、人事、教育、經費、設備，警察權由中央與地方行使的事項，皆訂有規範可循，並通過工礦、森林、外事等專業警察的相關組織規程。1954年政府實施〈臺灣省警察政訓工作綱領〉，突顯臺灣省警政工作配合反共抗俄的需要，及符合政治改革的要求，以堅持三民主義革命政策統一警察人員思想，團結警察人員精神，激發工作情緒，改變警察氣質，養成優良紀律，促進警民合作，完成國民革命第三期任務，突顯戰時革命警察的特

[29] 至於1950年中再度審理包含省長民選在內的《省自治通則》法案，並進入二讀，由於當時擔任行政院長的陳誠主張應該慎重其事，使得審議中止，因而出現臺灣省主席陳誠所提出的臺灣省長民選法案，竟被自己擔任行政院長所否決的怪事。

[30] 鄭梓，《臺灣議會政治四〇年》，（臺北：自立晚報，1987年10月），頁113-124。

質。[31]

　　同時，為確保威權型政治性治安，1954年將「總統府機要室資料組」以國家安全局之名，被正式納歸到模仿美國的國家安全會議而設立國防會議（1967年改名國家安全會議）之下，由蔣經國擔任國防會議副秘書長。該會議不經立法程序，不必向國會負責，卻掌握大權，不僅各治安單位必須對其負責，必要時連相關部會首長亦須接受節制，人稱「太上內閣」，該會之下設有「國家安全局」，負責協調並監督各治安機關。

　　1958年「臺灣省警備總司令部」成立，接管原保安司令部等單位所負責的戒嚴、警備、出入境管理、文化檢查、郵件檢查、軍法審判等業務。除此之外，改組後的國民黨海工會、陸工會、社工會，及憲兵、外交部情報司等單位，雖各有職司，但是都必須向國安會彙報。

　　另外，硬式威權體制也突顯在1952年10月31日成立的中國青年反共救國團，強制規定所有高中以上學生為當然團員，團員必須信仰三民主義、宣傳三民主義，以三民主義為中心思想，凡有背叛三民主義者以違犯團紀論處。救國團本身擁有《幼獅通訊社》、《幼獅月刊社》、幼獅廣播公司、中國青年寫作協會，和各地的青年活動中心，舉辦各類型青年活動，加強與青年的聯繫和輔導；並且採取與國民黨各縣市黨部相平行的組織建置，來配合推動黨的工作，做為國民黨領導青年並儲備青年黨員的機構，達成如同1947年9月國民黨第六屆四中全會通過〈統一中央黨部團部組織案〉，將三民主義青年團與國

---

[31] 陳添壽、章光明，〈警察與國家發展之關係〉，章光明 主編，《臺灣警政發展史》，（臺北：內政部警政署、中央警察大學，2013年10月），頁10-11。

民黨進行黨團合併模式。

換言之，硬式威權型政治性治安藉由「黨團合一」、「黨外無黨、黨內無派」的完成，不但確立國民黨在臺灣一黨獨大的優勢，和鞏固以蔣介石和培植蔣經國為權力核心的硬式威權體制，因而1954年3月發生吳國楨因在臺灣省主席兼保安司令任內，反對蔣經國主導救國團的工作，除了不給予經費資助之外，還指責該團為希特勒的法西斯集團和共產黨的共青團，導致吳國楨被國民黨開除黨籍事件。[32]另外，孫立人以陸軍總司令因抵制蔣經國政工制度，導致後來所引發1955年5月陸軍步兵學校少校教官郭廷亮以匪諜案被捕，接著又有300多位軍官被捕，經過審訊後，共有35位由軍事法庭起訴判刑，時任總統府參軍長的孫立人被迫辭職，並軟禁30多年的所謂「孫立人兵變事件」。[33]

另外，檢視硬式威權所引發言論自由的政治性治安議題，主要是胡適、雷震、殷海光等自由人士自1949年11月20日創刊至1960年9月1日被迫停刊的《自由中國》雜誌的批評。《自由中國》每期必刊出的四條創刊宗旨是：第一，我們要向全國國民宣傳自由與民主的真實價值，並且要督促政府（各級政府），切實改革政治經濟，努力建立自由民主的社會；第二，我們要支持並督促政府用種種力量抵抗共產黨鐵幕之下，剝奪一切自由的極權政治，不讓他擴張他的勢力範圍；第三，我們

---

[32] 蔣經國與吳國楨的意見之爭，還有臺灣火柴公司總經理王哲甫被省保安司令部逮捕事件，參閱：江南，《蔣經國傳》，（臺北：前衛，1997年1月），頁281-282。

[33] 陶涵（Jay Taylor）著，林添貴 譯，《蔣介石與現代中國的奮鬥》（下卷），（臺北：時報文化，2010年3月），頁553-554。參閱：江南，《蔣經國傳》，（臺北：前衛，1997年1月），頁329-282。

要盡我們的努力，援助淪陷區域的同胞，幫助他們早日恢復自由；第四，我們的最後目標，是要使整個中華民國成為自由的中國。

《自由中國》一開頭是受到蔣介石支持的，立場明顯，就是支持蔣介石的反共抗俄政策，胡適擔任名譽發行人、實際發行人是雷震。1951年6月爆發的〈政府不可誘民入罪〉社論開始，《自由中國》為了爭取言論自由和新聞自由，先後和黨國多有衝突，其中犖犖大者如1956年的〈祝壽專號〉、1957~1958的〈今日的問題〉系列社論、〈出版法修正案〉等，都引發警總等情治單位的干擾，到了1959年反對蔣介石的三連任之後，關係方才破裂。[34]

尤其當1960年蔣介石以增訂臨時條款方式，總統任期將不受憲法第四十七條連任一次的限制，和中央民意代表不用定期改選的延續硬式威權政權時，《自由中國》雜誌嚴厲批判的最終下場，是1960年9月雷震等人在警總偵訊後，即由軍事檢察官起訴，認定雷震「散播無稽謠言，打擊國軍士氣，煽惑流血暴動，蓄意製造變亂，勾通匪諜份子，從事有利於叛徒之宣傳，包庇掩護共諜」，審判庭作出「雷震明知劉子英為匪諜而不告密舉發，處有期徒刑七年」，以及「連續以文字為有利於叛徒之宣傳，處有期徒刑七年」，被判決須合併「執行有期徒刑十年，褫奪公權七年」。當然，《自由中國》雜誌於12月20日正式宣布停刊，雷震與高玉樹等臺籍人士預定成立反對黨—中國民主黨的工作也就胎死腹中。[35]

[34] 雷震 著，林淇瀁 校註，《雷震回憶錄之新黨運動白皮書》，（臺北：遠流，2003年9月），頁34-35。

[35] 雷震一案，就因雷震與臺籍人士李萬居等過從甚密，企圖組織反對

另一扮演批評政府言論的雜誌是創刊於1957年而結束於1965年的《文星雜誌》。雖然「文星」發刊詞標示的三項性質是：生活的、文學的、藝術的，在這種性質的內涵之下，它是「啓發智慧並供給知識」，所謂「啓發智慧」是現代人「生活的」必要條件，它的範圍當然囊括了思想上的開明和人權上的保障，所以「思想的」討論，也自然屬於「文星」雜誌的一個主題。[36]但是《文星雜誌》的爲自由民主的奮鬥訴求，難逃被警總發動圍剿、被封殺、被刑求、被下獄，而繼《自由中國》事件之後的下場。

　　同時，1964年臺大教授彭明敏、魏廷朝等人撰擬〈臺灣自救宣言〉，也都在政府的監控和壓制之下，也同樣有人因叛亂罪而遭到入獄的悲慘遭遇。換言之，這些爲推動政治民主化和自由化的言論，其相對於武裝奪權和非法組織政黨的權力運作，都只是還停留在標榜延續「五四」精神的啓蒙運動，和對「東西文化」的論戰框框，純屬於部份知識分子的爭取言論自由層次，並未能對硬式威權型政治性政權產生威脅。

　　對比於硬式威權型政治性治安造成衝擊的是選舉議題，臺灣地方自治選舉到了1963年有李萬居、郭雨新、許世賢的當選省議員，1964年有高玉樹當選臺北市長、葉廷珪當選臺南市

黨所致。有聲望的外省人士與臺灣士紳「勾結」，是當局的「夢魘」，必須阻止。參閱：白先勇、廖彥博，《療傷止痛：白崇禧將軍與二二八》，（臺北：時報文化，2014年3月），頁10；聶華苓，《三輩子》，（臺北：聯經，2011年5月），頁191；雷震著，林淇瀁 校註，《雷震回憶錄之新黨運動白皮書》，（臺北：遠流，2003年9月），頁56。

[36] 蕭孟能，〈文星雜誌選集序言〉，蕭孟能，《文星雜誌選集》（第一冊），（臺北：文星書店，1965年5月），頁1-6。

長、林番王當選基隆市長、黃順興當選臺東縣長，1968年有楊
金虎當選高雄市長，但反對人士仍然只是在硬式威權體制實施
黨禁、報禁的有限度環境下，滿足少數地方政治精英的參政冀
望而已。

甚至於當面臨大陸選出的中央民代日漸老化、凋零的嚴重
問題時，硬式威權型為避免造成法統統治合法性危機引發政治
性治安議題，只得於1969年在臺灣地區舉辦增補選，反對人士
也只有郭國基及黃信介等少數進入中央民意機構，不管是在中
央或地方的選舉結果，在硬式威權的權力結構上反對人士並未
能凝聚成有組織的黨派。換言之，這些零星政治性突圍，對於
當時硬式威權體制的權力結構，根本無法撼動或制衡蔣介石所
建立的威權統治。基本上，也都只是屬於微弱的「孤星式」抗
爭。因而，硬式威權型政治性治安的弱化機會，也一直要等到
1975年4月5日蔣介石過世之後才有鬆動的現象，但也是在不影
響國民黨威權統治臺灣的基礎下逐步展開來。

三、軟式威權體制的治安議題

對比硬式威權型政治性治安議題的弱化為軟式威權型政治
性治安的跡象，可以回溯1965年陳誠去世，行政院長嚴家淦派
蔣經國出任國防部長，1969年6月擔任行政院副院長時已悄然
進行，到了1972年5月蔣經國出任行政院長，國民黨的權力結
構核心已逐漸轉移到蔣經國所掌控的單位上，所謂「接班人」
態勢已隱約浮出檯面。

1968年柏楊（本名郭衣洞）因漫畫內容恰巧是大力水手與
其小兒子海上落難，飄到小島，於是就發展到角逐誰統治的問
題，大力水手就允諾兒子繼承。這涉及到敏感的「接班」問

題，震怒了有關當局，柏楊曾因「以影射方式，攻訐政府，侮辱元首，動搖國本」入獄，關了九年多。

因此，蔣經國在面對臺灣長期以來內部一直存在國家認同與族群意識的挑戰，突顯訴求「臺灣獨立」的抗爭治安事件，與臺灣威權體制民主化運動的形影相隨。蔣經國深刻體會和了解到中國國民黨與中華民國政府「本土化」（或稱臺灣化）的迫切性與重要性，遂以強化內部正統性彌補涉外正統性的缺損，透過擴大延攬臺籍精英參與黨中央、中央政府機關及國會決策的權力運作，藉由組閣時機即大幅增加本省閣員的比率，由臺籍人士出任重要政治性職務，如行政院副院長、內政部長、交通部長，以及臺灣省主席和臺北市長都由臺籍人士出任。

同時，透過1972年12月辦理自由地區增額中央民意代表選舉，以充實中央民意代表機構，並且審慎、小心的培養與控制溫和在野勢力的成長。由於選舉結果，縱使國民黨候選人全部落選，都不至於影響國會的權力結構。這樣的選舉，與其說民主選舉，不如說「威權主義的選舉」。所以，當蔣介石於1974年5月過世時，總統職務雖由副總統嚴家淦依《憲法》繼任，但國民黨總裁一職，則在當月28日所召開的國民黨中央臨時全體會議決議，保留黨章「總裁」一章，另推舉蔣經國為中央委員會主席兼中央常務委員會主席，蔣經國乃正式成為國民黨的黨主席。

然而，威權型政體所面對一連串的政治性治安議題的挑戰，1970年代初釣魚島爭議和中華民國退出聯合國的遊行事件，突顯改革運動已普遍從省籍權力分配、社會利益分配，及政經主體性等實際結構和意識型態向威權體制提出挑戰。尤

其是一批年輕學者藉由《大學雜誌》的平臺，延續《自由中國》、《文星雜誌》書生論政的風格，督促政府尊重人權、政治民主化、國會全面改選的改革等訴求，要求政治革新的呼聲越來越高。

1972年底《大學雜誌》就分裂了，其中一部分被國民黨政權所吸收，一部分則透過選舉與「草根黨外」結合。1975年8月，以黃信介為發行人、康寧祥為社長、張俊宏為總編輯，創辦了《臺灣政論》。這是首次以本省人為中心的政論雜誌。雖然在第五期就被禁止發行，但發行量卻高達5萬份，康寧祥也在同年底的「增額選舉」中再次當選。

在此，我們可以說「黨外雜誌」的向公職選舉挑戰。1977年8月16日臺灣長老教會發表的〈人權宣言〉，敦促政府面對現實，並採取有效步驟，以使臺灣成為一個新而獨立的國家，以及11月19日因地方公職人員選舉所發生的「中壢事件」，選舉結果導致臺灣地方政治權力結構的巨變。

由於受到「中壢事件」治安的衝擊，孔令晟署長特別強調，警政現代化的警民關係，和警察新型鎮暴能力的整建，尤應按完整之整建程序，積極進行，以其有備而無患。並於1978年6月向行政院所提出的〈改進警政工作方案〉，這方案包括了四十六項執行計畫，至此改革事業方向已定。1978年3月第一屆國民大會第六次會議選舉蔣經國、謝東閔為第六任總統、副總統，5月20日正式就職，22日蔣經國提名孫運璿並獲立法院高票同意，擔任行政院長，正式開啟了蔣經國統治臺灣的時代。

然而，對軟式威權型政治性治安造成重要影響的關鍵因素，除了是強調「臺灣意識」的體制外改革運動所引發「中壢

事件」的挑戰之外，在1978年12月16日美國與中國大陸建交，而在總統發布緊急處分令，致使原訂於12月23日舉行中央民意代表的選舉被迫延期。然而，在這場選舉活動中，「黨外」作為反對勢力的角色卻進一步地成形。具體而言，他們組織了「臺灣黨外人士助選團」，展開全國競選活動，導致1979年12月10日爆發「高雄事件」或稱「美麗島事件」。

這是「二二八」政治性治安議題以來，臺灣發生另一嚴重的政治性治安議題，直接衝撞國民黨的威權體制。然而，「美麗島事件」的發生，政府並沒有停止臺灣實施地方自治選舉的政策，反而加速推動臺灣政治自由化。政府以修正《動員戡亂時期臨時條款》的方式，擴大選舉名額，容納更多政治精英參與中央決策。使得國民黨對於黨外極欲升高對民主化與臺灣化要求的反應有所減輕。同時，為了彰顯政府推動政治自由化的決心，政府在審理「美麗島事件」上更是採取公開方式的開明作法，藉以突顯警察在治安事件上扮演打擊犯罪、維持秩序的執行法律角色，亟欲避開戡亂戒嚴的「以軍領警」色彩。

1982年4月退伍老兵李師科蒙面搶劫土地銀行，是臺灣第一宗治安史上的銀行搶案，破案後李師科被依《懲治盜匪條例》判處死刑，也因為此案被誤抓的王迎先成了陪葬的冤魂，社會警覺維護人權的重要性，立法院火速通過《刑事訴訟法》的27條修正案，被告得隨時選任辯護律師，俗稱「王迎先條款」。但是，這時「黨外」的運動並沒有因為「美麗島事件」重要幹部被逮捕而趨式微，反而因新崛起的領導者而激進化。

1983年增額立委選舉時組織的「黨外選舉後援會」，在選舉後，更組成「黨外公共政策研究會」，未來並將朝在各地設置地方支部，這堪稱是有計畫的政黨組織化宣言。1984年3月

蔣經國、李登輝的當選中華民國第七任總統、副總統，臺灣軟式威權體制鬆綁的腳步可說是又向前跨了一大步。

但承上所述，1984年10月發生「江南案」後，臺灣治安機關發動大規模掃蕩黑道幫派的「一清專案」行動，同時美方指涉有情治人員介入其中，政府亦對情治人員的涉案表示非常震驚，並免除汪希苓國防部情報局局長的職務。接著情報單位改組，改名後的國防部軍事情報局只負責蒐集軍事情報，禁止在美國從事任何秘密工作。同時國家安全局也限縮在只從事情報蒐集、分析及反情報工作，不搞秘密行動，隨後一段時間，汪敬熙被調離國家安全局局長的職位。

因此，1985年政府先後通過修正《警械使用條例》、《槍砲彈藥刀械管制條例》，和《動員戡亂時期檢肅流氓條例》等相關法規，突顯政府在維護治安及保障人權方面皆具積極的意義與作用。但是以實施《違警罰法》為例，警察仍屬擁有極大權力的機關，其不僅擁有法規制定權，如頒布一些職權命令，且依據《違警罰法》，掌理警察司法裁判權。警察行政權的範圍，仍擁有衛生、消防、工商、安全以及風俗等相關的警察事務。此種警察權，包括行政、立法以及司法裁判權等，非常類似「警察政治」國家的警察權。

接著1986年9月28日政府對於參與組織成立「民主進步黨」的「黨外人士」，乃採取以溝通協調的包容方式處理。尤其2000年政黨輪替之後，陳水扁政府認為戰後臺灣民主運動的一脈傳承是《自由中國》、《文星雜誌》、《大學雜誌》、《美麗島雜誌》到民主進步黨的成立。這個排列方式等於把《自由中國》，以及因為《自由中國》而入獄的雷震，放在戰後臺灣民主運動的發軔與啓蒙的崇高地位。

蔣經國的軟式威權型體制到了1987年7月公佈《動員戡亂時期國家安全法》的解除戒嚴，與11月的開放大陸探親，緊接著1988年1月1日的解除黨禁、報禁，其對國民黨的權力結構已產生很大的變化。尤其是1987年7月15日凌晨零時起的解除在臺灣本島、澎湖與其他附屬島嶼實施的戒嚴令，同時宣布廢止依據《戒嚴法》制定的30項相關法令，國防部也對237位於戒嚴時期遭司法審判的民眾予於減刑或釋放。民眾不再受軍法審判，民眾可以依法組黨結社、集會遊行和從事政治活動。

　　軟式威權體制的調整策略尤其是在蔣經國1988年1月13日過世的前一年，其對外宣稱自己是「中國人」也是「臺灣人」，中華民國逐漸臺灣化的權力結構演變，突顯標榜「自由中國」的國家發展主軸逐漸轉型為發展「經濟臺灣」的總體目標，到了1988年1月13日李登輝繼任總統，和7月7日在國民黨第十三次全國代表大會當選黨主席，彰顯「中國意識」和「臺灣意識」交織形成的主體意識形成，中華民國軟式威權體制與治安結構的發展進入轉型期的新階段。

第四節　家父長式經濟性治安

　　戰後臺灣經濟發展的歷程，政府政策在1950年至1960年代主要是優先抑制通貨膨脹，以農業培養工業，以工業發展農業；力求預算平衡、改革外匯制度、實施單一匯率。在1960年至1970年代政府政策主要是節約消費、鼓勵儲蓄、增加內資財源、減少對美元依賴；鼓勵發展勞力密集出口工業加速經濟發展，追求經濟自主為目標。到了1970年代以後，政府政策是以貿易為前導的經濟發展，以支援第二回合的進口代替工業；工

業快速發展，導致政府負責之各項公共設施產生瓶頸現象（包括公路、鐵路、港口等），亟需大量投資；而國際經濟不穩定，以致出現貨幣危機、糧食危機及能源危機的現象。[37]

　　檢視1950年代的經濟政策，尹仲容贊成工業民營化，卻反對自由放任式的自由經濟。因為，尹仲容認為在落後國家，民間還沒有具經驗的人才和經濟能力，因此政府不宜放手讓民營企業隨意去做，而應該由政府來統籌全局，從整體經濟利益著眼，決定某一個時期工業發展的方向與目標，亦即哪些工業應優先發展，哪些應暫緩，哪些應在某一段時期內發展到某種程度。這種經濟計劃，並不同於共產集權國家的經濟計畫，因為在那些國家中，政府並不掌握生產工具，也未控制所有的經濟活動；政府的計畫只涉及工業的種類，而沒有牽涉到各類工業中的生產單位企業，因此這些單位企業仍有充分的活動自由。尹仲容稱這種經濟為「計畫式的自由經濟」。[38]

　　從國家是否掌握「所有權」（income power, 或稱收益權）和「使用權」（control power,或稱控制權）的產權標準來衡量，如國家同時擁有生產工具的所有權和使用權，便是「統制經濟」（command economy）；如果國家對於生產工具有所有權，但是沒有使用權，便是「市場社會主義」（market socialism）；如果是私人有所有權，而國家有控制權，便是「國家資本主義」（state capitalism）；最後，如果私人同時擁

---

[37] 臺灣產業結構的變化，到了1963年工業產值已由28.1%超過農業產值的26.8%；到了1988年服務業產值已由49.3%超過工業產值的45.7%。李國鼎，《國鼎文集之八——臺灣的經濟計劃及其實施》，（臺北：資訊與電腦雜誌社，1999年2月），頁43-55。

[38] 康綠島，《李國鼎口述歷史—話說臺灣經驗》，（臺北：卓越，1993年9月），頁87-88。

有所有權和控制權，這就是自由放任的資本主義。

所以，1950年代臺灣採行的是計畫性自由經濟制度，是以市場機能爲基礎，但政府可視實際需要，另做必要而合理的干預。因此，隨著經濟發展階段的不同，自由與計畫的相對成分會有所變異。其實臺灣經濟的自由化直到1980年代中期，也只能算是局部自由化（partial liberalization）。臺灣經濟政策已從戰後原先的節制私人資本的原則，逐漸轉化成扶植民間企業的方向。也就是計劃經濟逐漸轉變成計畫性自由經濟的道路上去了。

檢視戰後政府制定的經濟管制規則，常常淪爲少數個人或獨占企業的保護工具，極易形成所謂的「企業化政客」（political entrepreneur）。「企業化政客」集團經常利用各種政治上的特權或職位上的權力，鑽營法規的漏洞，或創造出有利於自己或企業的法規。1945年至1987年的這一段期間，由於政府牢牢地掌控龐大的公營企業，與核准各種特許行業的權力；加上執政黨又擁有許多黨產和黨營企業，透過交互投資極易和民間財團結合形成「黑金」結構，導致經濟失序議題所引發家父長式（paternalism）的經濟性治安。

以下，本節將從外貿管制、產業失衡、公黨營事業等三大議題引發的經濟性治安加以檢視。

一、外貿管制的治安議題

回溯1945年戰後國府主政下大陸的經濟復元措施，由於受到資金缺乏、罷工不斷、生產成本提高，導致貿易出口減少，外匯短缺。加上，物價膨脹的助長企業寧可囤積獲取暴利，而不願意投資生產，導致國共戰爭對財務的排擠，政府在經濟發展與軍事支出的經費比率逐年下降。政府雖然亟欲擺脫「軍事

財稅主義」（military fiscalism），但當時1包米在1948年6月售
價法幣670萬元，8月已漲到6千3百萬元。所以，當時的政府頒
布命令，要求老百姓交出所有的金、銀及舊鈔法幣，換取新
鈔金圓券，兌換率是300萬法幣換1元金圓券。金圓券之後，中
央銀行在大陸改發行銀圓券，但要5億元金圓券才能換1圓銀圓
券。

換言之，當時國民黨政府的三大經濟管制區集中在上海、
廣州和天津，其中以上海的成敗最具關鍵。因為，當時的上海
市長是吳國楨，蔣介石還特別任命俞鴻鈞為上海經濟管制督導
員，賦予警察權。不過，命俞鴻鈞只是名義上的督導員，蔣經
國奉派擔任他的副手，是實際權力的執行者。蔣經國在父親蔣
介石的同意授權之下，基本上，他主持上海的經濟、金融、商
業和相關警察功能，不需請示別人。可是，最後在未能全國普
遍一致執行幣制改革，整個工作還是失敗。

到了1947年下半年，更受到大陸局勢惡化和幣制改革失敗
所引起通貨膨脹的影響，1948年8月國民黨政府公布〈財政經
濟處分令〉，管制民間買賣金鈔、套匯、經營地下錢莊，一經
破獲，都可能援用《妨害國家總動員懲罰暫行條例》，由軍事
機關審判。因「法幣」及「金圓券」兌換新臺幣比率偏高，乃
致使大量資金從大陸流向臺灣，「臺幣」隨之膨脹。

因此，臺灣不但發生通貨膨脹；再加上物價上漲受到大陸
金圓券貶值的拖累，政府遂以上海運來的200萬兩庫存黃金、
白銀作為準備。尤其1949年6月15日政府又頒布〈臺灣省幣制
改革方案〉及《臺灣省進出口貿易及匯兌金銀管理辦法》，規
定改用「新臺幣」取代「舊臺幣」，以當時4萬元舊臺幣才能
換1元新臺幣。並另設發行準備監理委員會，臺灣的物價才受

到控制而慢慢穩定下來。

因此，溯自1945年政府成立的臺灣省接收委員會與日產處理委員會，將重要鐵公路運輸、電話電報通訊系統，及菸酒樟腦等專賣事業，併歸國營或省營，同時藉由銀行的公營與貿易的壟斷，控制臺灣較具規模的大企業及金融貿易等相關的發展。加上，臺灣在二次大戰期間遭受盟軍的轟炸，經濟發展受到很大傷害。

臺灣在戰後的50年代，最先引發經濟性治安是在外匯和外貿議題上。臺灣原可供外銷的農產品米、香蕉與鳳梨等，已因日本與大陸市場的流失而出口量大減，無法再為國家獲取外匯；在國內市場又由於為數眾多的大批軍民來自大陸，消費量增加，可供外銷的產品數量所剩不多。加上，剛萌芽的部份勞力密集產品，又受制於日貨的強勁競爭。因此，政府決定採行進口替代策略，以自製非耐久性消費品代替進口貨，一方面對外可以節省外匯，另一方面對內又可以保護幼稚工業的發展。

而外匯與貿易政策是由行政院外匯暨貿易審議委員會（外貿會）主持，實際的外匯業務是由臺灣銀行獨家辦理。1950年代初期，臺灣不但外匯存底枯竭，且對外積欠外匯達1千餘萬美元，臺銀開出的L/C已被國外銀行所拒絕接受，政府除採取金鈔只許持有不許買賣的新金融措施之外，另一立刻措施就是建立外匯審核制度，在臺銀之下，分別設立進口外匯初審小組及普通匯款初審小組，開始實施外匯管制，按需要的優先次序，以減少外匯支出。

在對外貿易則授權中央信託局統一辦理。這樣的外匯暨貿易管制政策，導致1955年3月爆發監察院糾舉中央信託局不法貸款高雄楊子木材公司的經濟性治安案件，乃至於擔任外貿會

主委、兼中央銀行總裁的徐柏園牽涉1969年3月爆發的「香蕉案」，導致徐柏園去職，外貿會的外匯業務併入央行，成立外匯局；貿易業務併入經濟部，成立國貿局。高雄楊子木材公司案的爆發，導致1955年4月尹仲容辭去中央信託局局長一職，10月再辭經濟部長與工業委員會召集人。楊子公司案後經法院審理，尹獲判無罪。1957年8月，尹仲容復出，就任經安會秘書長。至於「香蕉案」（即所謂的金盤金碗案）儘管若干官員入獄，但徐柏園僅負行政責任。當時蔣介石尚有保全之意，案發之後，蔣介石曾在主持國民黨中常會時講過這樣的話：「國家培養一個人才很不容易，但要毀掉一個人才卻很容易。大家應該以本案為殷鑑，注意做事細節。」[39]

換言之，政府採取的經濟政策是既保護又鼓勵的雙軌並行方式，而進口替代貿易策略的最直接措施就是由當時擔任外貿會主委的徐柏園決定採用複式匯率，在出口時用的是基本匯率，而進口時除基本匯率之外，還加上給匯證、防衛捐等，進口與出口的差別匯率，遂形成以變相徵收額外進口稅的方式，加重進口產品的成本，減少外國產品的進口，來保護國內產業，但見進口商將本求利，匯率一但提高，國內批發價及零售價格也會隨之提高。

政府曾有一度除了一般進口匯率之外，為配合僑資，還設計了一種投資觀光匯率：美金1元比新臺幣35元，以鼓勵外資來臺投資觀光。而出口率也有兩種：1比18與1比24，至於哪一種貨品應用哪一種匯率，並沒有什麼固定的標準，反正當時出口都是糖、鹽等公營事業。這些匯率的差額最終雖然都繳到國

---

[39] 參閱：王駿 執筆，俞國華 口述，《財經巨擘——俞國華生涯行腳》，（臺北：商智，1999年5月），頁230。

庫，但是這種多元匯率不利於出口，也導致資源分配不當和許多不法行為。

同時，採用高關稅稅率與外匯分配等方式，管制消費性產品進口，確保進口替代產業的國內市場；而且，透過公營金融機構對若干進口替代業的優惠資金融通，來促進企業投資的成長與減低經營成本；並且透過提供原料，保障工廠線的穩定生產。當時的外匯改革政策，開始將多元匯率改為二元匯率，而二元匯率改為一元匯率共分三個階段進行。所以，外匯改革到了1960年7月的最後階段，才將美金1元固定比新臺幣40元的匯率。然而，因受到政府保護的廠商獲利甚豐，常引起外界不滿。

臺灣原來不產棉花，因此衣著向來仰賴進口，再加上日本或低價傾銷，更使臺灣紡織業無法發展。政府有鑑於美援物資中有大量的棉花與棉紗，而大陸紡織業遷臺時亦帶來了不少機器，因此主張管制棉布、棉紗進口，以保護本國的紡織業。1950年代政府更以「代紡代織」模式，解決資金及原料的難題扶植了國內棉紡織業的發展。「代紡代織」指的是政府批發美援的棉花、棉紗給業者，並支付業者一筆加工費，最後成品也由政府收購。加工費通常定得很高，以降低紡織業者風險，保障利潤。「代紡代織」政策剛實施時，因成品品質低劣，民眾多怨聲載道，但1953年當政府將「代紡代織」的保護政策取消，國內紡織業已能穩定成長了。

檢視臺灣自1953年至1960年期間經濟發展對美援的依賴，特別是對臺灣紡織工業的影響，雖然因為棉花的自美國進口，而有所幫助，可是臺灣肥料工業的發展，就沒有那麼幸運了。因為，美國為了解決盟軍佔領下日本的缺糧與工業復建問題，

曾於1950年9月透過盟軍總部的安排，要求我國和日本簽定〈中日貿易協定〉，規定中華民國自日本進口肥料及其他工業產品，並出口米、糖及其他農產品，這協定透過每年的更新，使政府在1950至1965年間不得不將肥料進口稅固定於5%的管制措施，這是所有進口項目中稅率最低者。日本肥料的入侵完全破壞政府原先的整建與發展計劃。

與臺灣同時發展輕工業的許多第三世界國家，在推行進口替代策略一段時間，同樣會面臨國內市場飽和的壓力，政府明智地不是深化進口替代，而是改採出口擴張策略。為擴展臺灣對外貿易，政府進行〈外匯貿易改革方案〉」確立匯率訂為40：1的單一匯率，並繼續簡化退稅手續及放寬退稅條件，同時放寬外銷低利貸款項目；推動〈加速經濟發展方案〉的〈十九點財經改革措施〉，和頒布《獎勵投資條例》，以減免租稅獎勵投資；通過《加工出口區設置管理條例》，在港口都市附近興建標準廠房，提供電力、給水、通信等各種公共設施以及港口與倉儲設備，以簡化申請投資設廠、成品出口、原料進口、匯出入款等手續，來降低投資的管理成本，同時藉大幅稅捐減免，配合優秀而廉價勞動力，吸引僑外投資人來臺投資。[40]

所以，從1963年起是臺灣有效推廣輸出的轉捩點，自此以後，臺灣已逐步擺脫對美元的依賴。檢視當時政府所推動的鼓勵出口政策，包括：第一、是對於直接生產者的鼓勵，由於直接生產者農民不諳國際市場情況，受到中間商的剝削，故欲加

---

[40] 王作榮，《壯志未酬----王作榮》，（臺北：天下，1999年3月），頁593-600；李國鼎，《經驗與信仰》，（臺北：天下，1991年6月），頁61-63。

強推廣輸出，必須保障直接生產者利益，提高其增產興趣，並使其有財力作增產的投資，改進生產技術，以提高品質，政府實施「香蕉出口五五制」，便是對生產者的鼓勵；第二、對國際市場有計畫的拓展，對洋蔥、柑橘採統一供應方式，鳳梨罐頭則實施聯購原料，香茅油辦理統一報價，洋菇及蘆荀罐頭更實施全面性的產製銷；第三、對工業廠商的鼓勵，對棉紡、毛紡、鋼鐵及橡膠等生產廠商，採取各項鼓勵措施，諸如出口獎勵金、出口退稅及低利貸款等。

　　檢視1961年至1972年間臺灣經濟結構的變化是工業成長率遠高於農業成長率，不但1963年是臺灣經濟起飛期、1967年後的階段臺灣工業化程度才超越日治時代的水準，而且在1968年臺灣已進入勞動剩餘的終結年。工業年成長率高達16.7%，而農業成長爲4.7%；工業部門中，尤以製造業成長最速，年成長率高達18.5%，礦業爲4.3%，公用事業爲13.6%。國內產業結構由過去農業主導，在1963年首度被工業超過。然而，1960年代初期以後持續呈現的高度出口成長，最主要的原因並不是國內產業結構真正有所改善，或其對外競爭能力真正有所增強，而是政府一直維持60年代初期所定的外匯匯率，使臺幣價值一直相對偏低，從而形成實質的外銷補貼。在這種情況之下，加上國內市場高築的關稅和非關稅壁壘，終於導致央行外匯存底的急速累積和因爲收購出口外匯所引起的貨幣供給的急速增加。[41]

　　1950年代至1960年代之間，政府在行政院之下設有「力行小組」，由各部會首長組成，其任務就是「對匪經濟作戰」，

---

[41]　邢慕寰，《臺灣經濟策論》，（臺北：三民，1993年3月），頁186。

其起源於蔣介石認為臺灣有必要透過香港對大陸進行經濟作戰。當時蔣介石認為，臺灣有很多東西賣到香港去，可是並沒有標明出產於臺灣，例如許多臺灣米賣往香港，都用大麻袋包裝，不如改以小袋子包裝，袋子上面著名臺灣生產，可以達到國際宣傳效果。此外，也可以在香港設立臺灣商品陳列室，宣揚臺灣經濟成果。為了執行蔣介石的指示，除了在行政院成立力行小組之外，還在臺灣成立了「臺港貿易公司」，又在香港成立「港臺貿易公司」，也就是當年臺灣在香港對大陸進行經濟戰的前哨。[42]

政府為因應國際能源危機、國內通貨膨脹壓力，及解決經濟結構的問題，1974年開始推動〈穩定當前經濟措施〉，從穩定物價、健全財政，及限建措施等來帶動經濟持續發展。尤其，政府在逐步推動國家建設的同時，由於經濟的快速成長，許多基礎設施已不敷需求，形成經濟發展的瓶頸；而且工業發展所需的基本原料日增，能源亦感不足，只能大量依賴進口。因此，十大建設主要項目是基礎建設與加強重化工業投資，包括核能電廠、六項交通建設、一貫作業煉鋼廠、中船高雄廠，及石油化學工業等。

推動十大建設具有凱因斯式政府的強烈生產性角色，不但帶動公、黨營事業投資，更彌補私經濟部門投資與有效需求的不足。同時，由公營部門投資所帶動基礎設施的健全化，更提供了有利於經濟發展的外部條件，大量吸引民間及外國廠商的投資，擴大有效需求，除有助臺灣重化工業發展之外，更因經由經濟層面的起死回生，連帶有促使政局穩定的效果。同時，

---

[42] 王駿 執筆，俞國華 口述，《財經巨擘—俞國華生涯行腳》，（臺北：商智，1999年5月），頁240。

提高了70年代乃至於80年代臺灣經濟發展的自主性，相對地降低了對外依賴的程度。因此，到了1976年臺灣輕、重工業比率，首度由重工業的50.8%超過輕工業的49.2%，臺灣多年來推動重工業要在工業結構中占比率較重的目標終於達成。[43]

因此，從1971年起除了有關進出口融資及進口機器設備的外資外，國際資本流入仍受到嚴格的管制，直到1979年2月1日外匯市場成立，外幣帳戶除原有的外幣存款外，增設外匯存款，准許廠商及個人將外匯所得以「外匯存款」方式持有。惟營業性質的外匯收入只能存外匯存款，且提取有用途限制，而能舉證爲自備外匯者才能存入外幣存款，才可自由提取；並隨著外匯市場的建立，匯率改採管理式機動匯率制度。然而，1976年夏天，爆發「啓達案」，這是繼前一年度「青年公司冒貸案」之後的金融弊案。啓達集團共有五家公司，啓達公司製造玻璃紙，立達公司產製模造紙、牛皮紙、打字紙，中洲公司產製紡織品，啓信公司產製瓦楞紙箱，經成公司產製不鏽鋼餐具，因積欠農銀等多家公營銀行，金額達18億4千2百萬元。[44]

政府嚴格規定銀行對單一企業及其關係企業放款，不得超過銀行存款總額的一定百分比，後來陸續演變這項限制就納入《銀行法》，以及禁止或限制銀行負責人三親等以內貸款、投資房地產及投資股票上限等規定。1984年6月5日臺北開辦境外金融業務，允許外匯銀行與非居住民從事新臺幣以外之所有外匯交易，但與居住民間之交易仍受到限制。因此，在1971年

---

[43] 林鐘雄，《臺灣經濟發展四〇年》，（臺北：自立晚報社，1993年3月），頁80-81。

[44] 王駿 執筆，俞國華 口述，《財經巨擘——俞國華生涯行腳》，（臺北：商智，1999年5月），頁298。

至1984年時期之金融自由化可稱爲管制外匯體制下的金融自由化；1985年以後則爲金融自由化與國際化業務開拓期，1987年7月5日修正《外匯管理條例》，大幅放寬外匯管制，宣布所有與貿易相關的經常帳外匯管制悉數撤除，允許中華民國居民自由持有及運用外匯，另規定資本帳部份，凡非金融機構的個人及廠商可不經事先核准從事匯出匯入，每人每年可匯入5萬美元，匯出500萬美元。

同時並開放外國證券業務投資國內證券商，其股份可達40%，及外國人可參與我國證券投資信託事業，股份可達49%；1989年《銀行法》修正，撤除對銀行存放款利率的管制，央行取消銀行間外匯交易的價格限制；1988年及1990年分別准許本國銀行成立信託部，及開放外國銀行在臺灣辦理儲蓄存款與信託等相關業務，以鬆綁臺灣的外匯與外貿市場的管制。

二、產業失衡的治安議題

臺灣發展重化工業的同時，政府注意到中小企業是處於政經權力核心體系的邊陲，除完成《中小企業發展條例》的立法工作，及於1981年正式成立中小企業處外，並積極展開對中小企業提供整體性輔導，以改善中小企業的經營體質，來提高競爭力，並協助中小企業轉型。許多中小企業不但發展成大企業，更因應國內外環境的變遷，淘汰勞力密集的產業轉型爲發展電子科技業等。

換言之，政府選擇了產業關聯效果大，技術密集高，有廣大市場的紡織、石化、電子、鋼鐵及機械等五大工業，作爲策略性的產業，以帶動整體工業的升級。檢視臺灣經濟自發軔以

來，不論農業、工商業或製造業，乃至於服務業的企業規模結構，都是以中小規模的方式為主，其中最大關鍵就是資本取得的問題。

所以，政府為解決中小企業融資困難，特成立中小企業信用保證基金，及臺灣中小企業銀行。因此，政府透過對中小企業的輔導，創造了許多就業機會，冀圖達成社會安定、所得平均分配，及城鄉均衡發展的經濟和社會目標。

當然臺灣中小企業幾乎佔企業整體結構中的97%以上，亦是臺灣經濟發展的重要特色之一，其具有維持市場自由競爭的功能，藉由中小企業與大企業之間的互補作用，大企業不宜生產的零件，分配給垂直分工的中小企業來生產製造，充分發揮產業之間的互利共生結構。

反之，高科技技術密集產業是要在資本密集產業發展的基礎上逐漸發展起來。80年代，對臺灣經濟發展而言，實際上是一個過渡時期。因為，臺灣的經濟目標時而模糊，時而矛盾，如在發展農業與工業之間、保護主義與競爭優勢之間、公營與民營企業之間、外國與國內資本之間、小型與大型企業之間，及在地化與國際化之間。

尤其，80年代以後，臺灣經濟受到高度成長衍生問題的影響，出現高額貿易出超，外匯存底快速累積增加，新臺幣急劇升值，引進大量熱錢及貨幣供給額增加的壓力，造成股票飆漲、房地產價格暴升、工資不斷上漲，致使生產成本上升、競爭力逐漸減退，投資環境漸趨不良的窘境。

加上，解嚴後社會脫序所形成的環保抗爭、勞資爭議、政治不安定、治安惡化，導致投資減少及產業外移。政府採納經濟革新委員會的提議，加速臺灣經濟自由化、國際化及制度化

的經濟三化策略。自由化的目的是要檢討以往對產品、資金、關稅、外匯及技術在國內與國際間流通的限制，透過鬆綁的力求開放程度，讓臺灣經濟國際化，並檢討有礙經濟發展的法令規章予以制度化。

另外，臺灣於1977年3月成立園區執行小組，1980年9月正式成立科學園區管理局，12月園區開幕，為臺灣高科技創業投資與結合國內外人才，奠定了臺灣發展高科技工業的基礎。實施〈科學技術發展方案〉，設立新竹工業園區，提出〈加強培育及延攬高級科技人才方案〉等重要發展技術密集產業的政策，尤其是1985年政府訂定〈國家科技發展十年計劃（1986~1995）〉，1994年通過〈十大新興工業發展策略及措施〉，並依《科學技術基本法》訂定國家科學發展計畫，提升臺灣成為技術立國的先進國家，以因應知識經濟時代的來臨。[45]臺灣經濟發展雖然已逐漸從自由化和國際化而走向全球化的經濟發展佈局，但也出現產業結構的失衡現象。

三、公黨營事業的治安議題

戰後臺灣企業的結構特色，主要可以分為公營、黨營和民營企業等三大類型的經營模式。所謂「公營事業」，根據1953年《公營事業移轉民營條例》第二條，係指：第一、政府獨資經營之事業；第二、各級政府合營之事業；第三、依事業組織特別法之規定，由政府與人民合資經營之事業；第四、依公司法之規定，由政府與人民合資經營而政府資本超過百分之五十以上之事業。公營事（企）業和黨營事（企）業方面，之

---

[45] 李國鼎，《國鼎文集之九──臺灣的工業化》，（臺北：資訊與電腦雜誌社，1999年2月），頁143-145。

所以不稱「企業」，而稱「事業」，就當時政府的考量，認爲公營和黨營，不似民營之純以營利爲目的，而是賦與社會民生的福利責任兩者都具有特殊的時代背景和歷史意義。也因爲政府和政黨的介入企業經營，遂亦有人將戰後國民政府統治臺灣時期所實施的政經體制稱爲「黨國資本主義」（KMT-State Capitalism）。[46]

戰後政府的公營事業來源，除了部分是大陸遷臺企業之外，主要接續日治時期殖民經濟所留下來的資產。[47]國民政府接收日人企業部分主要依據1945年3月修正定案的〈臺灣接管計劃綱要〉，並由臺灣省行政長官公署與臺灣省警備司令部聯合組設臺灣省接收委員會，下設軍事、民政、財政、金融會計、教育、農林漁牧糧食、工礦、交通、警務、宣傳、司法法制、總務等組。其中，軍事組係由警備司令部擔任，餘皆由行政長官公署統籌。[48]

---

[46] 參閱：陳師孟 等箸，《解構黨國資本主義—論臺灣官營事業之民營化》，（臺北：澄社，1991年9月），頁15。

[47] 大陸遷臺企業諸如：中央造幣廠、中央印製廠、中信局、招商局、新中國打撈（1970年撤銷）、中本紡織（國營轉投資，1971年民營化）、中國煤礦開發（1966年撤銷）、中國漁業（1966年併入退輔會）、臺灣鋼廠（併入臺機）、中國紡織建設（1967年撤銷）、農業化工廠（1971年併入臺糖）、中國農產供銷（1971年撤銷）、雍興實業（1971年民營化）、中華工程（原資委會機修處）、中國銀行（1971年轉黨營，改稱中國商銀）、交通銀行（1960年復業）、中央銀行（1961年復業）、農民銀行（1961年復業）、中國產物保險（1972年改制）等。吳若予，《戰後臺灣公營事業之政經分析》，（臺北：業強，1992年12月），頁96。

[48] 臺灣省行政長官公署，《臺灣省行政長官公署三月來工作概要》，（臺北：行政長官公署，1946年），頁4~5；臺灣省行政長官公署，《臺灣省行政長官公署施政報告》，（臺北：行政長官公署，

日人所屬企業則於委員會下增設日產處理委員會，將重要鐵公路運輸、電話電報通訊系統，及菸酒樟腦等專賣事業，併歸國營或省營（下文統稱公營），同時藉由銀行的公營與貿易的壟斷，控制臺灣較具規模的大企業及金融貿易等相關產業的發展，總計383單位。[49]

　　公營事業到了1965年1月李國鼎擔任經濟部長任內，主張大力擴充公營事業規模，而在經費上與財政部多所意見相左，1969年7月初李國鼎改派財政部長，接替俞國華。隨著政府積極推動十大建設，不但要求公營事業擴大投資與生產，而且也邀請國民黨的黨營企業，及部分的民間企業配合加入。[50] 然而，公營事業存廢的爭議始終存在。反對公營事業者，認為企（事）業公營必導致效率低落，成為缺乏效率的最好溫床；而贊成者則力主公營事業可濟民營企業追求私利不顧公益之失，故可提升整體經濟的福利。

　　所以，公營事業發展到了1980年代末期，盤根複雜的公營事業轉投資民間企業常被批評與民爭利和利益輸送的工具，在省屬部分包括省屬事業投資民間企業，和省屬金融行庫投資企

1946年），頁217-237。

[49] 參閱：張瑞誠 編，〈光復臺灣之籌劃與受降接收〉，《中國現代史史料叢編》（第四集），（臺北：中國國民黨中央委員會黨史會，1990年6月）。

[50] 公營事業公司的存在與經營，主要偏重在加強與公營部門投資有關的基礎設施行業，以及投資報酬率回收時間長，或是資本和技術方面民間企業無法經營者，都由政府組成的公營公司來經營。諸如當時政府為推動重化工業投資分別於1977年成立中國造船公司、中國鋼鐵公司等公營事業。王駿 執筆，俞國華 口述，《財經巨擘——俞國華生涯行腳》，（臺北：商智，1999年5月），頁226。

業兩大類別。[51]在中央所屬部分亦包括中央所屬事業轉投資企業，和中央所屬金融行庫轉投資企業兩大類別。[52]特別是政府

---

[51] 特別是到了1991年，在省屬投資民營企業方面共有下列兩大類：
一、企業轉投資企業如：臺灣航業投資中國航聯產物保險，臺灣省農工投資遠東倉儲，高雄硫酸亞投資臺灣擎天神，臺灣鐵路管理局、臺灣航業、基隆港務局投資中國貨櫃，唐榮投資中國鋼鐵，唐榮、臺灣省農工投資中國國貨推廣中心。二、省屬金融行庫投資企業如：第一商銀、華南商銀、彰化商銀投資臺灣水泥，臺銀、土銀、合庫投資中華日報（黨營），臺銀、土銀、合庫、一銀、華銀、彰銀投資臺視，臺銀、土銀、一銀、華銀、彰銀投資臺灣證券交易所，一銀投資味王，一銀、華銀、彰銀投資南亞塑膠，一銀、華銀、彰銀投資臺塑，一銀投資南港輪胎和味全，彰銀投資全日建築經理公司，合庫投資國際票券，華銀、彰銀投資臺北市煤氣，臺銀投資中華開發，彰銀投資中華票券，一銀投資臺火，彰銀投資中國化學製藥，一銀、華銀投資中國國際商銀，一銀投資國賓大飯店，一銀、華銀、彰銀投資中國化學，臺銀、土銀投資中華貿易，臺銀、土銀、合庫、一銀、華銀、彰銀投資華僑商業銀行，臺銀、土銀、合庫、一銀、華銀、彰銀、臺灣中小企銀投資世華聯合商銀，臺銀、土銀、一銀、華銀、臺灣中小企銀投資中興金融票券，土銀投資國際建業，臺灣中小企銀投資聯合建築經理公司，臺銀、土銀投資復華證券金融，彰銀投資交運通租賃，臺銀投資國際證券投資信託和臺億建築經理，土銀、中小企銀投資中國建築經理公司，合庫投資里昂證券投資信託和合眾建築經理，一銀投資東亞建築經理，華銀投資中華建築經理，土銀投資臺灣證券集中保管公司。參閱：臺灣省政府，《臺灣省總預算案》，（南投，臺灣省政府，1991年）。

[52] 在中央所屬投資民營企業亦可分為兩大類：一、企業轉投資企業如：中油投資臺灣志氯化學和信昌化學，交通部電信總局投資美臺電訊、臺灣國際標準電子、臺灣吉悌電信、榮電，臺糖投資臺灣氰胺、臺灣建業、中美嘉吉飼料，臺糖、臺肥、中油投資臺灣證券交易所，臺糖、農民銀行投資國際票券金融，中鋼投資中國鋼鐵結構、中國碳素化學，臺機公司、中船投資臺灣米漢納，中華工程

為特別照顧退伍軍人轉業的工作與生活輔導，行政院所屬退輔會的榮民事業系統設置了直屬事業單位和轉投資企業。[53]

投資聯合大地工程、國際視聽，中油投資福聚和中美和，中油、臺電、交銀投資中華票券金融，臺肥投資臺比，中油投資永嘉，臺電投資聯亞電機和加拿大鄧昇資源，中油投資高雄塑膠、臺化、合迪化。二、金融行庫轉投資企業如：交銀投資太平產物保險和中華開發，交銀、農銀、中央信託局、郵政儲金匯業局投資世華聯合商銀，交銀、農銀、中央信託局投資國際證券投資信託，交銀投資交運通租賃，交銀、農銀投資臺北世界貿易中心，交銀投資中國建築經理、建弘證券、金鼎證券，農銀投資農業教育電影、大輝國際、大通建築經理、大誠證券、臺灣證券集中保管，中央信託局、陽明海運投資中國航聯產物保險和中國貨櫃運輸，中央信託局投資匯僑貿易、國際建築經理，交銀、中央信託局投資臺電。參閱：行政院主計處，《1969-1991年中華民國中央政府總預算案》，（臺北：行政院主計處）。

[53] 截至1989年3月屬於退輔會的榮民事業系統所直屬事業單位包括：農業開發處，森林開發處，海洋漁業開發處，漁殖管理處，礦業開發處，榮民工程事業管理處，經營木材加工業的桃園工廠、臺中木材加工廠及其新竹分廠，經營造紙業的彰化工廠、楠梓工廠、臺北紙廠，經營印刷業的榮民印刷廠，經營炸藥製造業的龍崎工廠，經營紡織業的岡山工廠、中壢製廠，經營食品業的食品工廠、泛凍家工廠，經營塑膠業的塑膠工廠，經營製藥業的榮民製藥廠，經營化學業的榮民化工廠、榮民氣體製造廠，經營鋼鐵業的臺北鐵工廠，臺北技術勞務中心，高雄技術勞務中心，臺中港船舶服務中心等26單位。而其轉投資事業包括：欣欣天然氣公司、欣高天然氣公司、欣隆天然氣、欣中天然氣、欣彰天然氣、欣桃天然氣、欣南天然氣、新林天然氣、欣泰石油氣、欣欣客運、欣欣通運、大南汽車、欣欣電子、欣電電信、邦信電器、榮電公司、榮裕裝訂、華欣綜合印製工業、華欣文化、中華紙漿、欣欣蠶業、國華海洋、遠東氣體、泰欣冷凍、美國華安、中國國貨推廣中心、欣欣大眾、欣欣水泥、中心醫療用品工業、華良股份、欣欣木業、榮橋投資、榮友貿易等33家公司。朱雲漢，〈寡占經濟與威權政治體制〉，收錄：

然而，政府為因應1990年代臺灣社會急遽變遷，由於臺灣
高度經濟成長所衍生的貿易出超造成外匯存底過高，臺幣升值
引進熱錢和貨幣供給增加，於是股票飆漲、房地產遽升、工資
上漲形成生產成本增加，投資環境惡化、競爭力減退等經濟因
素。在非經濟因素方面更因為環保抗爭、勞資爭議、治安敗
壞。因此，政府提出經濟自由化、國際化和制度化的三化策
略，政府遂於1991年修正業已停擺將近40年的「公營事業移轉
民營條例」，將原條文第三條：「左列公營事業應由政府經
營，不得轉讓民營：第一、直接涉及國防秘密之事業。第二、
專賣或獨占性之事業。第三、大規模公用或有特定目的之事
業。」的內容，修正為「公營事業業經主管機關審視情勢，認
已無公營之必要者，得報由行政院核定後，轉讓民營。」臺灣
的公營企業再繼1953年的四大公營企業民營化後，被迫鬆綁地
走向民營化。

　　至於黨營事業的經營，政黨以取得執政權力為目標，必
須結黨營私從事政治經營與政黨競爭，乃至被詬病「黨庫通國
庫」，引發嚴重的黨國化社會治安議題。回溯國民黨的黨營事
業源起於1945年該黨的第六屆全國代表大會，黨中央依循會議
所訂的財務基本方針，以事業盈餘充作黨務經費，而成立於
1947年由陳立夫創辦的齊魯公司是唯一在臺復業的黨營生產事
業單位。[54]質言之，戒嚴時期黨國化社會治安議題是受到黨營

臺灣研究基金會主編，《解剖臺灣經濟──威權體制下的壟斷與剝
削》，（臺北：前衛，1992年8月），頁160。
[54] 中國國民黨黨營事業管理委員會，《黨營經濟事業的回顧與前
瞻》，（臺北：中國國民黨黨營事業管理委員會，1994年12月），
頁34。

事業結構變遷與發展的影響。

　　承上所論，黨營事業經過1950年代俞鴻鈞主導（1950年3月至1955年4月）的初創期。[55]歷經1960年代徐柏園主導（1955年4月至1970年4月）的奠基期，[56]和1970年代俞國華主導（1970年4月至1979年12月）的拓展期之後，黨營事業在結構上有了調整。1970年上半年，國民黨把黨營事業的管理工作從中央財務委員會分離出來，另外成立中央委員會文化經濟事業管理委員會，簡稱為中央文經會，由央行總裁俞國華出任主委，中央財委會只管財務、主計，不管黨營事業。中央文經會所掌管的黨營事業橫跨財經、文化兩大領域。然而，當時中央黨部四組的業務是主管黨營事業報紙、廣播公司、電視公司，中央文經會所能介入的就只有提供經費。1972年6月間，黨營

---

[55] 僅有齊魯公司早期負責生產橡膠製品，包括橡膠鞋、蛙鏡、輪胎等供應軍方使用，以後更擴及生產雷管、導火線、導爆索等工礦器材，作為軍方和各大建設破爆之用；1953年為因應臺灣當時陷入困境的對外貿易，以50萬元資本額成立裕臺公司，經營進出口貿易。中國國民黨黨營事業管理委員會，《黨營經濟事業的回顧與前瞻》，（臺北：中國國民黨黨營事業管理委員會，1994年12月），頁34-38。

[56] 在這時期成立的建臺水泥公司生產的水泥和臺灣建業公司開發的蔗板，都為國內建設和民生環境提供物質，替代了進口需求，甚至有餘力出口；而中興電工和新興電子則負責生產在當時占出口大宗的電器、電子產品；至於景德製藥則擔負起衛生保健的潔水錠、頭蝨藥和治蛔蟲藥等產品。建臺水泥公司是國民黨投資事業體中「很會賺錢的企業」，建臺水泥公司的前身是建臺水泥廠，是齊魯公司於1955年出資籌設，並於1965年邀約民間的東雲企業共同增資改組成立，資本額8千萬；1962年成立中央產物保險公司。參閱：中國國民黨黨營事業管理委員會，《黨營經濟事業的回顧與前瞻》，（臺北：中國國民黨黨營事業管理委員會，1994年12月），頁44-46。

文化事業完全劃歸四組管理，與中央文經會無涉。同時，國民黨分別於1971年和1979年成立中央投資公司及光華投資公司等兩大控股公司。[57]

因此，黨營事業發展到了1980年代鍾時益（1979年12月至1988年6月）的轉型期，黨營事業在以前投資案絕大部分配合政府政策，投資多與行政院開發基金或公營事業合作，1980年代以後則轉型多與民間企業合作。所以，1988年成立建華投資，是國民黨擁有的第三家控股公司，實收資本額為1億5千萬元，在投資行業的定位上，係負責專案性質的投資。[58]檢視當

---

[57] 黨營企業在1970年代的經營觸角，主要伸展在票券金融、石化工業及電子工業等新興行業上。透過兩大控股公司投資成立的公司，在金融業方面於1976年由中央投資公司主導，率先出資認股，並邀臺銀、土銀、一銀、華銀、上海商儲銀行和中小企銀共同集資新臺幣2億元的國內第一家貨幣市場仲介機構的中興票券；1980年以光華投資公司主導，在邀集臺銀、土銀和中國信託成立復華證券金融。在石化工業方面，國民黨先後透過中央投資公司於1975年投資東聯化學，持股24.9%；1976年投資中美和，持股25%；1979年投資永嘉，持股49%；1979年聯合下游加工業者臺達、奇美、臺橡等公司成立臺苯，持股30%。參閱：中國國民黨黨營事業管理委員會，《黨營經濟事業的回顧與前瞻》，（臺北：中國國民黨黨營事業管理委員會，1994年12月），頁58-66。

[58] 建華投資成立後適逢政府開放證券商之設立，即與中國商銀、世華銀行等投資人共同投資成立大華證券，以及成立華信、臺灣蠟品等企業；在海外投資則於1994年與其他投資公司於日本東京設立臺灣貿易株式會社，購買商業大樓供臺商辦公場所及商品展示之用；在旅遊觀光方面則與國內其他投資人共同投資七海旅運公司；在資訊工業方面於1989年由裕臺公司開始和交銀共同投資倫飛電腦。參閱：中國國民黨黨營事業管理委員會，《黨營經濟事業的回顧與前瞻》，（臺北：中國國民黨黨營事業管理委員會，1994年12月），頁81-88。

期政府在發展重化工業替代策略的同時，體會到中小企業是處於政經體系中的權力邊陲，通過《中小企業發展條例》，及特別成立中小企業處，積極對中小企業提供整體性輔導，以改善經營體質，提高競爭力，並協助轉型。許多中小企業在結合黨營事業上得順利發展成大企業，由勞力密集產業轉型為發展電子業。

特別是，政府為解決企業融資的問題，透過結合公黨營事業機構的方式·成立各類型金融單位來輔助民間企業的轉型與發展。因此，臺灣家父長式經濟治安議題隨著1990年代以後公營事業的逐漸民營化，和國民黨的停止經營黨營事業，政府與企業已從家父長式調整為夥伴式關係。

臺灣自戰後的冷戰開始期間，即與美國為首的資本主義集團站在同一條生命線上，儘管實施的是軟性的計畫經濟或稱計畫性自由經濟，走的是介於純粹資本主義和中央計畫經濟之間的三民主義道路，略近於戰後的德國和日本模式，但整體而論臺灣企業發展的家父長式經濟是無可避免的被美國化了。因此，政府的公營事業和國民黨的營黨事業在經濟決策的領域中是逐漸地走向虛有其表化，黨國資本主義的家父長式經濟在形式上固然掌握了一些利益分配的權力管道，然而民間企業在計畫自由經濟運作機制中卻有了很大的彈性發展空間。

第五節　黨國化社會性治安

戒嚴時期臺灣社會治安是從殖民社會性格，歷經國、共兩黨「內戰論」的地方社會性格，而逐漸形成國家社會性格。換言之，戒嚴時期社會治安是國民黨政府要實現黨國化社會為目

標，要貫徹以黨對政、軍、警、情治，及工會、商會、漁會、農會、青年、婦女、文化界等社會團體的指揮機制，建立「以黨治國」的威權體制，並強烈主張代表的是中國合法正統的過程。

然而，卻也形塑了臺灣是一個被矮化為「地方政權」的社會階段，毫無「國家認同」的立場。亦即出現如果認同大陸，就等於承認臺灣是它的；如果只認同臺灣，就會被扣上「臺獨」的矛盾現象。

以下，本節將從文化認同運動、鄉土文學運動、新興社會運動等三議題來檢視其所引發的黨國化社會性治安。

一、文化認同運動的治安議題

從1945年8月終戰，到1947年「二二八事件」發生，是臺灣知識分子追求思想解放的旺盛時期。1946年1月陳儀政府開始實施〈臺灣省漢奸總檢舉規則〉，同年四月，國語普及委員會正式成立，6月更成立臺灣文化協進會，其成立宗旨是要聯合文化教育的同志及團體，協助政府宣揚三民主義，傳播民主思想，改造臺灣文化，推行國語國文。

臺灣文化協進會的主要工作，便是官方能夠透過一個民間機構，使中國化的文化政策推行到廣大的知識份子之中。因此，除了發行《臺灣文化》之外，也不定期舉辦文化講座、座談會、音樂會、展覽會與國語推行。然而，反諷的是部份臺籍知識份子卻利用《臺灣文化》發表迂迴諷刺的批判文章，對中國化政策進行杯葛與揭發。10月政府禁用日語的政策付諸實踐，臺灣知識分子在經歷了1937年禁用漢語與這次禁用日語的官方政策，臺灣社會出現嚴重錯亂的文化認同問題，突顯臺灣

黨國化社會治安環境的混亂現象。

《臺灣文化》的刊行還有另一任務，就是要臺籍作家與外省作家合作，以便突破大陸與臺灣之間語言和文化的隔閡，建設民主的臺灣新文化和科學的新臺灣。在此刊物發表文章的大陸籍作家通常有一共同特色，便是具有左翼思想的色彩。另外還有一個重要特色，則是他們致力於魯迅思想的傳播甚深。這是臺灣抗日傳統與中國五四精神嘗試結盟的一個重要契機，卻由於治安環境的不容許，這種結盟只存在五個月，便因「二二八事件」的發生而宣告解散。

陳儀政府為肅清日人在臺灣文化思想上的遺毒，依據〈取締違禁圖書辦法八條〉，統計自臺灣光復一年來臺北市計有違禁圖書836種，7,300餘冊，除了一部分留作參考外，餘均焚毀。其餘各縣市報告處理違禁圖書經過者，既有臺中、花蓮、屏東、高雄、臺南、彰化、基隆等七縣市，焚毀書籍約有1萬餘冊。足證當時黨國化思想檢查的嚴密，對於文化的創作空間已構成重大威脅。相對於日本殖民政府的思想控制，陳儀政府可謂有過之而無不及。因為，上述的查禁工作，僅在光復後短短一年之內就完成了。[59]

換言之，臺灣抗日傳統與中國五四精神的這兩股文學結盟，遭受陳儀政府極力的阻撓並鎮壓，導致1947年發生「二二八事件」所引發的社會性治安，其中文化差異的衝突也是占其中很重要因素，突顯這階段政府推動文化認同的運動是失敗的。而在這場中國化的國家認同與文化認同運動中，引發治安事件的文化人除了楊逵入獄百日之外，還包括捲入「鹿窟

---

[59] 陳芳明，《臺灣新文學史》（上），（臺北：聯經，2011年10月），頁230-231。

武裝基地事件」的呂赫若；曾經領導臺灣文藝聯盟的張深切與張星建在「二二八事件」後長期亡命；《臺灣文化》編輯蘇新，則偷渡逃亡到香港；小說家張文環逃至山中躲藏；王白淵則被指控知情不報，判刑入獄兩年；鹽分地帶詩人吳新榮遭到通緝，在自首之後受到監獄、審判，經過三個月後才獲釋；《民報》發行人林茂生，和《人民導報》發行人王天燈都在事件中遭到殺害。

另外，在大陸來臺的左翼作家如臺靜農、黎烈文則留在臺灣大學教書，終身不敢再提起魯迅。至於曾任陳儀臺灣行政長官的編譯館館長，雖於其任內負有編輯各種教科書，致力於使臺灣同胞了解祖國的文化、主義、國策、政令等任務的許壽裳，亦於1948年2月在擔任臺大中文系主任任內遇害。

檢視「二二八事件」後，又緊接著實施綏靖與清鄉的軍事鎮壓，臺灣社會經歷軍事的壓制，民間社團的被解散，報紙刊物又被查封，致使知識分子沉默下來，不但是造成省籍之間的裂痕，繼而又使臺灣社會的文化傳承發生嚴重的斷層。特別是1948年至1949年曾經發生在外省作家與本省作家，處在不同政治文化背景下所引發的「臺灣文學論戰」，導致社會再度陷入受到日本殖民的臺灣人與來自祖國新文學的文化認同爭論。

換言之，1949年4月爆發「四六事件」前臺灣已有許多新文藝活動，如新生報「橋」副刊主編歌雷、作家楊逵等人的討論過方言文學問題。還有麥浪歌詠隊隊員臺靜農之女臺純懿、楊逵之子楊資崩當時都是小學生與藝術教授黃榮燦等人，以「祖國大合唱」、「黃河大合唱」為招牌的曲目。「四六事件」當天的楊逵被逮捕，係因1949年1月21日在上海《大公報》發表了一份〈和平宣言〉，呼籲國共內戰不要席捲到臺

灣，要求當局應該實施地方自治，主張島上的文化工作者不分省籍團結起來，使臺灣保持一塊淨土。這場文化認同的議題也因楊逵被捕而平息下來。楊逵後來因為此案被判刑12年。

1949年年底至1950年上半年，是國民黨在臺灣建立黨國化社會性治安的關鍵時期，亦即建立反共反蘇的文化運動。1950年4月在國民黨主導下成立中華文藝獎金委員會與中國文藝協會。特別是中國文藝協會的成立，是以團結全國文藝界人士，研究文藝理論，從事文藝創作，展開文藝運動，發展文藝事業，實踐三民主義文化建設，完成反共抗俄復國建國任務，促進世界和平為宗旨，並發行《文藝創作》。檢視這個組織的權力結構是以國民黨員為核心，以外省作家為主要成員。工作的推動先由黨內核心組織下達決策，然後由民間團體配合，落實到社會各階層。

1951年中國文藝協會呼應國防部總政治部主任蔣經國的文藝到軍中去運動，提倡軍中革命文藝的推廣活動。1951年葉石濤因與左派文人來往，被以「知匪不報」罪名逮捕，判刑5年，因蔣介石連任總統減刑，才得以服刑3年出獄。1954會5月4日中國文藝協會更以1953年11月蔣介石完成的〈民生主義育樂兩篇補述〉為最高指導原則，推動文化清潔運動，並強力推廣到軍中。

同時，為吸納本省籍作家的參與，中國文藝協會在下設的17個委員會中，成立民俗文藝委員會，更突顯臺籍作家在文化位階與認同仍存有落差。另外，為全面貫徹黨國化社會的目標，特別在中國青年反共救國團下成立中國青年寫作協會，並發行《幼獅文藝》；在臺灣省黨部成立臺灣省婦女寫作協會，以黨團系統掌控社會中國化的話語權。

二、鄉土文學運動的治安議題

當1950年代黨國化社會性治安的反共文學如火如荼進行之際，迫使臺灣文化界充分追求自由的文學想像受到抑制，如1951年8月胡適因為「軍事機關」（保安司令部）干涉《自由中國》言論自由而辭去發行人名義，以及聶華苓主持《自由中國》文藝版的表現自由主義文學觀。[60]尤其1958年5月4日文藝節，胡適接受中國文藝學會的邀請，以〈中國文藝復興、人的文學、自由的文學〉為題做公開演講，胡適批判所謂文藝機構與文藝政策的不當，說明文藝創作不應受到任何權力干涉。

檢視1953年至1965年臺灣接受美援時期的帝國主義文化影響，臺灣社會文化成為冷戰軍事圍堵共產主義下的一員。換言之，臺灣黨國化社會到了1960年代中期以後，反共文學的強調戰鬥氛圍已呈現疲態，同時，臺灣社會分別出現「為藝術而藝術」議題的現代主義，和1970年代興起「為人生而藝術」議題的鄉土文學，臺灣黨國化社會性治安的議題又進入一個新的階段。

臺灣現代主義思潮主要是由帝國主義文化與臺灣親美文化的相互激盪形成，其代表對當時反共政策與戒嚴體制的抗拒、對封閉的政治體制表達深沉的抗議，同時反映戰爭離亂的苦難、鄉土歷史的崩塌、傳統人倫的傾斜，規範這樣書寫的背後其實有一個龐大的中國心靈。因此，能保持與臺灣社會對話的文學，顯然相當稀少，除了陳映真、黃春明與王禎和等少數臺灣籍作家之外。所以，到了1970年代臺灣社會不斷地出現改革的呼聲，配合政治上對戒嚴體制批判所形成「黨外」為名的民

---

[60] 聶華苓，《三輩子》，（臺北：聯經，2011年5月），頁180-184、193-195。

主運動，在文化上浮現以本土精神爲依歸的鄉土文學運動。

檢視1964年4月吳濁流創辦《臺灣文藝》，從雜誌名稱要突顯承續日治時期臺灣文藝聯盟未竟的歷史使命，也要強調臺灣文學有其固有的特殊性與自主性，當治安人員以各種有形無形的方式來威脅他辦刊物時，吳濁流仍然不放棄《臺灣文藝》的命名。

因此，回溯臺灣鄉土文學雖萌芽於擺脫殖民「文化附庸」的1930年代，直到1977年爆發的鄉土論戰與黨國文化的轉型，尤其是1977年國民黨爲鄉土文化論戰召開第二次文藝會談，呼籲作家堅持反共文學立場。隔年國軍文藝大會上，國民黨文工會主任楚崧秋和總政治部主任王昇強調要發揚民族文化，也要團結鄉土，認爲鄉土之愛、就是國家之愛、民族之愛，因而停止官方對鄉土文學的批判，也讓鄉土文學論戰暫時平息下來。

尤其，1978年11月行政院的〈縣市文化中心計畫大綱〉及12月的〈文化活動強化方案〉中的具體化政策，由於這些縣市設置的文化中心逐漸能突顯出戰後臺灣地方文化的特性。換言之，從1930年代臺灣語文運動、1956年開始的說國語運動，到1970年中期的臺灣鄉土文學運動，充分暴露出臺灣社會文化的受制於黨國文化桎梏，導致臺灣的語言、文學與歷史都遭到刻意邊緣化。所以，形塑這時期出現的臺灣鄉土文學運動引發了臺灣社會文化上「中國意識」與「臺灣意識」，乃至於國家認同的統獨之爭。尤其是隨著臺灣社會主體意識的提高，當時對於「鄉土文學」的過於強調臺灣本土的書寫，卻忽視了「懷抱中國意識」左翼作家的主張，臺灣歷史與文學應從中國國族主義來理解。

換言之，戒嚴時期黨國化社會治安是以中原文化爲唯一的

政治認同時，臺灣鄉土文學突顯的是臺灣社會與臺灣住民、生活、語言交互作用，彰顯的是一種新的國族想像。例如，葉石濤在1987年解嚴前夕所出版的《臺灣文學史綱》最具代表性，在新詩方面則是由吳瀛濤主持的《笠》詩社，和出版與臺灣語言文化有關的《臺灣民俗》、《臺灣諺語》等作品。

三、新興社會運動的治安議題

黨國化社會性治安時期的對於勞工階級，從及早時期開始就針對公營和黨營業的勞工提供極為優渥的福利政策，並以公營和黨營企業的勞工為中心，在國民黨的主導下組織了金字塔式的勞工組織，藉以控制公營和黨營企業的勞工，防止其抵制黨國化社會政策的推動。然而，到了1980年左右，新興社會運動本質上已「脫革命化」，社會型態逐漸進入人民和國家政權在公共偏好的研判，以及對未來視野的論述競爭和動員的比賽，亦即新興議題的社會運動已和爭奪政權無直接關聯性。

換言之，1970年代臺灣新興社會運動開始受到現代化與民主化運動，同時構成文學本土化的重要基石，作家書寫的議題觸及農民、勞工、女性、生態環境所面臨的危機，同時也深入探索外資帶來不公平、不公義的社會議題。尤其是跨國公司投資臺灣是為了創造巨大利潤，而又完全不願面對低廉工資的不合理，也不願為環境污染付出代價，更不在意臺灣住民是否享有言論批判的自由。

因此，現實主義逐漸取代了現代主義，尤其1980年代以後社會自主性提高，強調對社會議題的關懷，戒嚴時期便已出現的運動包括：消費者運動、反污染自力救濟運動、生態保育運動、婦女運動、原住民人權運動、學生運動、新約教會抗議運動等等。1987年解嚴前後出現的社會運動更擴及包括：勞工

運動、農民運動、教師人權運動、殘障及福利弱勢團體抗議運動、老兵權利自救運動、政治受刑人人權運動、外省人返鄉運動等。[61]

　　檢視1987年臺灣戒嚴時期的所有勞資爭議都是透過由黨國所組織的調解委員會調解，而不是藉由正常程序的司法解決。調解委員會的組成一般除了包括衝突的勞資兩造，還包括國民黨地方黨部幹部、主管勞工事務的地方政府官員，和地方警察局。調解的目標與效果往往並非透過政府作為依客觀的仲裁者解決問題，化解怨懟，而只是要藉干預而壓制潛在的社會衝突。

　　因此，1980年初期普遍出現「自力救濟」的抗議事件，大都還冀求黨國化政府的介入，尤其是在經濟性的補償事件。檢視1980年至1986年間光是非政治性的「自力救濟」活動，因公害而受害的地方住民所常見的典型反應，就是採取對造成傷害者進行直接的抗議與要求補償。群眾公然集體抗議活動的頻繁，明顯地削弱了依靠長期黨國化社會性治安所進行的社會控制。

　　換言之，1970年代臺灣社會自覺意識的普遍覺醒，對於新興社會運動的爭議議題，反映了臺灣黨國化社會的多重矛盾。也就是1987年解嚴前的民主的、民族的、省籍的，與階級的矛盾所引發的社會性治安議題。換言之，社會運動在突顯社會的自主性，和資源分配的重組，戒嚴時期政府面對來自民間反抗勢力的挑戰，所引發的黨國化社會性治安議題，不得不因應社會變遷而加以調整。

---

[61] 蕭新煌、徐正光 主編，《臺灣的國家與社會》，（臺北：東大，1996年1月），頁367。

第六節　小結：戡亂政府型態警察角色

　　承上所論，戰後戒嚴治安的戡亂政府型態警察角色分期，大致可分爲五個階段：第一階段是1940年代後期的接收與重建的調整期，工作的重心在接收日本警務，並於內政部設警政司，掌理全國警政；第二階段是1950年代的建立警察制度時期；第三階段是1960年代的警政發展期；第四階段是1970年代的配合國家體制倡導警政現代化時期；第五階段是1980年代以後繼續推動警政現代化，及規劃解嚴的因應時期。[62]

　　若以1987年解嚴爲戡亂政府型態的界線，主要分爲戒嚴治安的軍領警察和解嚴治安的警管警察。同時，戒嚴治安的戡亂政府型態警察角色應溯自1944年國民政府大陸時期在中央設計局成立的臺灣調查委員會、1945年臺灣省行政長官公署與警備司令部前進指揮所成立，以及日軍被解除警察權後的成立臺灣省警察訓練所。[63]乃至於1947年發生二二八事件，政府爲壓制混亂情勢所展開軍事行動。更因爲中央政府在軍事上的失據，

---

[62] 陳純瑩，〈戶政、警政與役政〉，李國祁　總纂，《臺灣近代史政治篇》，（南投：臺灣省文獻委員會，1995年6月），頁440-450。

[63] 這時由陳儀兼任司令的「臺灣省警備司令部」，體制上歸軍事委員會領導，司令部有兩個辦公地點，一在臺北，一在重慶。「二二八事件」之後，改名「臺灣全省警備司令部」，首任司令爲彭孟緝，歸臺灣省主席節制，1949年2月改名爲「臺灣省警備總司令部」，由省主席陳誠兼任總司令，改隸國防部，9月又改名「臺灣省保安司令部」，一直到1958年7月改名爲「臺灣警備總司令部」，這一名稱伴隨臺灣政經發展的變遷而深植臺灣人民心中，1987年解嚴後的1992年才裁撤。至於1946年3月《中央警官學校組織條例》」由國民政府修正公佈實施，1949年12月中央警官學校奉內政部令歸併臺灣警察訓練所。

被迫遷都臺北的召開首次院會。

　　因此，戡亂政府型態警察除了集政訓、特務、肅奸於一體的軍中政工體系，並且透過臺灣省警務處於1945年制頒的〈臺灣省警察政訓工作綱領〉，延伸到警察的組織系統。由於1946年國共內戰的因素，加上1949年臺北發生的「四六事件」，警察進入校園逮捕抗議分子的鎮壓行動，導致國共鬥爭在臺灣的更為表面化，而將戡亂動員體制由大陸地區延伸到臺灣來。

　　政府為求國家安全與經濟穩定，遂於1949年5月1日自零時起，實施全省戶口總檢查，20日全省宣告戒嚴，並透過《懲治叛亂罪犯條例》的實施，對率隊投共、擾亂治安、金融及煽動罷工罷市者，須受軍法審判，軍事權高於一切。8月間臺灣省警備總司令部人員分別調撥成立「東南軍政長官公署」及「臺灣省保安司令部」，將臺灣省警務處及保安總隊改隸保安司令部建制，專司全省治安工作，隨後於10月5日才將警務處及保安總隊改隸省政府，為治安權責仍受保安司令部節制。

　　同時，為因應中共一再高喊「武力解放臺灣」，臺灣省保安司令部並規定：加強入境臺灣的檢查，嚴格取締縱火的破壞社會秩序行為，舉發與肅清中共間諜，禁止與中共地區的電信往來等四項緊急措施。尤其當時由政府派遣來臺的2萬8千名官員和警察，隨著國共內戰日趨白熱化，90%的軍隊撤離臺灣，使得當時維護臺灣之軍警人員僅1萬1千餘人，為1940年日本憲警的6%。由於軍警力量大幅減少，以致面對打擊犯罪和較大規模的民眾反對政府活動時，處理能力有限。[64]

　　政府為了配合動員戡亂，維持全省經濟治安議題，臺灣行

---

[64] 賴澤涵，《臺灣光復初期歷史》，（南港：中央研究院中山人文社會科學研究院，1993年12月），頁117-118。

政長官公署早於1946年12月根據〈經濟警察組設計畫大綱〉，成立經濟警察訓練班；1947年4月警務處及各縣市警察局成立第四科主掌經濟警察業務。[65]到了1949年9月政府即通過〈經濟作戰委員會組織規程〉，與10月頒訂〈取締擾亂金融平抑金鈔波動具體辦法〉十項，及〈船舶總隊編組辦法〉，任何船舶軍需呈報候編，以加強水上安全，確保治安。

同時，爲確保山地治安，依據〈戒嚴時期臺灣省區山地管理辦法〉，管制一般平地居民入山，預防中共建立游擊基地爲主要目標。1950年3月1日國民黨總裁蔣介石復行總統職務，爲貫徹以黨對政、軍、警、情治，及社團等機關的「一元化」領導。特別是以〈動員戡亂時期臨時條款〉及〈戒嚴令〉，限制人民的言論、集會、結社、出版，及新聞等自由，並強調以「法統說」來掌控國會運作。

大體而言，在蔣介石執政的1950年代，戡亂政府型態不但是在延續戰時體制的復員工作，先後從日人手中接收公營企業與發展民生工業；推動爲促進農業發展的基礎公共建設；土地改革的維護大多數佃農利益；並以「防衛捐」的課稅方式，籌措國防經費，均有賴警察扮演戰時軍人角色，來協助維護國家安全；並透過警察來執行各項經濟管制政策。[66]因此，警察在

---

[65] 這項工作一直延續到1985年12月警政署由經濟組掌理經濟警察業務，臺灣省警務處則由經濟科負責，直轄市警察局及各縣市警察局則由刑事警察隊掌理，原有經濟科（課）裁撤，各警察分局原由一組（行政組）承辦之經濟警察業務，亦劃歸三組（刑事組）掌理。周勝政，《經濟警察概論》，（桃園：中央警察大學，1996年5月），頁17-18。

[66] 諸如管理旅館、飲食店、電影戲劇業、遊藝場、舊貨業、理髮業、介紹業、刻印業、代書業、葬儀業、按摩業、屠宰業、獸肉業、牛

這階段主要是以維護政權爲主。

1960年代由於國共戰爭稍息，警察在這時期爲配合戡亂政府的鞏固政權，以及執行對異議人士抗爭的壓制，並藉由妥爲運用美國軍援與經援，實施計畫性自由經濟的各項管制，顯見警察配合戡亂政府在維護國家安全與經濟管制政策上，俾延續維護政權於不墜。尤其是1958年將各縣市消防隊納入警察局編制，以及在1968年將由原民政機關主管的戶籍登記，基於戡亂時期嚴密戶口管理，而配合治安需要，逐步實施「戶警合一」制，劃歸警察機關主管，基層的鄉鎮市區公所戶籍課，更是改爲鄉鎮市區戶政事務所，隸屬各縣市政府警察局。

1970年代蔣經國執政的時期，即開始面對自日治以來，臺灣內部一直存在國家認同與族群意識，或是「本土」與「非本土」的嚴重問題，尤其「臺灣獨立」的訴求，近乎與臺灣民主運動形影相隨。在面對國內新興團體要求改革的呼聲，政府深刻了解到本土化政策，乃是臺灣未來永續生存與發展的重要關鍵，不得不修正〈動員戡亂時期臨時條款〉，以擴大名額方式容納更多地方派系人士及政治精英參與中央決策。

同時，戡亂政府在1974年開始推動十項建設，以因應當時惡劣政經環境的挑戰，及解決臺灣經濟所面臨結構性的問題。尤其中華民國退出聯合國、尼克森訪問中國大陸，這些接踵而至的外交挫折與衝擊，加上1979年國內發生「美麗島事件」，成爲國際人權與政治民主化程度關注的焦點，戡亂政府以軍法公開審理方式，強調警察打擊犯罪、維持秩序的執行法律角色，降低了警察的軍人色彩，也促使蔣介石執政時期的硬式，

奶製造業、露店、大工廠、原動機、苦力業、渡船業、冷飲菓子業等20種特種營業，以維護經濟秩序。

調整爲蔣經國執政時期的軟式威權體制。

　　諸如1976年當時擔任行政院長的蔣經國，有感於民主法治時代的來臨，警察工作與人民的關係最密切，除了任命海軍陸戰隊司令孔令晟爲警政署署長，並兼任臺灣省警務處處長，從事〈改進警政工作方案〉的警政現代化工程之外，並於1985年通過〈五年警政建設方案〉，和以後修正《警械使用條例》、《槍砲彈藥刀械管制條例》和《動員戡亂時期檢肅流氓條例》等相關法規，突顯政府在維護治安及保障人權方面皆具有積極的意義。警察角色隨著戡亂政府型態的調整，而逐漸偏重於執行法律的角色。

　　檢視1980年代的警察在執行法律角色仍然存在諸多爭議。因此，正如上述1980年當大法官會議解釋《違警罰法》違憲以前，警察仍屬擁有極大權限的機關，其不僅擁有法規制定權，如頒布一些職權命令，且依據《違警罰法》，掌理警察司法裁判權。而其警察行政權的範圍，仍擁有衛生、消防、工商、安全以及風俗等相關的警察事務，此種警察權，包括行政、立法以及司法裁判權等，仍然強調戡亂政府型態的警察角色。

　　在國家安全高於一切的前提下，戒嚴治安的警察仍然遵從依法執行軍領警察的角色，但是社會不斷要求政黨退出校園、軍隊、警察，以及法官不得參加政黨活動的呼聲，迫使國民黨的一元化黨國領導不得不做出調整，鬆解在大學校園設「孔知青」、軍隊設「凱旋」、警察設「劉中興」等黨部組織。特別是軍隊內部成立的所謂特種黨部組織，因受制於《憲法》所通過的法令，只能非公開地進行。

　　綜論上述警察在政府未宣佈解嚴的威權體制過程中，戡亂政府型態「軍領警察」的角色深受社會詬病，尤其是《違警罰

法》一直要到1991年7月1日才廢止，改由《社會秩序維護法》取代，突顯《違警罰法》在1980年代前後階段，當警察面對層出不窮的政治性治安議題、經濟性治安議題，和社會性治安議題的處理困難度和複雜度，卻也相對突顯戡亂政府型態警察欲以其原由維護政權為主，轉型為偏重執行法律為主的角色。

下 編
後現代警察與國家發展：臺灣警管治安年代（1987～迄今）

第八章　國治時期解嚴治安的結構與變遷（1987～2008）

※發生在1974至1990年間，大約30個國家由非民主政治體制轉型到民主政治體制的原因，他認為這不是一種巧合，包括臺灣在內，這些國家在這個時候出現民主轉型的原因包括：民主價值的普世化、1960年代的全球性經濟成長、天主教教會的影響、美國的人權政策及民主的滾雪球效應等。在臺灣，中產階級的興起、經濟的快速成長、所得分配平均等擴大政治參與，開啟了民主化的進程。※

（Samuel P. Huntington）

臺灣戒嚴戡亂體制在1987年的宣布解嚴，和1991年廢止
〈動員戡亂時期臨時條款〉等重大國家體制的改革之後，展開
了一連串警察與國家發展的結構性轉型，建構臺灣治安成為全
球競爭體系國家和世界資本主義體系的一部分，其中國家性
（stateness）與其民主轉型的治理能力（governability）更牽扯
兩岸關係，乃至於區域安全和美國所建構世界秩序的治安議
題。

　　換言之，解嚴後幾乎意味著後現代與後殖民相關的同義
詞，也意味著全球化浪潮的全面襲來的階段。以下將先論述國
治時期解嚴治安議題，次論臺灣後冷戰時代的涉外性治安、政
黨型政治性治安、夥伴式經濟性、多元化社會性治安之後，最
後，形塑以解嚴治安轉型政府型態的警察角色為結論。

第一節　國治時期解嚴治安議題

　　臺灣戒嚴戡亂體制的解嚴轉型，突顯在1980年代後期的結
束軟式威權體制之後展開，尤其1991年2月國統會通過〈國家
統一綱領〉，4月通過《中華民國憲法》增修條文，廢止長達
43年的〈動員戡亂時期臨時條款〉和賦予第二屆國代與立委的
產生法源依據；接著廢止《懲治叛亂條例》、修正通過排除思
想叛亂入罪的《刑法》第一百條、通過《兩岸人民關係條例》
等重大法案；以及攸關改變政治生態的總統副總統、立委、省
長省議員、縣市長縣市議員等多項選舉，導致轉型期國家權力
結構的重大變革。

　　因此，檢視臺灣解嚴治安時期，在涉外性治安議題上突
顯後冷戰時代的主權、洗錢、貪污與賄賂、非法毒品販運、非

法入境、人口販運、恐怖份子活動、網路犯罪、跨國詐欺、跨國金融犯罪等；在政治性治安議題上突顯政黨型體制的兩岸關係、警備保安、戶口管理、民防、安全檢查、維護政權、修改憲法、中央民意代表改選等；在經濟性治安議題上突顯夥伴式的經濟制度化、自由化、國際化、產業轉型等；在社會性治安議題上突顯多元化的交通事故、消防救災、貧富差距、環保、勞工、消費者意識、外勞、外籍配偶等相關議題。

第二節　後冷戰時代涉外性治安

發生在1987年臺灣解嚴之後的權力結構與變遷，尤其是出現2000年的政黨輪替，改由民進黨取得政權之後，執政的民進黨政府雖然國號仍維持「中華民國」，但是國際上的對外場合通常僅稱「臺灣」。這是因為與中華人民共和國有邦交國的政府，都會認知或顧慮中國大陸堅稱的「一個中國」原則，以致於當他們在提及臺灣事實上存在於國家之際，往往避免使用具有國家含意的用語，而這些國家的大眾媒體也配合採取一致的方式，來處理中華民國的國際外交事務與涉外性治安議題。

以下本節從後冷戰時代國際性治安議題，與轉型時期臺灣涉外性治安議題加以論述。

一、後冷戰時代國際性治安議題

後冷戰時代的時間，顧名思義就是指自1980年代末蘇聯東歐劇變之後迄今的期間。檢視全球延續戰後國際金融流動，主要是南北體系關係中的先進國家對開發中國家的資金與技術，尤其在冷戰初期，美國透過國際金融體系的提供，協助美國外

交政策和軍事安全體系的建立與維護，而造成70年代以後流動資金的跨境化與私有化，致使許多開發中國家引發債務問題。到了80年代中期之後，由於經濟不景氣，和國際環境的轉變，導致非優惠資金貸款的增加，和透過私人市場來解決，以及援助金額的減少。

因此，1992年至1993年固定匯率制的垮臺，迫使英國撤銷它創建歐洲共同貨幣的努力；尤其是1994年至1995年墨西哥財政金融惡化所導致，世界性的資本主義經濟危機，使私人銀行的貸款變成了沉重的外債負擔，乃至於1997年發生的東亞金融風暴，其中國際貨幣基金（IMF）和世界銀行（WB）都依賴以美國為首的扮演後冷戰國際安全的救火隊角色。

特別是在1997年亞洲金融發生危機時，IMF對南韓等國家就是採用此一金融策略，以協助解決南韓過分依賴外幣貸款，在利率升高或貨幣貶值對該國經濟的衝擊。所以，改善國際金融不安全的IMF，在後冷戰時代已逐漸轉型變成主導國際流動資金保險系統的機構。在平常或金融危機發生前，IMF可以提供審核通過的第三世界國家必要的國際流動資金保險，若符合條件的國家遭受國際性的金融危機，仍可接受IMF原先承諾的資金援助。

至於，世界銀行成立的目的就是要協助第三世界國家取得基礎建設的資金，幫助貧窮國家快速發展經濟，但在後冷戰時代全球資金充沛，且資助高獲利的第三世界國家進行基礎建設，世界銀行轉型為全球性多邊的教育援助部門。因為，先進國家金援貧窮國家時，可以優先將資金投入國民教育已步入正軌的國家，若能辦好教育，等於社會系統具備融入發展經濟的優勢，便可吸引外商直接投資。

然而，面對國際貿易保護主義的興起，早已破壞GATT所規範的自由國際貿易秩序，這也是70、80年代間，日本與歐洲共同體的崛起，以及美國經濟相對的式微，使得國際貿易管理體系呈現多元，藉由多邊體系的貿易談判機制，來解決貿易國之間涉外性不公平的歧視議題。

　　因此，後冷戰時代GATT的貿易機制，在面對涉外性新保護主義議題時越來越顯得無能為力，尤其在非關稅和自願出口限制方面。再加上許多國家對農業、服務業、金融流動，及智慧財產權等新興議題的干預增多，許多政策轉趨於重視管理貿易機制，迫使GATT在面臨世界性資本主義體系的新國際貿易趨勢，進而於1995年1月1日起改名「世界貿易組織」（World Trade Organization, WTO）。

　　後冷戰時代WTO多邊貿易的基本理念在於創造一個自由、公平的市場經濟環境，使資源依照永續發展的原則，做最佳配置的使用以提升生活水準，確保充分就業，並擴大生產和貿易開放、平等、互惠與互利，期能透過貿易提升開發中與低度開發中國家的經濟發展，彰顯WTO是一個經濟性質的機構，而非全球性的政府。

　　然而，許多不公平議題的貿易治理和談判仍必須藉由國際組織制定規範，和強權國家願意遵守規範的並行機制，才有可能實現全球共享貿易利益的成果。例如美國接受WTO對它不利的裁決，美國願意改變行為或繳納罰款，但有些爭議部分，各國政府尚未能達成協議，也沒有專責的國際組織，只有依賴強權國家嘗試建立規範加以監督，也逐漸導致區域經濟的興起。[1]

---

[1] 例如會員國對主要爭議的農產品補貼及工業產品市場開放等談判議

二、解嚴時期臺灣涉外性治安議題

承上所論，後冷戰時代的涉外性治安隨著競爭性國家體系國際秩序的重組，尤其出現在1991年年底蘇聯集團的瓦解，葉爾欽（Boris Yeltsin）取代戈巴契夫（Mikhail Gorbachev）掌握俄羅斯政權，中亞的哈薩克、吉爾吉斯、烏茲別克、塔吉克等國家紛紛脫離蘇聯集團而獨立，以及改革開放後的中國，都出現了由統制經濟轉型到世界性資本主義體系的市場經濟，促使國際安全體系結構的重組。然而，也隨著蘇聯等共產社會主義經濟的惡化，致使國際安全體系轉由美國獨霸主導的局勢。

面對此一國際安全的態勢，檢視臺灣治安史結構與變遷在進入1987年至2008年的解嚴轉型時期，在涉外性治安上，臺灣對外武器購買從1993年前海軍上校尹清楓被人發現浮屍宜蘭外海，爆發了國軍史上最大收賄、洗錢的武器採購弊案。最高法院認定，郭力恆、汪傳浦等人的計收不法佣金3億4,053萬餘美元，特偵組查扣汪傳浦家族帳戶在瑞士、列支敦士登、盧森堡、奧地利、英屬澤西島、英屬開曼島，和郭力恆兄弟帳戶在瑞士有關拉法葉艦、獵雷艦等弊案海外帳戶資金。[2]

另一影響臺灣治安涉外的因素，突顯在1996年3月總統的實施直選，激動了中國大陸展開大規模的軍事演習，並在臺灣近海進行發射不帶彈頭飛彈的恐嚇軍事行動。美國擔心太平洋地區的均衡遭到破壞，因而隨即調派航空母艦在臺灣海峽，進

題未能達成共識下，中止了杜哈（Doha）回合談判。該談判失敗的影響，將可能使世界貿易組織多邊自由貿易體系的信用與合法性受到侵蝕，更可能使貿易保護主義捲土重來。

[2] 2014年4月最高法院審結宣判，前海軍上校郭力恆，被依購辦公用器材收取回扣罪，重判15年，併科罰金2億元，並追繳不法所得104億元。

行維護區域軍事安全的舉動。

　　檢視後冷戰時代國際安全環境的變化，對於民進黨長期以來堅持臺灣重返聯合國的訴求，除了最早出現在1986年中央民意代表選舉中民進黨的共同政見之外。1991年立法院更以臨時提案方式通過「建議行政院積極拓展外交關係，爭取國際支持，並於適當時機，以中華民國名義申請重返聯合國」。同年8月以民進黨部分立委成員，和50名士農工商組成的「臺灣加入聯合國宣達團」，以舉行公民投票進入聯合國活動的方式，促使行政院成立「參與聯合國決策小組」，以及在外交部設置「參與聯合國專案小組」。

　　接著1993年雖然有「臺灣加入聯合國促成會」的成立，外交部主導的「中華民國各界支援參與聯合國行動委員會」，以及1996年9月的「愛與和平臺灣宣達團」所推動的「臺灣加入聯合國」等活動。但受制於國內各黨派意識強烈分歧，導致對於參與聯合國的方式與名稱爭議不斷。加上，參與提案連署與發言支持臺灣加入的國家，皆屬國際上的小國家，成效非常有限。

　　但藉友邦的發聲突顯中華民國作為主權獨立國家的事實，並喚起國際社會重視我國所受到涉外性的不平等待遇。到了1999年執政的李登輝首度將兩岸關係定位國家與國家至少是「特殊國與國關係」，以及2000年5月民進黨執政陳水扁的提出「一邊一國」主張，在在突顯臺灣涉外治安環境的複雜性與困難度。

第三節 政黨型政治性治安

　　杭廷頓（Samuel P. Huntington）指出，發生在1974至1990年間，大約30個國家由非民主政治體制轉型到民主政治體制的原因，他認為這不是一種巧合，包括臺灣在內，這些國家在這個時候出現民主轉型的原因包括：民主價值的普世化、1960年代的全球性經濟成長、天主教教會的影響、美國的人權政策及民主的滾雪球效應等。在臺灣，中產階級的興起、經濟的快速成長、所得分配平均等擴大政治參與，開啓了民主化的進程。[3]

　　檢視1986年至1989年的四年間，「黨外」與民進黨所主導的群眾活動，其中可包括有針對特定議題表達不滿與抗議，進行遊行、請願、靜坐與絕食等實際行動動員。和有為向群眾訴求，批判意識型態的反對運動，以及政治體制的不正當性，而進行演說會、說明會、座談會、歡送會、餐茶會、成立大會等認同動員的集會活動。

　　解嚴後的臺灣政治體制，本節將從憲政改革、國安三法、轉型正義三個議題所引發的政黨型政治性治安加以論述。

一、憲政改革的治安議題

　　臺灣政治的民主化所指的就是硬式威權政體過渡到民主體制的過程，亦即定期舉行自由且公正的公職選舉，以及因此所必需的結社、集會遊行、資訊的自由，及選舉與被選舉之間的義務責任都受到保障的政治體制。尤其1991年12月開始至2000

---

[3] See Samuel P. Huntington, *The Third Wave—Democratization in the Last Twentieth Century*（Norman: University of Oklahoma Press, 1991）.

年的多次選舉，導致政治權力結構的改變與調整，更是國家建立政治民主體制關鍵時刻，彰顯示臺灣已從戡亂戒嚴體制的轉型中，透過解嚴、國會全面改選到總統直選，完成國家憲政體制的轉型工程，臺灣的治安結構也配合國家體制的轉型進行一連串的變革。

換言之，這個階段完成了以「中華民國」實質統治範圍的選民為主題的國民主權制度化，達成作為戰後臺灣國家的「中華民國」其內部正統性的民主式更新。這是自1970年代以來，替代戰後臺灣國家被國際社會否定作為「中國國家」的國家性（stateness），而對「以臺灣為範圍」的主權國家賦予國家性，並透過民主改革，將此一政治上的理念深化於政治結構中。[4]而2008年總統大選結果，更出現臺灣史上第一次經由民主選舉導致的政黨輪替，首次由民進黨取得執政權。

二、國安三法的治安議題

臺灣政黨型政治性治安突顯在兩岸關係、警備保安、戶口管理、民防、安全檢查、維護政權、修改憲法、中央民意代表改選等議題，其權力結構的轉型可溯自1986年3月國民黨第十二屆三中全會通過「政治革新」方案、9月民進黨正式建黨、1987年立法院通過《集會遊行法》、《資深中央民代自願退職條例》、《選罷法》修正案、《人團法》修正案等一連串攸關臺灣政黨型政治性治安的重要法令。

特別是解嚴後開放黨禁、報禁與大陸探親，並呼應社會要求的政黨必須退出校園、軍隊、警察等機關，不得繼續成立

---

[4] 若林正丈，《戰後臺灣政治史──中華民國臺灣化的歷程》，（臺北：臺大出版中心，2014年3月），頁259。

政黨組織，以及法官不得參加政黨活動。1990年李登輝當選中華民國第八任總統，1991年展開第一階段修憲，至2000年的八年間，共進行六階段的修憲，彰顯「經濟臺灣」朝向「政治臺灣」的國家發展主軸。

李登輝政府時期臺灣權力結構的明顯變化，除了1991年5月1日終止〈動員戡亂時期臨時條款〉、1991年6月廢止《懲治叛亂條例》」以及1992年5月修正通過《刑法》一百條，排除思想叛亂入罪之外，影響國民黨黨國體制的重大挑戰與改變，肇因於1992年12月的第二屆立委選舉，民進黨獲得31%的總得票率及50席的立委，相較於國民黨的53%及102席，國內政黨政治隱然形成。

加上1993年8月原從國民黨分裂出去的「新國民黨連線」，另行成立新黨，及1994年7月立法院通過《省縣自治法》和《直轄市自治法》的12月所舉辦的臺灣省長、北高市長與省議員選舉，而1995、1998年立委和1997年的縣市長選舉之後，更加劇朝野政黨因內部權力結構的調整，與理念的歧異，及政爭的紛擾，國內政黨與政黨之間和各黨自己內部的派系權力角逐已更形尖銳化。

1996年12月舉行國家發展會議決議應將臺灣省虛級化，引發省長宋楚瑜的辭職風波。換言之，國民黨到了1994年8間召開的第十四屆中央委員會第二次全體會議時，就宣稱其自己的政黨屬性已從早期的「革命政黨」逐步蛻變爲「革命民主政黨」、「富有革命精神的民主政黨」，乃至於成爲政黨政治中的「民主政黨」。

因此，1996年第三屆國大代表選舉與中華民國第9任總統、副總統的直接民選，是國家憲政上建立自由民主體制關鍵

時刻，揭示我國已從威權政經體制的轉型中，建立了以主權在民為機制的政黨政治體制，選舉結果李登輝、連戰當選總統、副總統。這階段臺灣從解嚴、國會全面改選到總統直選，不但完成了主權在民的價值觀，以及強化主權國家定位，突顯臺灣追求相對主體性的整體目標。

從解嚴政黨型政治性治安的權力結構議題，檢視總統、副總統的直接民選，正表示國民黨已不是一個「外來政權」的統治政權，臺灣的權力結構逐漸走向社會開放構成的力量，可以驅策社會走向效率化與合理化，並重新設定國家發展的秩序，引導政黨競爭往優勢的方向前進，而遠離賄賂與裙帶主義。

這是解嚴轉型期政治民主化的意義，但是所謂「統一或獨立」、以及臺灣住民「究竟是臺灣人或是中國人？」等國家認同的議題，隨著兩岸關係互動的成為爭議焦點，導致2000年臺灣政治權力結構產生很大的變化，國民黨不但在總統大選失掉執政權，臺灣出現政治史上第一次政黨輪替，代表民進黨的陳水扁和呂秀蓮依憲法當選中華民國第十任總統、副總統。

接著，2004年陳水扁當選連任的投票日前夕發生總統槍擊事件，投開票日當天的晚上，連戰、宋楚瑜將聚集在競選總部的支持群眾帶到總統府前，開始靜坐抗議，並展開往後長達三周的街頭抗議，與此同時也向高等法院提起選舉無效，與陳、呂配當選無效之訴。[5]然而，2008年國民黨馬英九又贏回政權，臺灣政治轉型體制的政黨政治發展又進入新階段。

檢視解嚴後政治性治安重大議題也出現在首次由警察系統出身的莊亨岱出任警政署長，以及「國安三法」中的修正《人

---

[5] 有關當選無效與選舉無效之訴，分別於11月和12月由高等法院判決連宋陣營敗訴。

民團體法》的政黨解散改由憲法法庭處理，修正《國家安全法》的放寬對異議人士返臺的限制，以及修正《集會遊行法》的刪除不得違背憲法規定。另外，1996年通過的《組織犯罪防制條例》，乃至於從1985年7月公佈施行，再歷經1992年與1996年修正，直到2009年才正式廢止爭議多年的《檢肅流氓條例》；以及1999年的廢止《出版法》、2002年的廢止《懲治盜匪條例》等，都直接影響警備總部與警察業務上的調整，和攸關國家憲政體制轉型的重要法案。亦即國人冀望建構安定的民主體系，亟需要建立一套人人服膺的政黨競賽規則，以確保政治性治安的順利推展。

特別是2003年通過的《警察職權行使法》，更落實了依法行政的法律保留原則；此外，在《刑法》、《刑事訴訟法》、《警察勤務條例》、《行政執行法》、《行政程序法》、《行政罰法》等，行政法制的落實正當程序原則、周延保障人民權益，和促進民眾參與的民主法治精神，也直接衝擊著解嚴治安時期警察執法思維與法治的內容。

換言之，以軍領警的政治性治安模式，隨著1992年警備總部的裁撤，另成立海岸巡防司令部，以及2000年依據《海巡法》成立行政院海岸巡防署，軍管與海巡的分置政策，正式確立軍警的分立體系，解嚴治安時期警察的政治色彩逐漸淡化，警政結構得以改善。加上2005年通過《內政部入出國及移民署組織法》，並於2007年正式運作，更整備了警管治安的功能。[6]

---

[6] 陳添壽、章光明，〈警察與國家發展之關係〉，章光明 主編，《臺灣警政發展史》，（臺北：警政署、中央警察大學，2013年10月），頁21-22。

政黨型政治性治安配合國家體制解構與政黨競爭突顯了權力的重新分配、政治參與的擴充和落實、民意對政策影響力的增加，以及特權的消除等等。臺灣政黨型政治性治安所形成具有的政黨輪替執政機制，也是以解嚴治安為核心發展的國家體制在歷經政黨競爭之後，改以為實現國民為主體的政治民主化意義。

回溯臺灣以軍領警的威權統治時代特徵，突顯依賴戒嚴治安為中心的國家主義來維繫並整合；但是當威權統治在內外政經衝擊下，就必須轉型依靠以政黨型政治性治安為中心的國民主義來發展，而使政黨競爭能在政策制定的過程與目標中，反映整體國民的意識，實現以國民為主體的國家體制。

三、轉型正義的治安議題

解嚴治安的警察行政中立突顯警察在執行職務時，不僅在政治或政黨議題上要力求中立，平等對待。同時在男女性別、宗教、種族、階層等面向，亦應一切依法行政。換言之，警政中立化的關鍵在於兩次政黨輪替的結果，和逐步進行政府再造和改造的完成。

解嚴後政府再造的形成，較早見之於1996年底，首任民選總統李登輝在國家發展會議所達成「提升行政效率，加速推動政府再造，建立小而能的新政府」、「檢討並簡化政府層級，落實分層負責，縮短行政程序」、「明確規定中央與地方政府之權責區分」、「調整精簡省府之功能業務與組織，並成立委員會完成規劃及執行，同時自下屆起凍結省自治選舉」等共識。[7]歷經連戰和蕭萬長兩位閣揆，先後成立了政府再造推動

---

[7] 國家發展會議秘書處，《經濟發展議題總結報告》，（臺北：國家發展會議秘書處，1996年12月），頁12。

委員會與政府再造諮詢委員會，從組織再造、人力及服務、與法制再造等三方面，進行全面性政府再造工程。

綜觀2000年首次政黨輪替，民進黨取得執政後，依「政府再造」而改名稱進行「政府改造」，乃至於2007年4月民進黨通過《正常國家決議文》。比較具體的成效是2004年立法完成《中央行政機關組織基準法》，該法並於2008年6月部分條文修正通過，其中有關增列警察及檢調排除適用之特別規定。

2008年國民黨馬英九、蕭萬長當選第十二任總統、副總統，臺灣出現了第二次的政黨輪替，臺灣政治轉型正義的治安議題又繼續深化政黨競爭的發展；同時，對政府組織再造和警政業務的執行得以秉持行政中立。然而，「中立化」並不表示沒有立場、沒有價值取向，而是以國民的立場為立場，國民的價值為價值。

轉型正義的警察專業化更隨著軍隊國家化和政黨法治化的落實，而在完成政黨型政治性治安的其中一項重要元素，就是臺灣地方自治的實施。當前地方警察的預算歸屬地方政府作業，地方警察首長的人事調動已不再是採完全由中央強勢的決定，而是改採尊重地方首長的職權和考量地方治安的需要，先儘量在人選上有了共識後才由中央發佈，這是有助於警察執法的專業化。[8]

在人權法治方面亦從強調「轉型正義」，試圖除了透過二二八事件、林家血案、陳文成命案、尹清楓軍購案等攸關政治性治安事件的重新調查，實踐刑事正義，彰顯人權法

---

[8] 陳添壽、章光明，〈警察與國家發展之關係〉，章光明 主編，《臺灣警政發展史》，（臺北：警政署、中央警察大學，2013年10月），頁23。

制。諸如1995年1月《戒嚴時期人民受損權利回復條例》，3月《二二八事件處理暨補償條例》；以及1998年5月《戒嚴時期不當叛亂暨匪諜審判案件補償條例》的實施，雖然針對轉型治安合法的人權法制有了具體的規範性限制，但社會意見的分歧仍難在短時間內取得共識。

特別是《戒嚴時期不當叛亂暨匪諜審判案件補償條例》在2000年11月的修正，將該條例適用範圍稍有擴大，也包含戒嚴施行前的左翼分子遭遇迫害事件，和1979年美麗島事件在內。同時，政府又比照財團法人二二八事件紀念基金會方式，成立戒嚴時期不當叛亂暨匪諜審判案件補償基金會。然而，轉型正義的治安議題必須尊重回歸歷史傳承的漸進改革過程，對於有些特殊政治性案件的處理，應該儘量避免導致轉型正義的意義受到扭曲。

第四節　夥伴式經濟性治安

戒嚴時期國民黨政府制定計劃性自由經濟的管制規則（regulations），常常淪為少數個人或獨占事業的保護工具，極易形成政治經濟學所謂的「企業化政客」（political entrepreneur）。「企業化政客」經常利用各種政治上的方便或職位上的權力，專營法規的漏洞，或創造有利於自己的環境。突顯夥伴式經濟性治安是由於政府一直控制了規模十分龐大的公營企業與各種特許行業的許可權力。

加上執政的國民黨政府又擁有許多黨產和黨營企業的複雜關係，雖然到了1990年代的解嚴轉型而逐漸民營化，但是黨國資本主義主要受益者並未在解嚴治安結構與變遷的改革中遭

到淘汰，大部分反而在法規鬆綁所帶來的金融及證券、電信及媒體、石油銷售、甚至是機場建設等大型公共工程的參與中，獲取新的政經利益。政客和資本家之間的恩庇關係，轉換成另一種政企形式關係的「黑金」結構，導致執政長達56年的國民黨，不得不在2000年總統大選失敗之後，由民進黨陳水扁執政，但「黑金」結構型態並未有所改善，仍延續至2008年的政黨再次輪替，由國民黨馬英九的當選總統。

因此，本節將從產業升級、政企關係、戒急用忍等三項議題所引發的夥伴式經濟性治安加以檢視。

一、產業升級的治安議題

解嚴之後，臺灣產業結構也面臨轉型的關鍵期，製造業方面雖然仍有王永慶所屬臺塑等大企業的投資設廠，但是檢視臺灣經濟結構到了1988年，服務業的49.3%生產值首度超過工業的45.7%。到了2000年臺灣工業與服務業產值占國內生產毛額之比重是32.37%比65.57%，農業更減至2.06%，而服務業項目中，批發、零售及餐飲業占19.16%，運輸業占6.74%，金融保險及不動產業占20.5%，其他服務業占19.17%。[9]

因此，政府為解決國內投資意願低落的問題，溯自1993年7月起實施「振興經濟方案---促進民間投資行動計劃」，其目標在達成產業升級及發展臺灣地區成為亞太營運中心，藉以充分發揮臺灣在亞太地區及兩岸之間的經濟樞紐地位，吸引跨國企業並鼓勵本地企業以臺灣作為投資基地及經營東亞市場，來突顯臺灣在這一地區經濟整合中所扮演的關鍵角色，並同時擔負先進國家與開發中經濟承先啟後「中繼者」的國際責任。

---

[9] 經建會，《發展臺灣成為亞太營運中心計畫》，（臺北：經建會，1995年4月），頁1-5。

爲加速產業升級，提高產品的附加價值，政府自1991年1月實施《促進產業升級條例》，期藉由「功能別」的獎勵，取代《獎勵投資條例》的「產業別」獎勵。《促進產業升級條例》有關租稅優惠包括：利用租稅抵減獎勵措施來鼓勵廠商進行研究發展、自動化和人才培訓，重要科技、重要投資事業持有股票的投資抵減，重要科技、重要投資、及創投事業五年免稅或股東抵減擇一適用，重要事業得在不超過資本額二倍之限度內保留盈餘。《促進產業升級條例》原訂於2000年落日，但爲避免產業升級所引發治安議題的危機，政府不得不又延長實施。

　　到了2010年4月，政府爲促進產業升級更以《產業創新條例》取代《促進產業升級條例》，提供多元化獎勵工具，協助產業改善環境、提升競爭力；並全面推動產業發展，以因應產業日漸多元的發展特性；塑造產業創新環境，協助產業從事包括發展品牌、產學研合作及設立創新研發中心等創新活動；落實產業永續發展，推動溫室氣體減量或污染防治技術的發展及應用；轉型工業區爲產業園區，整備產業發展的基礎建設。

　　《產業創新條例》期以達成調降營所稅稅率、降低中小企業及傳統產業租稅負擔、透過研發租稅獎勵引導產業升級轉型、補助中小企業增僱員工與創造就業機會、協助新興服務業取得必要用地來促進相關產業發展。雖然臺灣服務業占GDP已經達到7成以上，但就業吸納卻未成等比例，在於新興服務業投資不足所導致的治安議題。因此，臺灣需要發展各式態樣的產業園區，以促進產業升級。

二、政企關係的治安議題

　　政治要爲經濟發展服務，企業家則要爭取政治支持。臺灣政經發展的軌跡，少不了政府與企業之間的互動關係，只是在

不同的年代，有不同的結果與評價，突顯了政企關係所引發治安性的議題。

　　檢視解嚴治安的政企關係議題，國民黨延續的黨營機構到了1990年代徐立德（1988年8月至1993年2月），和劉泰英（1993年3月接手）的主導時期，整個事業到了1995年的巔峰。[10]在黨中央「黨營事業管理委員會」下，有金融、石化和綜合事業部的中央投資，文化事業部的華夏投資，能源事業

---

[10] 與劉泰英關係密切的中華開發成立於1959年，是由當時的行政院經濟安定委員會與世界銀行（原稱國際復興開發銀行）的合力推動下，創立了臺灣第一家民營的政策性開發銀行，資本額僅為8千萬元。營運資金仰賴政府及多邊性國際金融機構，包括美援相對基金、美國開發貸款基金、國際開發協會及國際復興開發銀行等，以此辦理生產放款及生產事業投資業務，紓解部分因長期資金不足所帶來的壓力。1960年代中華開發主要投資的企業包括：聯合耐隆、利華羊毛、華隆、遠東紡織、遠東化纖，以及中國人造化纖等公司。此項投資不但使化纖及紡織工業，在往後的國內產業發展居重要地位，同時亦使臺灣的紡織工業打入國際市場。1970年代中華開發主要參與石油化學等創導性事業的投資與融資業務，參與及扶植的企業包括有臺灣聚合、華夏海灣、東聯化學等企業，所投資的石化業家數佔總數的三分之一，投資金額亦接近總資額的二分之一。1980年代中華開發的經營範圍從傳統的授信與投資業務，開始邁向投資銀行業務的開發，如風險性創業投資及其他投資銀行業務等；同時在資訊、電子業方面成立佳茂精工公司，進行積體電路導線架之生產製造，另外在許多電子公司的投資個案中，以華旭電子的重整最為成功。1986年成立中華證券投資信託，在美國證券交易所所發行的「臺灣基金」是中華民國第一個在美國上市的基金，引進了2千5百萬美元投資臺灣證券市場，1987年發行「中華基金」，自國內投資者募集20億元資金，爾後又推出「中華成長基金」在內的多項投資基金，活絡臺灣資本市場。參閱：中國國民黨黨營事業管理委員會，《黨營經濟事業的回顧與前瞻》，（臺北：中國國民黨黨營事業管理委員會，1994年12月），頁98-100。

部、科技事業部的光華投資，保險事業部的景德投資，營建開發事業部的啓聖實業，專案事業部的建華投資，和海外事業部的悅昇昌等七大控股公司，資產淨值達377億7千餘萬元。[11]

　　換言之，在這七大家的控股公司參與投資下，舉凡文化傳播、貿易流通、工商服務、金融服務、營建服務、科技發展、石化工業、民生服務等八大行業，國民黨透過黨營事業的七大

[11] 參與投資的公司計有：一、屬於文化傳播業的中央通訊社、中廣、中視、中影、中央日報、中華日報、正中書局、中央文物供應社、博新多媒體等9家；屬於貿易流通業的裕臺、臺貿株式會社、南非臺灣貿易、中央貿易、大星、香港臺灣貿易、臺灣民生物產公司、南聯、民興等9家；屬於工商服務業的中臺製罐、安鋒、長銘、三星五金、中鼎、中興電工、聯亞電機、臺一國際、衛宇環保、清宇環保、華禹、臺灣裕豐紗廠、齊魯、華夏國際投資、臺北世界貿易中心國際貿易大樓、國華海洋、衛豐保全等17家；屬於金融服務業的華信商銀、中華開發、高雄區中小企銀、中興票券、復華證券、中央產物保險、幸福人壽、大華證券、國際證券、華信證券投資顧問、臺灣證券交易所、中加投資、中信投資、環宇投資、大華創投、國際創投、全球創投、中央租賃等18家；屬於營建服務業的中鋼、臺灣建業、永昌建設、宏啟建設、林陽實業、金泰建設、建臺水泥、昭凌工程顧問、捷和建設、啟揚實業、漢谷開發、漢洋建設、潤福生活事業、興業建設、灃水營造、中輝建設、大通建築經理等17家；屬於科技發展業的三光惟達、臺灣電訊網路、臺積電、宏碁、欣興電子、飛中電腦、華新科技、聯友光電、聯電等6家；屬於石化工業的中美和、臺苯、臺石化、永嘉、延頴實業、東聯、厚生、大頴、福合工程塑膠等9家；屬於民生服務業的七海旅運、聯華實業、正義、統一超商、景德製藥、欣欣天然氣、欣隆天然氣、欣芝實業、欣泰石油氣、欣嘉石油氣、欣雲石油氣、欣營石油氣、欣南石油氣、欣高石油氣、欣雄石油氣、欣屏石油氣等16家。梁永煌，〈一二一家黨資事業總覽〉，《財訊》，（臺北：1995年4月），頁102-108。

控股公司轉投資的企業公司合計高達140家。[12]

　　而在黨營事業與公營事業的交互投資情形，檢視各公營事業在民間金融企業投資，顯示公營事業資本作為民間企業的股東，可以對該民營企業的經營權產生一定的干預力，特別金融企業大多為特許行業，在相關市場上占有特殊地位，等於是黨國資本主義對金融體系的每一個層面都擁有實質的控制力。

　　然而，這種夥伴式政企關係由於金融機構擁有特殊的地位，政府很容易經由獨占或寡占進行超額利潤的汲取，而流入國庫與黨庫。這也是臺灣在一黨獨大體制下所特有的政企關係，其不僅見於金融體系，也普遍出現在生產事業體系之中。同時，民營企業依附公營和黨營事業的發展，已從「家父長式關係」調整為「大小夥伴關係」結構。尤其 80年代以後，特別是開放新銀行與新券商等金融機構的成立，新銀行從1989年至1998年的10年間，全臺灣的金融機構總數目共有452家，而分支機構更是高達5,574家；新券商從1988年8月至1990年底的2年間，共有349家新公司成立。[13]

　　新銀行和新券商的開放，雖然符合金融自由化與國際化的需要和趨勢，但是企業財團化的結果，加上立法院提供企業菁英新機會追求決策過程的影響力，各式各樣的企業集團突然變成選舉政客及地方派系競相爭取為合夥的對象，並與國民黨和

---

[12] 這140家公司的經營項目和公司的負責人，詳細資料可參閱：中國國民黨黨營事業管理委員會，《中國國民黨參與投資事業簡介》，（臺北：中國國民黨，1995年8月）。

[13] 郭承天，〈有錢大家賺？民主化對金融體系的影響〉；朱雲漢，〈九〇年代民主轉型期經濟政策制定的效率與公平性〉，收錄：朱雲漢、包宗和 編，《民主轉型與經濟衝突──九〇年代臺灣經濟發展的困境與挑戰》，（臺北：桂冠，2000年6月），頁75-109。

國民黨的黨營企業相結合。檢視1989年至1991年間，就有超過300個企業的負責人參加國民黨內部舉辦「國家建設研討會」的講習，並組成「工商建研會」，以擴大影響力，而與工總、商總及工商協進會等三大工商團體相抗衡，形成新興政企關係的財團勢力。

　　另外，政府為加速國營事業民營化，除了1982年將中臺化工併入中國石油化學開發公司，1983年中國磷業與臺灣鹼業由中國石油化學開發公司吸收合併，1987年更將臺鋁及臺金兩家公司結束營運。[14]檢視經濟部所屬國營事業由原十五家減為臺電、中油、臺糖、臺肥、中鋼、中船、中化、臺機、中工、臺鹽等10家事業。接著1989年開放決定中鋼、臺機、中船、中華工程、中國產物、高雄硫酸亞、中興紙業、唐榮、臺灣農工、臺灣省鐵路管理局、臺汽、臺航、一銀、華銀、彰銀、臺灣中小企銀、臺灣土地開發信託投資、臺壽、臺產等20家國營事業民營化，國營事業不能再像過去為擴張新的企業規模而損及民間企業。[15]到了2007年整個國營事業民營化的推動，剩下經濟部所屬6家事業，除臺灣自來水公司暫不採釋股方式民營化，而採業務項目委託經營之外，其餘臺灣中油、臺船、臺電、漢翔、臺糖等5家公司，積極推動民營化相關作業。

　　國民黨的黨營事業亦如公營事業民營化的進程，逐步清理黨產和停止黨營事業的經營，特別是受到社會輿論壓力的影響。檢視從1989年隨著新的立法委員產生，在野政黨強烈要求

---

[14] 劉玉珍，《鐵頭風雲—趙耀東傳奇》，（臺北：聯經，1995年9月），頁316。

[15] 陳師孟等，《解構黨國資本主義—論臺灣官營事業之民營化》，（臺北：澄社，1992年7月），頁51-52。

禁止行政部門編列預算補助國民黨及其黨營事業，以及國營事業利益輸送黨營事業等情事；到了1993年更提出，反對政府運用行政權圖利國民黨黨營事業、反對國民黨成為金融霸主、反對公營事業淪為黨營化、反對賤賣黨產、反對財政部「球員兼裁判」的圖利國民黨：並將《人民團體組織法》的限制黨營事業條文交付審查。[16]

因此，按國民黨依會計師簽證報告的黨營事業淨值，以1994年12月30日為基準日，黨營事業七家控股公司的資產總額為649億5千萬餘元，負債總額為231億5百萬餘元，資產減去負債後淨值為418億4千萬餘元，轉投資企業共121家。[17]

1996年8月國民黨召開第14屆中央委員會第四次全體會議，修改〈中央委員會組織規程〉的第五條將中央文化工作會對「黨營文化傳播事業之管理」修訂為對「黨營文化傳播事業文宣政策之督導」，以及第十三條的「黨營事業管理委員會」修訂為「投資事業管理委員會」，突顯國民黨對黨營事業政策的改變。1996年12月國家發展會議通過黨營事業不得從事壟斷性事業之經營、不得承接公共工程、不得參與政府採購之招標、不得赴大陸投資。[18]

---

[16] 臺灣研究基金會，《還財於民—國民黨黨產何去何從》，（臺北：商周，2000年7月），頁181-183。

[17] 中國國民黨黨營事業管理委員會，《黨營事業面面觀》，（臺北：中國國民黨黨營事業管理委員會，1995年8月），頁7-14。

[18] 黨營事業在臺灣近代產業發展過程中的意義，除有其政黨本身利益之外，實存亦有對國家、社會經濟的貢獻，最重要的就是：國家需要它的時候、民間投資意願不高的事業，黨營事業配合國家整體發展的需要來進行，並扛起責任。因此，黨營事業在經營這麼多年來，除了進行一般性的企業投資外，更配合政府經濟發展與產業升

2000年1月國民黨總統候選人連戰提出國民黨「黨產信託」的主張，3月18日陳水扁當選總統，臺灣治安議題進入政黨輪替、政權和平轉移的階段，而失去政權的國民黨亦由連戰主導黨務，並對國民黨黨產和黨營事業處理原則做出具體回應，即將七大控股公司裁併為三家，並在完成黨產清查後的一年內完成黨產信託。[19]由於國民黨黨產一直是政企關係爭議的焦點，迫使2000年5月馬英九當選總統，不得不亦以兼任黨主席的身分要求黨產妥為處理來紓解外界的壓力。[20]

　　持平而論，對於公營事業作為臺灣近代產業發展過程中的歷史實存，其具有對應於不同時空環境下的不同特質，無法以

　　級的政策，在各時期從事不同重點的產業投資；有時更為了配合政府政策及克盡對社會的責任，不但要承擔風險，甚至要犧牲盈餘，但因此確能帶動民間企業的成長，增加了政府賦稅收入，更對國家的經濟繁榮與社會進步有直接、無私的貢獻，同時創造了國民的就業機會。參閱：中央委員會秘書處，《中國國民黨第十四屆中央委員會第四次全體會議總紀錄》，（臺北：中央委員會秘書處編印，1996年8月），頁113。中國國民黨黨營事業管理委員會，《黨營事業面面觀》，（臺北：中國國民黨黨營事業管理委員會，1995年8月），頁7。

[19] 臺灣研究基金會，《還財於民—國民黨黨產何去何從》，（臺北：商周，2000年7月），頁234。

[20] 根據2013年12月31日國民黨黨產專案報告的統計，不動產部分，國民黨名下土地147筆，公告現值為6億1512萬元，房屋共152筆，值4億765萬元；事業投資則包括中投、欣裕臺2家公司，合計淨值233.36億元。同時，國民黨再三強調，自2007年起就不在投資或經營任何黨營事業。黨營事業交付信託之後，在馬主席任內曾進行5次標售，最後都以流標收場，這絕非國民黨所樂見，但也不能削價求售，否則賤賣黨產將有觸犯《刑法》背信罪之虞。國民黨對黨產的處理，儘管如此，但社會對其導致黑金結構的批評，認為其未能符合公平正義的爭議之聲仍然爭議不斷。

一概括規範性來評斷其存在的意義。因此，民營化或其它所有
權制的施行，所反映的不是昨非今是模式，不是要對以公營事
業所達成控制資源作法的否定，而是要釐清國家以更具正當性
與合理性的，特定的民營化作為或所有權型態，將之過渡到另
一種新的控制型態。此種改變並不代表某種規範上的所有權制
「趨善」過程，而是一種政企關係反應外在社會結構變遷下整
體合理化（rationalization）過程的一部份。

三、戒急用忍的治安議題

1990年代爆發的亞洲金融危機，政府為分散海外貿易市
場、因應東南亞經貿整合新趨勢，以及繼續加強與東南亞等國
經貿關係，於1994年元月起實施「加強對東南亞地區經貿工作
綱領」，亦即所謂「南向政策」的市場轉向。但當中國大陸成
為世界工廠，對全球市場產生巨大磁吸效應，儘管為期3年的
「南向政策」採取了加強輸出融資和推動簽訂貨品暫准通關協
定等獎勵措施，但透過政府的強力推動，績效仍然不彰。

國民黨政府在兩岸關係上，雖然已經放棄「漢賊不兩立」
的思考模式，而改以「兩岸雙贏」的作法，希望積極改善兩
岸關係，促進兩岸合作，同時也提出了具體的方案，例如「領
導人會面」、「國際合作」、「境外航運中心」、「文化交
流」、「農業合作」、「國有企業改革」等，但中國大陸堅持
所謂的「一個中國」模式，指控國民黨政府「搞臺獨」。換言
之，「兩岸雙贏」的不能發揮作用，迫使國民黨政府不得不採
取「戒急用忍，行穩致遠」的因應方針。[21]

因此，基於分散市場風險的考慮，「戒急用忍」只是對大

---

[21] 李登輝，《臺灣的主張》，（臺北：遠流，1999年5月），頁156。

陸投資作若干限制，且範圍限於高科技、基礎建設等項目的投資，以及對大型投資作更合理規範，對一般投資及中小企業完全沒有影響。「戒急用忍」是階段性政策，假若大陸政經情勢趨於穩定，兩岸關係明顯改善，中國大陸尊重兩岸對等分治，臺商權益可經由雙方協議受到保障，而且不影響臺灣經濟穩健發展，則政府將就「戒急用忍」的經濟性治安議題加以檢討。

檢視夥伴式經濟性治安議題也因臺灣對中國大陸開放成品市場，進口中國大陸在國際市場上極具競爭力的中低檔產品，讓兩岸充分享受比較利益帶來的優勢，形成一種產業內與產業間並重、貿易與投資同行的分工合作關係，甚至形成「頭腦」國家設計產品，與「身體」國家製造產品的所謂「虛擬國家」（virtual state）的夥伴關係，不論是國民黨李登輝政府的「戒急用忍」，或是民進黨陳水扁政府的「積極開放、有效管理」，或是「積極管理、有效開放」，臺灣在兩岸關係才能取得經濟自主權。

第五節　多元化社會性治安

解嚴之後的治安議題，臺灣社會現象呈現出各個文化族群的自主意識，文化歷史雖有不同，在價值上是平等的，國家或者族群相互之間都應尊重這文化的多元性。換言之，社會性治安已不在只是突顯環保、原住民、勞工、消費者意識、老兵返鄉、毒品、電玩、簽賭、飆車、消防救災、教改等議題上，而是已經延伸到對整個大地生態、人民居住環境、移工（外勞）、新住民（外籍配偶）的關懷，諸如反核電運動、客家母語文化運動、無住屋者團結運動、民間司法改革運動等。

檢視臺灣多元化社會所引發貧富差距，和多重族群的議題，成為轉型時期臺灣的多元化社會性治安議題。尤其是各類社會運動也逐漸從直接反支配的抗爭目的，轉移到提出具體的政策改革，採取與政府相關部門直接的對話方式，戒嚴治安時期的激烈社會街頭抗爭已不多見。

　　因此，本節將從貧富差距、自主意識、多從族群等三項社會議題所引發的多元化社會性治安加以檢視。

一、貧富差距的治安議題

　　多元化社會性治安議題所突顯的貧富差距現象，其之所以形成實導因於，長期以來政府實施以農業支援工業發展的不均衡政策，以及公營、黨營事業的寡占市場特權，致使社會出現嚴重財富分配不合理的現象。若將家庭所得區分為五個階層，其最高所得與最低所得之間的比率，從1991年的5.0到10年後的2001年時，已經上升到6.4。[22]

　　換言之，回溯1987年的臺灣解嚴以來，民間社會對於國民黨的黨營事業，和政府壟斷公營事業的支配，出現了強烈的批判與改革呼聲。執政的國民黨政府是以發展夥伴式經濟策略，持續以自由化、國際化、制度化的「經濟三化策略」，及科技導向的發展高科技工業政策，來因應臺灣社會多元化、美國新保護主義，及區域經濟發展的競爭，因而持續受到經濟外部不平衡的壓力，更突顯在勞工、農民，和反核抗爭的社會性治安議題上。

　　勞工運動抗爭的議題，在突顯多元化社會勞資雙方協商

---

[22] 行政院主計處，《社會指標統計年報2006》，（臺北：行政院主計處，2007年）。

的失效，和勞委會無力解決勞資問題，更導致與原有工會對峙的新興自主工會逐紛紛成立，更暴露接受國民黨控制的工會已無法代表勞工爭取應有的權益，而且日益遭到勞工階級的排斥和不滿；甚至一些跨地區的「工會兄弟會」、「勞工聯盟」、「自主工聯」亦展現其串連動員的運動手段。諸如工黨的成立，及從其組織出走的勞動黨，更使得勞工運動的政治色彩，增加許多不可預測的複雜因素。

戒嚴治安時期臺灣的農會組織也如同勞動團體組成的工會一樣，幾乎完全受到國民黨的支配和控制，未能具有充分的自主性格代表小農權益與政府溝通。解嚴治安逐漸升高自主性的農業組織和農民團體開始與原有國民黨控制下的農會、水利會等團體相互對抗。尤其是各縣市「農民權益促進會」的組織紛紛成立。

檢視1988年5月20日由雲林「農民權益促進會」主導，起先是單純的農民抗議國民黨政府長期以來犧牲農民權益，提出舉辦農保，及停止國外農產品進口等請願的訴求活動，結果卻演變成為入夜後大規模的城市暴動，估計約有50多名的抗爭民眾被逮捕。同情農民、反對憲警暴力的學者將近二百多人發表「我們的呼籲」。

尤其是在爆發「520事件」之後，政府感受到農民運動的訴求壓力，而認真的面對與回應。最後，該事件所引發的治安議題導致農委會主委的下臺，以及國民黨政府不得不該年底召開「全國農業會議」，同時，為了表示重視農民權益，亦邀請抗爭最力的農權組織參加。

抗議活動所引發的治安事件並不因此而停下來，緊接著1997年5月臺北街頭重現抗議人潮，從「五〇四」、「五一八」

到「五二四」，不同的社會團體進行跨黨派、跨統獨、跨議題的串聯，群眾主要訴求「白曉燕命案」的治安事件，民眾憂心社會治安日益惡化、厭惡只會政治鬥爭的政客，與形式民主的政黨分贓。接連幾次的街頭抗議事件，雖然政府因應得宜，抗爭的活動理性和平落幕。部分社運團體轉而提出離開街頭抗爭回歸社區營造，和草根民眾結合的行動主張，做為日後社會運動的實踐標的，農運的街頭暴力現象漸趨和緩。

回溯1980年以前，臺灣的社會抗爭並未出現反核運動。1985年初監察院由於政府興建核四廠的經費一再增加，繼而又有立法委員再對核四議題提出緊急質詢。1985年5月當政府宣布核四暫停興建後，反核的行動者有更組織化的情形，反核的聲浪受到國內外核電廠意外事件的助長，有從都市向核廠地區的偏遠角落發展的情形。

檢視1988年春節之後，住在核四預定地附近的居民組成「鹽寮反核四自救委員會」，接著環保運動人士發動反核禁食抗議行動，並編組了一個「1989年反核委員會」開始與臺電興建核四做持久性的抵制。尤其是突顯在解嚴初期的階段，貧富差距的社會改革和政治改革運動的密切關係，更使得國內多元化社會性治安環境的複雜化。

二、自主意識的治安議題

隨著轉型社會運動的制度化與專業化，以及全球化時代伴隨著消費主義在1990年代的強大支配力，臺灣大規模的社會治安議題顯然受到多元、自主文化的影響。尤其是隨著1994年民間呼籲重返聯合國運動再起，以及1996年總統直選，李登輝政權獲得比較穩固的使用「生命共同體」，來論述臺灣主體性理念。1999年7月9日李登輝在接受德國廣播公司「德國之聲」

訪問時宣布中華民國與中華人民共和國是「特殊的國與國關係」，李登輝與公民自主意識者在意識形態上的距離已經縮短，無異是在回應臺灣人自主意識的抬頭。

公民自主意識乃由長期處在各個不同帝國邊陲的歷史背景出發，而立基於追求臺灣住民的主體意識，要求掌握自身政治前途的決定權。從與中華民國臺灣化的相關性來說，所謂的公民自主意識，其原動力便是確立「以臺灣為範圍」的國民國家（Nation-state）為其最終目標的意識形態。同時，這個意識形態更成為1980年代以後，挑戰國民黨一貫堅持的「中國國家體制」。[23]

尤其在2000年政黨輪替後，臺灣各地強調的公民自主意識知識份子，和文化界人士的意見團體，開始以南部「南社」、中部「中社」之類的型態組織出現，在「臺聯」成立前的2001年6月，李登輝也出席了「北社」的成立大會。接著「臺聯」的外圍組織「李登輝之友會」、「群策會」、「李登輝學校」陸續成立。

2002年5月李登輝參加了「臺灣正名運動聯盟」，以「臺灣正名」為訴求在臺北與高雄兩市舉行的遊行活動。「臺灣正名運動聯盟」就是以臺灣獨立聯盟為核心的臺灣獨立運動聯合組織之一。同年10月「群策會」以「邁向正常國家」為題舉行研討會，明確標榜「正常國家」路線的理念，承續李登輝的「兩國論」主張。

換言之，解嚴之後多元化社會性治安的自主意識普遍形成，如果以臺灣兩大政黨的國民黨和民進黨，其所揭櫫不同訴

---

[23] 若林正丈，《戰後臺灣政治史──中華民國臺灣化的歷程》，（臺北：臺大出版中心，2014年3月），頁330。

求所引發的爭議，呈現彼此意識形態的對峙。政治上，以國民黨為主的泛藍政團強調「作為主權獨立的臺灣國家之中華民國」、「作為一個主權獨立的臺灣國家，參與國際社會」；以民進黨為主的泛綠政團則強調「主權獨立的臺灣共和國」、「以臺灣為名義參與國際社會」。經濟上，泛藍政團強調「市場自由化」、「經由大陸市場，有助於市場國際化」；泛綠政團則強調「市場自由化」、「市場國際化不能依賴大陸市場」。社會文化上，泛藍政團強調「中華文化、中華民國與臺灣樣式的融合」；泛綠政團則強調「去中國化、臺灣正名」，兩黨政團各自標榜「國家主體意識」。

也因為解嚴後臺灣社會自主意識的抬頭，加上各政黨間對意識型態的堅持，導致社會對立的情勢日趨嚴重，各政黨為在選舉中取得勝利，乃各自動員支持的群眾上街遊行，展現動員能量。然而，遊走法律邊緣的治安議題時而發生，其所引發的治安事件層出不窮。

三、多重族群的治安議題

1996年總統直選，臺灣社會出現一種以臺灣現住公民為疆界，有主權國家象徵的選舉競爭，以及國家帶動、鼓勵的「社區總體營造」，進一步帶出「公民自主意識」的氛圍，突顯多元化社會族群自我主張運動，也促使政府在中央部會先後成立了客家委員會和原住民族委員會，來建構多重族群社會，以回應原住民、老兵返鄉、外勞、外籍配偶等弱勢族群的權益。

從原住民族對其自身所擁有正統性的復權訴求，進者乃是對於戰後臺灣社會及其主流族群，亦即漢人對其社會不公平對待的控訴，遠者更可溯自17世紀以來對漢人的移墾，以及近代日本帝國主義體制下，歷史性長期累積而爆發「去殖民地」運

動的治安議題。

　　檢視戰後原住民族的訴求還我土地運動，旨在要求政府歸還其故有祖居地，和內部的自治運動。原住民族的這項復權運動，不但與強調臺灣公民自主意識的興起齊頭並進，並因其自身所具備的正統性訴求，影響了多重族群社會的重組與多元文化主義理念的抬頭。

　　特別是1975年警察沒收長老教會編撰的泰雅語聖經和讚美歌集，以及1981年山地長老教會遭各地方政府視作「違反使用保留地的外部團體」，而徵收高額地租，卻不問那究竟是建於原住民信徒所提供的山地保留地，或是租用國有地而興建的。1988年7月「臺灣原住民族還我土地運動聯盟」成立，並展開「爲求生存、還我土地」的遊行示威。

　　到了1993年，臺灣的原住民族呼應國際原住民族運動的「自然主權」與「民族自決」主張。因此，政府爲了平息原住民一連串的抗爭活動，遂於1996年12月成立「行政院原住民委員會」，1998年通過《原住民族教育法》、2001年公布《原住民身分法》，2002年改名「行政院原住民族委員會」，以及通過2005年《原住民族基本法》，但是有關原住民族等團體訴求憲法條文明確保障自治權，與土地權議題的抗爭，仍未完全獲得合理解決。

　　有關強調臺灣公民自主意識源起的另一種解讀，乃認爲是被日本殖民政府「以臺灣爲範圍」背景之抗日民族主義所發展出來的。此一抗日臺灣民族主義論述，由於在日本殖民主義下被視爲帝國的「二等臣民」，故在「本島人」的認同之間，儘管漢人內部準族群間各有其「邊界」（frontier），和文化上的「異質性」（alien），卻在殖民政策高壓統治下所形塑泛漢人

的所謂「臺灣人」認同，成爲銜接福佬人和客家人這兩大準族群之間的橋梁。此一「臺灣人」的概念，正是臺灣史上最早具有近代性意義的族群意識。[24]

承上而論，檢視族群認同，不管是閩南人、客家人、原住民或外省族群，從國家社會性格的角度而論，臺灣是一個移民社會，族群認同和文化認同隨著兩岸關係發展，慢慢轉變成文化尋根的層次，不要把族群認同擺在國家認同之上，臺灣發展需要的是融合多元文化，孕育共享。尤其是要共同建立「臺灣自我的歷史意識」與「世界史的定位」的新思維。[25]

換言之，解嚴治安所突顯的多元化社會性治安議題，也面臨多元化之後臺灣政治，呈現出一種圍繞著臺灣的濃厚「認同政治」、「認同文化」樣貌的挑戰，雖繼續強調要「把國家找進來」（Bringing in the State），但絕「不是要把社會踢出去」（But not kicking society out），強壯的經濟必然需要強壯的國家，而強壯的國家必然伴之以強壯的社會。因此，偏執的強調「國家中心論」或「社會中心論」的說法，關鍵乃在於如何建立多元化社會的容忍與尊重；或如何建立「多元化社會的競爭與正義」。

---

[24] 若林正丈，《戰後臺灣政治史──中華民國臺灣化的歷程》，（臺北：臺大出版中心，2014年3月），頁331-332。

[25] 例如2000年3月18日夜晚，有群眾認為外省籍無黨候選人宋楚瑜的功虧一簣，與國民黨候選人連戰的大敗，乃因採取臺灣化路線的李登輝總統（時兼國民黨主席）在暗地裡支持陳水扁所致，開始聚集到位於臺北市內的國民黨中央黨部前抗議，往後他們連日佔據周邊的公共道路，持續求李登輝辭去國民黨主席。22日宋楚瑜表明成立新政黨，24日李登輝表明辭去國民黨主席，國民黨總部前的群眾即逐漸散去。5月27日更發生外省籍退役軍人對卸任總統李登輝潑灑紅墨水加以侮辱的事件。這原是容易誘發族群的衝突事件，後因李登輝的不願追究，朝野的呼籲「族群和解」，事件才得以平息。

第六節　小結：轉型政府型態警察角色

　　溯自1987年7月1日政府公佈《動員戡亂時期國家安全法》，15日宣布臺灣地區解除戒嚴，開放黨禁、報禁與大陸探親。1988年1月政府為因應國家整體情勢變化，進行相關法令的制定與修正，諸如完成了終止動員戡亂時期，通過《資深中央民代自願退職條例》，廢除《懲治叛亂條例》；接著通過《國家安全法》、《人民團體法》、《集會遊行法》、《刑法》第一百條修正案、《組織犯罪防制條例》，以及1999年1月廢除《出版法》等攸關國內解嚴治安的重要法案。

　　尤其是1998年政府推出「治安內閣」，要整治社運流氓，維護社會治安。尤其是自1998年以降，因此陸續針對行政救濟制度的改革、行政執行法的修正，以及行政程序法、行政罰法的制定，透過我國行政法制的落實正當程序原則、周延保障人民權益、促進民眾參與的民主法治制度，直接衝擊著治安機關傳統執法思維與法治的內容。到了2007年7月包括長期以來被質疑有侵害人權之嫌的「戶口查察」工作亦走進歷史。

　　根據章光明對我國警察功能與包括人口、國民平均所得、高等教育人數、人民團體數、政治競爭率、警察領導專業程度的各政治發展變項間之相關係數研究指出，警察的執法功能與各國政治發展變項成高度正相關；而秩序維護功能與各變項則呈負相關。數字顯示我國半世紀以來，教育、經濟與社會力三者不斷成長，其中1987年解嚴以後成長的幅度尤為明顯，說明這三股力量提供了政治改革的基石，而政治改革的成就卻再度造就三者，使其不斷攀升發展。在此同時，也影響警察功能由

政權的維護導向秩序的執法。[26]

　　至於警察的服務性功能，則仍處於萌芽的階段。軍方和情治體系對警察機關的干預，是警察服務功能未能及早出現的重要原因之一。而該體系之所以存在，主要目的爲戒嚴時期防止中共的滲透。根據《戒嚴法》，戒嚴地區最高司令官的軍事指揮權及於行政官，警察乃成了政權保衛的工具。

　　解嚴以後，轉型政府型態隨著警備總部於1992年7月31日起的裁撤，隔年即成立海岸巡防司令部，以及2000年2月《海巡法》的通過，和成立行政院海岸巡防署，建構了軍管與海巡的分置。軍管區司令部於2002年3月1日正式修編爲國防部後備司令部，完成確立軍警分立制度，化解戒嚴時期的軍民對立狀態，警察的政治色彩漸淡，警察專業功獲得改進。

　　警察與軍人角色畢竟不同，軍人是要消滅敵人，警察則是沒有敵人，對於犯嫌是以教育爲目的，而非以敵人對待爲手段。[27]紀登斯（Anthony Giddens）指出，軍事力量與警備力量之間傾向於具有相當明確的差異，前者是「對外的」，而後者則是「對內的」。[28]

　　轉型政府型態的調整，警察角色才得以從戒嚴時期的「軍領」的「軍警察」調整爲「警管」的「官警察」角色。檢視歷

[26] 章光明，〈警察與政治〉，《警學叢刊》（第30卷第6期），（桃園：中央警大，2000年5月），頁177-202。

[27] 訪談顏世錫先生，2012年7月31日。感謝王政助理教授的協助。參閱：陳添壽、章光明，〈警察與國家發展之關係〉，章光明 主編，《臺灣警政發展史》，（臺北：內政部警政署、中央警察大學，2013年10月），頁19。

[28] Anthony Giddens, 胡宗澤 等譯，《民族-國家與暴力》，（臺北：左岸，2002年3月），頁18。

年來警察首長的由軍人轉任，直到了1990年8月以後，才首次由警察系統出身的莊亨岱出任警政署長。警察在國家發展中才逐漸從偏重「國家安全」、「維護政權」調整為兼顧「社會秩序」、「公共服務」的角色。

特別是解嚴治安，政府面臨體制轉型與產業升級的政治性和經濟性治安壓力，不但要改善因資本累積而造成的所得分配漸趨不均，及大量社福支出增加。同時，為全民健保與對青少年、婦女、殘障、勞工，及原住民的保護；政府也要維護市場機能，提供公平競爭的環境，對消費者、環境生態的保護，以及強調社會公平正義，警察角色也必須配合轉型政府型態，調整為重視傳輸福利與追求效率的公共服務。

因此，警察角色隨著解嚴後的政府轉型為法制化和專業化，特別是《社會秩序維護法》取代《違警罰法》。根據大法官釋字第166號解釋有關警察官署裁決之拘留、罰役，係關於人民身體自由所為之處罰，應改由法院依法定程序為之，以符合《憲法》第八條第一項之意旨，以及受第251號文解釋的影響，將自由剝奪之處罰回歸憲法。同時，警察任務也從「以軍領警」轉型為「警察專業」的型態，相關的警察業務調整，諸如消防、水上、移民、外事、保安等也都已經陸續「除警察化」，不再繼續執行「制服警察」的治安任務。

下 編
後現代警察與國家發展：臺灣警管治安年代（1987~迄今）

第九章　結論與建議

2008年總統大選的政黨再次輪替，警察與國家發展從轉型期進入民主的深化，更突顯警察依法行政的法治化功能，而有別於政黨是競爭或經營權力的目的，先分敵友而決定是非的模式；法治則是不問誰是敵友而依據法律斷是非。所以，除了修正《警察勤務條例》的完成法制化，2009年通過《行政院組織法》和實施的《公務人員行政中立法》，其中第九條規定公務人員不得為支持或反對特定之政黨、其他政治團體或公職候選人從事如站臺、拜票、主持集會、發起遊行或領導連署等高度政治性活動，卻也招來被批評箝制講學自由及剝奪政治權力等違反人權的質疑。亦即言論自由受到憲法保障，不得立法侵犯。

　　至於《集會遊行法》的修正也從早期「罵不還口、打不還手」的態度，調整為依法保障合法的憲法人權，將《集會遊行法》從本質上屬於一般禁止之特定行為的許可制，改為原則上視為人民權利的報備制，該修正草案已將室外集會、遊行事前許可制，修正為事前報備制，並於2012年5月送請立法院審議中。[1]

　　因此，警察與國家發展的強調法治治安為了確實保障人權，不但將沿用多年的戶警合一措施改採戶警分立制，戶口查察也改採具資訊隱私或自決權的家戶訪查方式來進行。加上，2009年簽署的〈公民與政治權利國際公約〉及〈經濟社會文

---

[1] 2014年3月21日大法官會議針對2008年底「野草莓」運動，群眾遭驅離所引發集會遊行法申請許可是否違憲作成718號解釋，集會遊行法採許可制合憲，但該法第9、12條「緊急偶發性狀況、24小時前申請許可」的規定，不符比例原則，宣告違憲，2015年1月1日後失效。

化權利國際公約〉[2]，以及警政署要求警察單位作筆錄不再按捺指紋，以尊重人權。2012年3月「雷震紀念館暨雷震研究中心」在政治大學成立，馬英九代表政府表示，政府面對歷史，沒有任何的禁區，對於過往白色恐怖的歷史，政府會誠實面對、誠實認錯、誠實道歉、誠實改錯。

換言之，民主法治化讓警察專業執法的功能得以發揮，讓民主鞏固擴大了人權保障的範圍，真正實現警察執法是為保障人權執法，達成平衡行使警察權的人權保障與治安任務，貫徹憲法人權保障旨在「限制國權，保障民權」，以民主為基礎來踐行法治國原則。

第一節　結論：臺灣治安三階段歷史變遷

綜合上論，本文將跨越4百多年臺灣治安史的結構與變遷，歸納表9-1：

---

[2] 這對於自1967年以來，即為首批簽署公約國家的中華民國而言，嗣因於1971年在失去聯合國的中國席位前未能批准公約。此後，中華民國政府便一直被排除在聯合國人權佈局外，不過這並不影響臺灣推行民主政治，自行履行公約內容。

表9-1　臺灣治安史的結構與變遷表

歷史分期	結構因素／治安階段	涉外性治安	國內治安			政府型態警察
			政治性治安	經濟性治安	社會性治安	
前現代傳統治安年代（～一八九五）	原住民時期民會治安階段（～1624）	失竊時代	村社型	自足式	氏族化	會議政府型態警察
	荷西時期商社治安階段（1624~1662）	大航海時代	重商型	複合式	多國化	公司政府型態警察
	鄭治時期軍屯治安階段（1662~1683）	近世國家時代	封建型	宗主式	土著化	受封政府型態警察
	清治時期移墾治安階段（1683~1895）	工業革命時代	皇權型	君主式	定著化	邊陲政府型態警察
現代軍領治安年代（一八九五～一九八七）	日治時期殖民治安階段（1895~1945）	民族主義時代	帝國型	統制式	內地化	軍國政府型態警察
	國治時期戒嚴治安階段（1945~1987）	極端主義時代	威權型	家父長式	黨國化	戡亂政府型態警察
後現代警管治安年代（一九八七迄今）	國治時期解嚴治安階段（1987~2008）	後冷戰時代	政黨型	夥伴式	多元化	轉型政府型態警察
	國治時期法治治安階段（2008~迄今）	全球化時代	民主型	市場式	公民化	服務性政府型態警察

資料來源：本文研究

表9-2　警察與國家發展關係的矩陣表

國家治安分期 ＼ 警察角色類別	維護政權（戰時軍人、國家安全）	執行法律（維護秩序、打擊犯罪）	公共服務（傳輸福利、追求效率）	警察在國家發展中的綜合性角色定位
前現代傳統治安年代（~1895）	○○○	○○	○	維護政權為主的警察角色，偏重抵禦外侮和強調國家安全。
現代軍領治安年代（1895~1987）	○○	○○	○○	執行法律為主的警察角色，偏重制定法令和維護社會秩序。
後現代警管治安年代（1987~迄今）	○	○○	○○○	公共服務為主的警察角色，偏重保障人權和促進服務效率。

資料來源：本文研究　○表示重視程度的強弱

　　根據表9-1、表9-2，本文研究發現：

　　一、臺灣在1895年以前，警察與國家發展的前現代傳統年代治安結構與變遷，涵蓋原住民族、荷西、鄭治到清治的四個階段。在涉外性治安上，歷經的是從失竊時代、大航海時代、近世國家時代，到工業革命時代的治安議題；在政治性治安上，歷經的是從村社型政治、重商型政治、封建型政治，到皇權型政治的治安議題；在經濟性治安上，歷經的是從自足式經濟、複合式經濟、宗主式經濟，到君主式經濟的治安議題；在社會性治安上，歷經的是從氏族化社會、多國化社會、土著化社會，到定著化社會的治安議題，而最後分別綜合形塑了警察

在國家發展中，從原住民時期的會議政府型態警察、荷西時期
的公司政府型態警察、鄭治時期的受封政府型態警察，到清治
時期的邊陲政府型態警察。

因此，臺灣前現代傳統治安主要以突顯在王權的集「官
制」、「法制」與「軍制」的複合體，透過代表王權的權力體
系統領治安，執行對內維護秩序、鞏固政權，和對外禦侮，扮
演捍衛國土家園與生命財產安全，而偏重戰時軍人與國家安全
的「維護政權」角色。

二、臺灣在1895~1987年，現代臺灣軍領治安年代結構與
變遷，涵蓋日治殖民治安和國治戒嚴治安的兩個階段。在涉外
性治安上，歷經自民族主義時代到極端主義時代的治安議題；
在政治性治安上，歷經自日治帝國主義型政治到國治威權主義
型政治的治安議題；在經濟性治安上，歷經自日治統制式經濟
到國治家父長式經濟的治安議題；在社會性治安上，歷經自日
治內地化社會到國治黨國化社會的治安議題，而最後分別綜合
形塑警察在國家發展中，從日治時期的軍國政府型態警察，到
國治時期的戡亂政府型態警察。

因此，臺灣現代軍領治安年代治安結構與變遷上，是透過
特殊法令規章的以實施軍領治安為主，而偏重秩序維護與打擊
犯罪的「執行法律」角色。

三、臺灣在1987~迄今，後現代警管治安年代結構與變
遷，涵蓋國治時期解嚴治安（1987~2008）和國治時期法治治
安（2008~迄今）的兩個階段。在涉外性治安上，歷經自後冷
戰時代到全球化時代的治安議題；在政治性治安上，歷經自政
黨型政治到民主型政治的治安議題；在經濟性治安上，歷經自
夥伴式經濟到市場式經濟的治安議題；在社會性治安上，歷經

自多元化社會到公民化社會的治安議題，而最後分別綜合形塑警察在國家發展中，從國治時期轉型政府型態警察，到法治政府型態警察。

　　因此，臺灣後現代警管治安年代結構與變遷上，警察與國家發展是突顯在保障和保護人民權益的能力，而偏重傳送福利與追求效率的「公共服務」角色。

　　最後，綜論臺灣治安史的結構與變遷，警察與國家發展關係從扮演戰時軍人與國家安全的「維護政權」角色，以及秩序維持與打擊犯罪的「執行法律」角色，而對於當前強調傳輸福利與追求效率的「公共服務」角色明顯比較不足。

　　今後當隨著政治民主的深化，警察角色已逐漸脫離較受爭議的工具性「維護政權」，而改以「依法維持公共秩序、保護社會安全、防止一切危害、促進人民福利」的目標，亦即在「執行法律」之外，強調緊守行政中立的加強警察專業，以促進警察服務的功能。這一結論，同時印證了美國警政發展從維護政權的政治干預時期、執行法律的改革時期，及公共服務的社區警政時期的三階段變遷。[3]

---

[3] See G. L. Kelling and M. H. Moore, *The Evolving Strategy of Policing*（Washington D. C. : National Institute of Justice, 1988）.

第二節　建議：服務性政府型態警察角色

面對日漸整合的全球經濟，人類面對的困境：是要選擇開放市場和開放社會所帶來的福利，把人們從貧窮中拉出來，透過技術階梯，一步步爬上更好、更有意義的生活，同時還要把基本的正義問題牢牢放在心上；或是要選擇拒絕這個機會，而擁抱保守主義、保護主義、民粹主義，或是所有這類的主義，在這樣的世界裡，當我們的身分受到攻擊，當我們看不到更好的選擇時，社區就因而凋敝。

2015年4月政府決議簡化警察所協辦的業務，警察不宜介入他機關權責，若有行政機關提出警察職務協助事項時，將回歸以《行政程序法》第19條及《行政執行法》第6條等規定辦理，行政機關訂定法令時，不宜再將警察列入協助，以促使警察工作更朝專業化服務。

根據圖9-1臺灣警察與國家發展關係的未來模式圖，當全球政經環境在前世紀的20世紀80年代以後，揆諸全球資本主義的市場經濟和政治民主化，是一條比較適合人類發展的路，或許可以將它稱之為「管理資本主義」（managed capitalism）。換言之，全球化時代的警察與國家發展隨著民主型政治性治安、市場式經濟性治安、公民化社會性治安的綜合性法治治安發展，形塑了服務性政府型態警察的偏重保障人權與促進服務效率的模式。

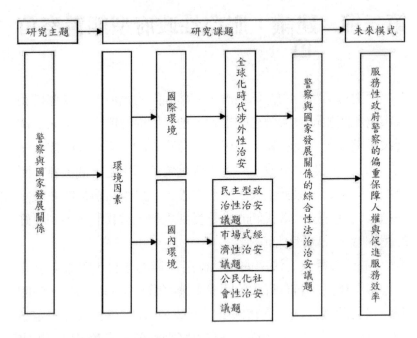

圖9-1　臺灣警察與國家發展關係的未來模式
資料來源：本文研究

　　因此，從政治與經濟整合理論乃是印證歷史性結構與變遷的途徑。當臺灣治安面臨全球化時代，在人類歷史發展的關鍵時刻，已經明顯地向世人指出，一個功能性國家（a functioning state）的存在，政治民主化、經濟市場化、社會公民化是一條比較符合法治治安的警察與國家發展關係模式。

　　特別是臺灣所處的國內外環境，警察與國家發展關係應朝向此主流價值前進，未來在面對國際強權與市場利益的挑戰之下，亦應該靈活因應當前社會高度互賴、互惠的新思維，並將其促使全球國家間建立國際性法令、規則、規範或組織來處理全球性共同治安的議題，以促進彼此合作機制（regimes），達成治安為人民服務，創造最高福祉的目標。

環伺當前國際陸續發生的全球金融風暴和恐怖主義的盛行，更警告世人所謂「美式資本主義」的缺失。對於美國企業倫理價值的破滅，更突顯政治與經濟整合理論來彌補過度強調自由市場經濟，無法使經濟成長雨露均霑的弊端。換言之，良好的治安就是必須提供一個有利於警察與國家發展關係的環境，亦即權力體系必須考慮統治的有效性和穩定性，因而需要民間社會的支持。同時，體認市場與政府的各有優缺點，彰顯其與政治經濟學的功能型理論相符，這不僅僅是發生在像美國這樣高度進步的警察與國家發展，也印證臺灣治安史結構與變遷的研究案例。

　　因此，展望未來全球化時代的涉外性治安，臺灣與國際強權關係必須建構在「相互主體性」和「歷史整合性」的思維下，重視政治經濟學功能主義整合理論的警察與國家發展關係，聚焦在國內涉及治安環境因素的民主型政治性治安、市場式經濟性治安，和公民化社會性治安所形塑綜合性的法治治安。警察與國家發展關係除了兼顧戰時軍人與國家安全的維護政權，更要朝向偏重於保障人權與促進服務效率的服務性警察角色。

　　多年來，個人嘗試整合人文與社會科學的通識教育內涵，本文即是跨學科整合研究的實證個案，自盼有助於警察與國家發展關係的建構「歷史警察學」，而建立服務性政府法治治安導向的專業警察角色，當能夠讓國人更深切體認到警察不再只是扮演單一性質的工具化角色。

　　最後，本論文的研究成果如能順利被接受，筆者也將再做修正後，並配合圖片，改寫成一套比較通俗文體的《臺灣治安史》，這是筆者下一階段的努力目標。

參考文獻

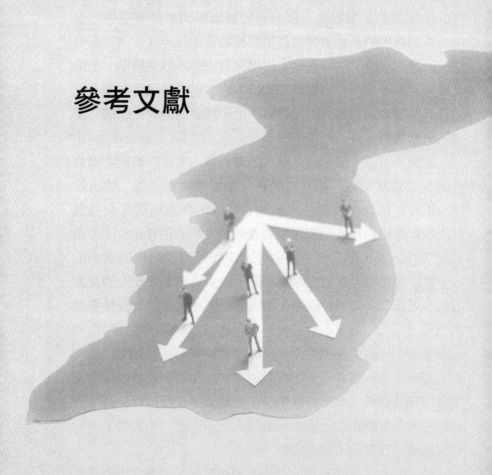

壹、中日韓文部分

一、一般史料、官書、口述、回憶錄、訪談、序言

中央警官學校編輯委員會,《六十年來的中國警察》,（臺北:中央警官學校,1971年12月）。

中央委員會秘書處,《中國國民黨第十四屆中央委員會第四次全體會議總紀錄》,（臺北:中央委員會秘書處編印,1996年8月）。

中國國民黨黨史會,《至公至誠的中國國民黨》,（臺北:近代中國社,1991年11月）。

中國國民黨黨營事業管理委員會,《中國國民黨參與投資事業簡介》,（臺北:中國國民黨,1995年8月）。

中國國民黨黨營事業管理委員會,《黨營事業面面觀》,（臺北:中國國民黨黨營事業管理委員會,1995年8月）。

內政部警政署,《中華民國（臺灣地區）警察大事記》,（臺北:內政部警政署,1995年12月）。

伊能嘉矩,國史館臺灣文獻館 編譯,《臺灣文化志（修訂版）》【上卷】,（臺北:國史館臺灣文獻館 編譯,2012年1月）。

行政院主計處,《社會指標統計年報2006》,（臺北:行政院主計處,2007年）。

行政院主計處,《1969~1991年中華民國中央政府總預算案》,（臺北:行政院主計 處）。

江日昇,《臺灣外記》,〈自序〉,收錄:《臺灣歷史演義》,（臺北:河洛圖書出版社,1981年5月）,頁

391。

李宗仁 口述，唐德剛 撰寫，《李宗仁回憶錄》（下冊），
　　（香港：南粵，1986年3月）。

李南衡 主編，《文獻資料選集—日據下臺灣新文學》（明集
　　5），（臺北：明潭出版社，1979年3月）。

段立生，〈鄭和與暹羅〉，曾玲 主編，《東南亞的「鄭和
　　記憶」與文化詮釋》，（安徽：黃山書社，2008年6
　　月），頁35-47。

施琅，〈平臺紀略碑記〉，臺灣史料集成編輯委員會 編，臺
　　灣史料集成 清代臺灣方志彙刊（第二冊），高拱乾 纂
　　輯、周元文 增修，《臺灣府志》，（臺北：文建會，
　　2004年11月），頁449。

許雪姬等 編註，《灌園先生日記（十二）一九四〇年》，
　　（南港：中央研究院臺灣史研究所，2006年9月）。

康綠島，《李國鼎口述歷史—話說臺灣經驗》，（臺北：卓
　　越，1993年9月）。

俞國華 口述 ，王駿 執筆，《財經巨擘—俞國華生涯行腳》，
　　（臺北：商智，1999年5月）。

張瑞誠 編，〈光復臺灣之籌劃與受降接收〉，《中國現代史
　　史料叢編》（第四集），（臺北：中國國民黨中央委員
　　會黨史會，1990年6月）。

黃得時，〈臺灣新文學運動概觀〉，李南衡 主編，《文獻資
　　料選集－日據下臺灣新文學》（明集5），（臺北：明
　　潭，1979年3月），頁269-324。

雷震 著，林淇瀁 校註，《雷震回憶錄之新黨運動白皮書》，
　　（臺北：遠流，2003 年9月）。

顏世錫先生訪談（2012年7月31日），王政，參閱：陳添壽、
　　章光明，〈警察與國家發展之關係〉，章光明 主編，
　　《臺灣警政發展史》，（臺北：內政部警政署、中央警
　　察大學，2013年10月），頁3-32。

陳第〈東番記〉，參閱：周婉窈，《海洋與殖民地臺灣論集》
　　【臺灣研究叢刊】，（臺北：聯經，2012年3月），頁
　　147-150。

陳純瑩，〈戶政、警政與役政〉，李國祁 總纂，《臺灣近代
　　史政治篇》，（南投：臺灣省文獻委員會，1995年6
　　月），頁433-456。

陳芳明（序），〈左翼抗日運動的新探索〉，盧修一，《日據
　　時代臺灣共產黨史》，（臺北：前衛出版社，1990年5
　　月），頁8-15。

國家發展會議秘書處，《經濟發展議題總結報告》，（臺北：
　　國家發展會議秘書處，1996年12月）。

經建會，《發展臺灣成為亞太營運中心計畫》，（臺北：經建
　　會，1995年4月）。

梁永煌，〈一二一家黨資事業總覽〉，《財訊》，（臺北：
　　1995年4月），頁102-108。

臺灣史料集成編輯委員會 編，臺灣史料集成 清代臺灣方志彙
　　刊 （第一冊），蔣毓英 纂修，《臺灣府志》，（臺
　　北：文建會，2004年11月）。

臺灣史料集成編輯委員會 編，臺灣史料集成 清代臺灣方志
　　彙刊 （第一冊），金鋐 主修，《康熙福建通志臺灣
　　府》，（臺北：文建會，2004年11月）。

臺灣史料集成編輯委員會 編，臺灣史料集成 清代臺灣方志彙

刊（第二冊），高拱乾 纂輯、周元文 增修，《臺灣府志》，（臺北：文建會，2004年11月）。

臺灣史料集成編輯委員會 編，臺灣史料集成 清代臺灣方志彙刊（第六冊），劉良璧 纂輯，《重修福建臺灣府志（上）》，（臺北：文建會，2005年6月）。

臺灣史料集成編輯委員會 編，臺灣史料集成清代臺灣方志彙刊（第九冊），六十七、范咸 纂輯，《重修臺灣府志（下）》，（臺北：文建會，2005年6月）。

臺灣總督府，《臺灣現勢要覽》，（臺北：臺灣總督府，1924年5月）。

臺灣總督府警務局，《臺灣總督府警察沿革誌》，（臺北：南天，1995年6月）。

臺灣總督府警務局 編，《臺灣總督府警察沿革誌（一）》，（臺北：臺灣總督府警務局1933年12月刊行，南天書局1995年6月重印）。

臺灣總督府警務局 編，《臺灣總督府警察沿革誌（三）》，（臺北：臺灣總督府警務局1939年7月刊行，南天書局1995年6月重印）。

臺灣總督府（作者不詳），《雲林沿革史》，收藏於中央圖書館臺灣分館，（出版地和年月不詳）。

臺灣總督府，《砂糖關係調查書》，（臺北：臺灣總督府，1903年2月）。

臺灣總督府殖產局 編，《產米的改良與增殖》，（臺北：臺灣總督府，1930年2月）。

臺灣總督府（1945年）編撰，山本壽賀子、曾培堂 譯，《臺灣統治概要》，（臺中：大社會文化事業出版社，1999

年3月）。

臺灣省行政長官公署，《臺灣省行政長官公署三月來工作概
　　要》，（臺北：行政長官公署，1946年）。

臺灣省行政長官公署，《臺灣省行政長官公署施政報告》，
　　（臺北：行政長官公署，1946年）。

臺灣省政府，《臺灣省總預算案》，（南投，臺灣省政府，
　　1991年）。

薛月順等 編註，《從戒嚴到解嚴—戰後臺灣民主運動史料彙
　　編（一）》，（臺北：國史館，2012年7月）。

謝嘉梁、林金田 訪問，劉澤民 紀錄，《文獻人生—洪敏麟
　　先生訪問錄/洪敏麟口述》，（南投：國史館臺灣文獻
　　館，2010年6月）。

蕭孟能，〈文星雜誌選集序言〉，蕭孟能，《文星雜誌選集》
　　（第一冊），（臺北：文星書店，1965年5月），頁
　　1-6。

二、專書及論文

下山一（林光明）自述，下山操子（林香蘭） 譯寫，《流轉
　　家族—泰雅公主媽媽日本警察爸爸和我的故事》，（臺
　　北：遠流，2011年12月）。

王振寰，《誰統治臺灣？轉型中的國家機器與權力結構》，
　　（臺北：巨流，1996年9月）。

王世慶，《清代臺灣社會經濟》，（臺北：聯經，1994年8
　　月）。

王曉波，《被顛倒的臺灣歷史》，（臺北：帕米爾出版社，
　　1986年11月）。

王作榮，《壯志未酬----王作榮》，（臺北：天下，1999年3月）。

中國國民黨黨營事業管理委員會，《黨營經濟事業的回顧與前瞻》，（臺北：中國國民黨黨營事業管理委員會，1994年12月）。

中村孝治，《荷蘭時代臺灣史研究上卷－－概說・產業》，（臺北：稻鄉，1997年12月）。

尹仲容，《我對臺灣經濟的看法》（初編），（臺北：行政院經設會，1963年11月）。

石原道博，《倭寇》，（東京：吉川弘文館，1996年10月）。

矢內原忠雄 著，周憲文 譯，《日本帝國主義下之臺灣》，（臺北：海峽學術出版社【重刊】，1999年10月）。

矢內原忠雄，《帝國主義下の臺灣》，（東京：岩波書店，1929年10月）。

矢內原伊作 著，李明峻 譯，《矢內原忠雄傳》，（臺北：行人文化實驗室，2011年3月）。

白先勇、廖彥博，《療傷止痛：白崇禧將軍與二二八》，（臺北：時報文化，2014年3月）。

臺灣研究基金會，《還財於民—國民黨黨產何去何從》，（臺北：商周，2000年7月）。

伊能嘉矩，國史館臺灣文獻館 編譯，《臺灣文化誌上卷》（修訂版），（臺北：臺灣書房，2012年1月）。

伊能嘉矩，《臺灣文化誌》（上卷），（東京（臺北）：刀江書院（南天書局翻印），1928（1994）年9月）。

江南，《蔣經國傳》，（臺北：前衛，1997年1月）。

寺奧德三郎 著，日本文教基金會 編譯，《臺灣特高警察物

語》，（臺北：文英堂，2000年4月）。

邢慕寰，《臺灣經濟策論》，（臺北：三民，1993年3月）。

李湧清，〈論當代民主社會中警察的角色與功能〉，《警學叢刊》（第30卷第6期），（桃園：中央警大，2000年5月），頁79-93。

李國鼎，《經驗與信仰》，（臺北：天下，1991年6月）。

李國鼎，《國鼎文集之八——臺灣的經濟計劃及其實施》，（臺北：資訊與電腦雜誌社，1999年2月）。

李國鼎，《國鼎文集之九——臺灣的工業化》，（臺北：資訊與電腦雜誌社，1999年2月）。

朱雲漢，〈寡占經濟與威權政治體制〉，收錄：臺灣研究基金會 主編，《解剖臺灣經濟—威權體制下的壟斷與剝削》，（臺北：前衛，1992年8月），頁139-160。

朱雲漢，〈九〇年代民主轉型期經濟政策制定的效率與公平性〉，收錄：朱雲漢、包宗和 編，《民主轉型與經濟衝突—九〇年代臺灣經濟發展的困境與挑戰》，（臺北：桂冠，2000年6月），頁1-26。

李登輝，《臺灣的主張》，（臺北：遠流，1999年5月）。

李筱峯，《臺灣戰後初期的民意代表》，（臺北：自立晚報社，1986年2月）。

李瑄根 原著，林秋山 譯註，《韓國近代史》，（臺北：中華叢書編審委員會，1967年3月）。

李炫熙，《韓國史大系（第八冊）－－日本強佔時期》，（漢城：三珍社，1979年8月）。

李國祁，〈政治近代化的肇始〉，《臺灣近代史（政治篇）》，（南投：臺灣省文獻委員會，1995年6月），

頁125-175。

李理，《日據臺灣時期警察制度研究》，（臺北：海峽，2007年12月）。

呂實強、許雪姬，〈政治制度與運作〉，李國祁總纂，《臺灣近代史》（政治篇），（南投：臺灣省文獻委員會，1995年6月），頁1-84。

村上直次郎，郭輝 譯，《巴達維亞城日記》，（臺北：臺灣文獻委員會，1970年6月）。

杜正勝，〈揭開鴻濛：關於臺灣古代史的一些思考〉，《福爾摩沙－－十七世紀的臺灣、荷蘭與東亞》，（臺北：故宮，2003年1月），頁125-144。

近藤正己，林果顯 譯，〈「皇民化」政策的形成〉，薛化元主編，《近代化與殖民：日治臺灣社會史研究文集》，（臺北：臺大出版中心，2012年4月），頁535-582。

吳若予，《戰後臺灣公營事業之政經分析》，（臺北：業強，1992年12月）。

吳文星，《日治時期臺灣的社會領導階層》，（臺北：五南，2012年2月）。

吳三連 等，《臺灣民族運動史》，（臺北：自立晚報社，1982年2月）。

孟維德，〈我國警政模式的變遷與發展—民國元年~一百年〉，中央警察大學行政警察學系暨警察政策研究所，《建國百年治安、警政變革與展望學術研討會論文集》，（桃園：中央警察大學，2011年5月24日），頁21-42。

孟維德，《國際警察合作與跨國犯罪防制》，（桃園：中央警

察大學，2000年9月）。

東嘉生，《臺灣經濟史研究》，（東京：東都書籍，1944年11月）。

周憲文，《臺灣經濟史》，（臺北：開明，1980年5月）。

周一夔，《美國歷任總統列傳》，（臺北：黎明，1986年2月）。

周婉窈，《臺灣歷史圖說（史前至一九四五年）》，（臺北：聯經，1997年10月）。

周勝政，《經濟警察概論》，（桃園：中央警察大學，1996年5月）。

柳書琴，《荊棘之道：臺灣旅日青年的文學活動與文化抗爭》，（臺北：聯經，2009年5月）。

林滿紅，《晚近史學與兩岸思維》，（臺北：聯經，2002年10月）。

林景淵，《濱田彌兵衛事件及十七世紀東亞海上商貿》，（臺北：南天書局，2011年9月）。

林呈蓉，《水野遵：一個臺灣未來的擘畫者》，（臺北：臺灣書房，2011年12月）。

林鐘雄，《臺灣經濟發展四〇年》，（臺北：自立晚報社，1993年3月）。

卓克華，《清代臺灣行郊研究》，（臺北：揚智，2007年2月）。

郁永河，《裨海紀遊》，（南投：臺灣省文獻委員會，1996年12月）。

郭廷以，《近代中國史綱》，（香港：中文大學，1976年9月）。

郭乾輝，《臺共叛亂史》，（臺北：中國國民黨中央委員會第
　　　六組，1954年4月）。

郭承天，〈有錢大家賺？民主化對金融體系的影響〉，收錄：
　　　朱雲漢、包宗和 編，《民主轉型與經濟衝突—九〇年
　　　代臺灣經濟發展的困境與挑戰》，（臺北：桂冠，2000
　　　年6月），頁75-111。

持地六三郎，《臺灣灣植民政策》，（東京：富山房，1912年
　　　2月）。

張漢裕與馬若孟（Ramon H. Myers）著，〈日本在臺殖民開發
　　　政策（1895-1906）－官僚經營的研究〉，收錄：金耀
　　　基等著，《中國現代化的歷程》，（臺北：時報出版公
　　　司，1990年11月），頁299-331。

張淵菘、章光明，〈臺灣警察業務發展史〉，《「臺灣警政
　　　回顧」成果發表會—臺灣地區警政發展史研究成果
　　　報告》，（桃園：桃園縣警察之友會，2011年11月7
　　　日），頁73-107。

張其昀，《黨史概要》（補編），（臺北：中央文物供應社，
　　　1979年3月）。

若林正丈，《戰後臺灣政治史—中華民國臺灣化的歷程》，
　　　（臺北：臺大出版中心，2014年3月）。

涂照彥 著，李明峻 漢譯，《日本帝國主義下的臺灣》，（臺
　　　北：人間，1993年11月）。

後藤新平、中村哲，《日本植民政策一斑》，（東京：日本評
　　　論社，1944年2月）。

徐振國，《中國近現代「國家」轉型和政商關係遞變》，（臺
　　　北：韋伯，2008年8月）。

袁文靖，《美國對華政策—繼續協防臺灣》，（臺北：國際現勢週刊，1978年12月）。

高朗，〈從整合理論探索兩岸整合的條件與困境〉，收錄：包宗和、吳玉山 主編，《爭辯中的兩岸關係理論》，（臺北：五南，2000年4月），頁41-75。

馬中慧，〈從戰後政經變遷論我國公共安全體系的發展〉，（桃園：中央警大犯罪防治研究所博士論文，2009年6月）。

宮川次郎，《臺灣の農民運動》，（臺北：拓殖通信社支社，1927年12月）。

陳奇祿，《民族與文化》，（臺北：黎明，1983年6月）。

陳其南，《臺灣的傳統中國社會》，（臺北：允晨文化，1997年10月）。

陳紹馨，《臺灣的人口變遷與社會變遷》，（臺北：聯經，1979年5月）。

陳芳明，《謝雪紅評傳》【全新增訂版】，（臺北：麥田，2009年3月）。

陳芳明，《臺灣新文學史（上）》，（臺北：聯經，2011年10月）。

陳師孟等，《解構黨國資本主義—論臺灣官營事業之民營化》，（臺北：澄社，1992年7月）。

陳國棟，〈轉運與出口：荷據時期貿易與產業〉，收錄：《福爾摩沙——十七世紀的臺灣荷蘭與東亞》，（故宮，2003年1月），頁53-74。

陳昭瑛，〈論臺灣的本土化運動：一個文化史的考察〉，《臺灣文學與本土化運動》【東亞文明研究叢書84】，（臺

北：臺大出版中心，2009年10月），頁97-175。

陳翠蓮，《臺灣人的抵抗與認同：1920~1950》，（臺北：遠流，2008年8月）。

陳添壽，《臺灣政經發展策略》，（臺北：黎明，1996年3月）。

陳添壽，〈政經轉型與警察角色的變遷之研究〉，《警學叢刊》（第33卷第2 期），（桃園：中央警大，2002年9月），頁31-54。

陳添壽，〈臺灣產業發展中的政府角色分析（1945-1995）〉，收錄：陳添壽，《文化創意與產業發展》，（臺北：蘭臺，2007年9月），頁193-342。

陳添壽，〈近代經濟思潮與臺灣產業發展之探討：政府和警察角色的變遷〉，《第 三屆通識教育教學觀摩資料彙集》，（桃園：中央警大，2007年12月），頁 1-37。

陳添壽，〈臺灣殖民化經濟與警察角色演變之探討〉，收錄：陳添壽，《臺灣經濟發展史》，（臺北：蘭臺出版社，2009年2月），頁539-583。

陳添壽，〈臺灣傳統治安與產業發展的歷史變遷〉，收錄：陳添壽等，《臺灣經濟發展史》，（臺北：蘭臺，2009年2月），頁494-537。

陳添壽，《臺灣治安制度史—警察與政治經濟的對話》，（臺北：蘭臺，2010年2月）。

陳添壽，《臺灣治安史研究—警察與政經體制的演變》，（臺北：蘭臺，2012年8月）。

連橫，《臺灣通史》（中），（南投：臺灣省文獻委員會，1976年5月）。

梁敬錞，《中美關係論文集》，（臺北：聯經，1982年12月）。

堀江忠男，李相斗 譯，《經濟體制變遷》，（漢城：三星文化財團，1973年3月）。

章光明，〈從政治改革論我國警察業務功能之演變〉，《中央警察大學學報》，（桃園：中央警大，1999年5月），頁1-34。

章光明，〈警察與政治〉，《警學叢刊》（第30卷第6期），（桃園：中央警大，2000年5月），頁177-202。

柯志明，〈農民、國家與農工部門－臺灣農業發展過程中家庭農場之存續與轉型 （1895－）〉，徐正光、蕭新煌 主編，《臺灣的國家與社會》，（臺北：東大，1996年1月），頁15-38。

柯志明，《番頭家—清代臺灣族群政治與熟番地權》，（臺北：中央研究院社會學研究所，2002年1月）。

柯志明，《糖米相剋－－日本殖民主義下臺灣的發展與從屬》，（臺北：勤學，2003年3月）。

許雪姬，《北京的辮子---清代臺灣的官僚體制》，（臺北：自立晚報社，1993年3月）。

許雪姬，《滿大人最後的二十年》，（臺北：自立晚報社，1993年3月）。

許介鱗，《英國史綱》，（臺北：三民，1981年2月）。

許介鱗，〈日據時期統治政策〉，李國祁總纂，《臺灣近代史》（政治篇），（南投：臺灣省文獻委員會，1995年6月），頁223-290。

許極燉，《臺灣近代發展史》，（臺北：前衛，2000年4

月）。

梅可望，《警察學原理》，（桃園：中央警大，2000年9
月）。

曹永和，《臺灣早期歷史研究》，（臺北：聯經，1979年7
月）。

曹永和，《臺灣早期歷史研究續集》，（臺北：聯經，2000年
10月）。

翁佳音，《荷蘭時代臺灣史的連續性問題》，（臺北：稻鄉，
2008年7月）。

翁佳音，〈原鄉：世變下的臺灣早期原住民〉，《福爾摩
沙－－十七世紀的臺灣、荷蘭與東亞》，（臺北：故
宮，2003年1月），頁103-124。

湯錦臺，《大航海時代的臺灣》【全新增修版】，（臺北：如
果出版社，2011年11月）。

葉榮鐘 等，《臺灣民族運動史》，（臺北：自立晚報社，
1982年2月）。

費孝通，〈論紳士〉，收錄：《皇權與紳權》，（上海：觀察
社，1948年12月）。

劉玉珍，《鐵頭風雲—趙耀東傳奇》，（臺北：聯經，1995年
9月）。

楊永年，〈警察行為〉，《警學叢刊》（第30卷第6期），
（桃園：中央警大，2000 年5月），頁203-216。

楊明基，《從無名英雄到有名英雄—戴雨農先生的奮鬥過
程》，（臺北：正中，1977 年1月）。

趙既昌，《財經生涯五十年》，（臺北：商周文化，1984年7
月）。

黎東方，《細說明朝》第一冊，（臺北：文星書店，1965年11月）。

鶴見俊輔 著，邱振瑞 譯，《戰爭時期日本精神史》，（臺北：行人文化實驗室，2008年1月）。

賴澤涵，《臺灣光復初期歷史》，（南港：中央研究院中山人文社會科學研究院，1993年12月）。

薛化元，《臺灣開發史》，（臺北：三民，2008年1月）。

謝國興，《亦儒亦商亦風流：陳逢源（1893~1982）》，（臺北：允晨，2002年6月）。

韓延龍、蘇亦工 等箸，《中國近代警察史》，（北京：社會科學文獻出版社，2000年1月）。

聶華苓，《三輩子》，（臺北：聯經，2011年5月）。

藍奕青，《帝國之守：日治時期臺灣的郡制與地方統治》，（臺北：國史館，2012年7月）。

鄭善印，〈警察與法律〉，《警學叢刊》（第30卷第6期），（桃園：中央警察大學，2000年5月），頁141-176。

鄭梓，《臺灣議會政治四○年》，（臺北：自立晚報社，1987年10月）。

鄭維中，《荷蘭時代的臺灣社會：自然法的難題與文明進化的歷程》，（臺北：前衛，2004年7月）。

鄭廣南，《中國海盜史》，（上海：華東理工大學，1998年12月）。

戴炎輝，《清代臺灣之鄉治》，（臺北：聯經，1979年5月）。

戴寶村，《近代臺灣海運發展—戎克船到長榮巨舶》，（臺北：玉山，2000年12月）。

戴天昭，《臺灣國際政治史》，（臺北：人間，1997年1月）。

鹽見俊二，〈警察與經濟〉，收錄：周憲文，《臺灣經濟史》，（臺北：開明，1980年5月），頁947-983。

蕭全政，《臺灣地區新重商主義》，（臺北：國家政策研究資料中心，1989年4月）。

蕭新煌、徐正光 主編，《臺灣的國家與社會》，（臺北：東大，1996年1月）。

貳、西文部分

一、一般史料及譯書

Andrade, Tonio. 鄭維中 譯，《福爾摩沙如何變成臺灣府》，（臺北：遠流，2007年2月）。

Andrade, Tonio. 鄭維中 譯，《決戰熱蘭遮：歐洲與中國的第一場戰爭》，（臺北：時報文化，2012年12月）。

Bensel, Richard Franklin. 吳 亮 等譯，《美國工業化政治經濟學（1877~1990）》，（吉林：長春出版社，2008年1月）。

Blake, Robert. 張青 譯，《怡和洋行》，（臺北：時報文化，2001年8月）。

Borao, Jose Eugenio. 邢瓜 譯，《西班牙人的臺灣經驗（1626~1642）——一項文藝復興時代的志業及其巴洛克的結局》，（臺北：南天，2008年12月）。

Brook, Timothy. 方駿 等譯，《縱樂的困惑：明朝的商業與文

化》，（臺北：聯經，2004年2月）。

Braudel, Fernand. 施康強 等譯，《15至18世紀的物質文明、經濟和資本主義》（卷一~三），（臺北：貓頭鷹，2000年3月）。

Davidson, James W. 陳政三 譯註，《福爾摩沙島的過去與現在》【上、下冊】，（臺北：國立臺灣歷史博物館，2014年9月）。

Gendre, C. W. Le 黃怡 譯，《南臺灣踏查手記》，（臺北：前衛，2012年11月）。

Giddens, Anthony. 胡宗澤 等譯，《民族-國家與暴力》，（臺北：左岸，2002年3月）。

Hobbes, Thomas. 朱敏章 譯，《利維坦》，（臺北：商務，2002年9月）。

Hobsbawn, Eric. 鄭明萱 譯，《極端的年代1914-1991）》（上冊），（臺北：麥田，1996年11月）。

Hobsbawn, Eric. 鄭明萱 譯，《極端的年代（1914-1991）》（下冊），（臺北：麥田，1997年2月）。

Kerr, George H. 詹麗茹 等譯，《被出賣的臺灣》，（臺北：臺灣教授協會，2014年2月）。

North, Douglass C. 劉瑞華 譯，《經濟史的結構與變遷》，（臺北：時報文化，1999 年10月）。

Smith, Adam. 謝宗林、李華夏 譯，《國富論》，（臺北：先覺，2000年8月）。

Smith, Adam. 謝宗林 譯，《國富論II》，（臺北：先覺，2005年10月）。

Taylor, Jay. 林添貴 譯，《蔣介石與現代中國的奮鬥（下

卷）》，（臺北：時報文化，2010年3月）。

Taylor, Jay. 林添貴 譯，《蔣經國傳》，（臺北：時報文化，
　　2000年10月）。

Tocquerville, Alexis de. 秦修明 等譯，《民主在美國》，（臺
　　北，貓頭鷹，2000年4月）。

Weber, Max. 于曉 等譯，《新教倫理與資本主義精神》，（臺
　　北：左岸，2001年6月）。

Wecter, Dixon. 秦傳安 編譯，《經濟大蕭條時代》，（臺北：
　　德威，2009年1月）。

Zandvliet, Kees. 鄭維中 譯，〈經緯：地圖與荷鄭時代的臺
　　灣〉，收錄《福爾摩沙－－十七世紀的臺灣、荷蘭與東
　　亞》，（臺北：故宮，2003年1月），頁33-52。

江樹生 譯註，《熱蘭遮城日誌》（共四冊），（臺南市：臺
　　南市政府，2000年8月、 2002年7月、2003年12月、2011
　　年5月）。

程紹剛 譯註，《荷蘭人在福爾摩莎》（De VOC en
　　Formosa,1624-1662），（臺北：聯經，2000年10月）。

二、專書

Alt, James E. and K. Alec Chrystal, *Political Economics* (California:
　　California University Press, 1983).

Arrighi, Giovanni *The Long Twentieth Century: Money, Power, and
　　the Origins of Our Times* (N. Y.: Oxford University Press,
　　1999).

Blusse, L. "Minnan-jen or Cosmopolitan? The rise of Cheng
　　Chih-lung alias Nicolas Iquan", in E. B. Vermeer, ed.,

Development and decline of Fukien province in the 17th and 18th centuries (Leiden, 1990).

Braudel, Fernand. *The Perspective of the World-Civilization and Capitalism, 15th-18th Century. Vol.3* (N.Y.: Harper and Raw, 1979).

Cambell, W. *Formosa under the Dutch* (Taipei：SMC Publishing Inc., 1992), pp.174-186.

Croce, Giovanni. *The New Cambridge Modern History, Vol.I* (Cambridge: Cambridge University Press, 1961).

Evans, Peter Dietrich Rueschemeyer and Theda Skocpol, *Bringing the State Back in* (Cambridge: Cambridge University Press, 1985).

Evans, Peter. *Embedded Autonomy: States and Industrial Transformation* (Princeton: Princeton University Press, 1995).

Fairbank, J. K. & Merle Goldman, *China:A New History*(N. Y.: Harvard University Press, 1991).

Galbraith, J. K. *The Age of Uncertainty* (N. Y.: Houghton Mifflin, 1977).

Giddens, Anthony. *The Nation-State and Violence* (Cambridge: Polity Press,1985).

Giddens, Anthony. *Mordern Social Theory* (Cambridge: Polity Press,1988).

Giddens, Anthony. *The Third Way：The Renewal of Social Democracy* (Cambridge: Polity Press, 1998).

Gilpin, Robert. *The Political Economy of International Relations* (N. J.：Princeton University Press, 1987).

Goddard, W. G. *Formosa: A study in Chinese History* (London:

MacMillan, 1966).

Hobsbawn, Eric. *The Age of Revolution 1789-1848* (N. Y. : New American Library,1962).

Huang, Ray. (黃仁宇)，*China: A Macro History* (Armonk: M. E. Sharpe, 1990).

Huntington, Samuel P. *The Third Wave—Democratization in the Last Twentieth Century* (Norman: University of Oklahoma Press, 1991).

Jessop, Bob. *The Capitalist State* (Oxford: Martin Robertson, 1982).

Jessop, Bob. *State Theory: Putting Capitalist State in Their Place* (Cambridge: Polity, 1990).

Keene, Edward. *Beyond the Anarchical Society: Grotius, Colonialism and Order in World Politics* (Cambridge: Cambridge University Press, 2002).

Kelling, G. L. and M. H. Moore, *The Evolving Strategy of Policing* (Washington D. C. : National Institute of Justice, 1988).

Kennedy, Paul. *The Rise and Fall of the Great Power: Economic Change and Military Conflict From 1500 to 2000* (N.Y.: Random House, 1987).

Keohane, Robert O. *After Hegemony: Cooperation and Discord in the World Political Economy* (Princeton: Princeton University Press, 1984).

Kindleberger, Charles P. *Power and Money: The Economics of International Politics and the Politics of International Economics* (New York: Basic Books, 1970).

Kuhn, Thomas S. *The Structure of Scientific Revolutions* (Chicago:

Chicago University Press, 1962).

Landes, David S. *The Wealth and Poverty of Nations* (N. Y.: W. W. Norton,1999).

Mankiw, N. Gregory. *The Principles of Economics* (Ohio: South-Western, 2004).

Moulder, Frances V. *Japan, China and the Modern World Economy* (Cambridge: Cambridge University Press, 1977).

North, D. C. Institutions, *Institutional Change and Economic Performance* (Cambridge: Cambridge University Press, 1990).

Porter, Michael E. *Competitive Advantage: Creating and Sustaining Superior Performance* (New York: The Free Press, 1985).

Skocpol, Theda. *States & Social Revolutions* (Cambridge：Cambridge University Press,1979).

Viner, Jacob. *The Long View and The Short: Studies in Economic Theory and Policy* (New York: Free Press, 1958).

Wallerstein, Immunal. *The Modern World-System, Vol.1: Capitalist Agriculture and the Origins of the European World-Economy in the Sixteenth Century* (New York: Academic Press, 1974).

Wallerstein, Immunal. *The Modern World-System, Vol.2: Mercantilism and Consolidation of the European World-Economy,1600-1750s* (New York: Academic Press, 1980).

Wallerstein, Immunal. *The Modern World-System, Vol.3: The Second Era of Great Expansion of the Capitalist World-Economy, 1730-1840s* (New York: Academic Press, 1989).

索引

十二劃

國家圖書館出版品預行編目資料

警察與國家發展：臺灣治安史的結構與變遷 / 陳添壽 著
--初版-- 臺北市：蘭臺, 2015.11
面； 公分. -- (臺灣史研究叢刊；14)
ISBN 978-986-5633-16-5(平裝)
1.警政史 2.國家發展 3.臺灣
　　　　575.8933　　　　　　　　　　　　　104019233

臺灣史研究叢刊14

警察與國家發展：臺灣治安史的結構與變遷

作　　者：陳添壽
美　　編：高雅婷
編　　輯：高雅婷
封面設計：林育雯
出 版 者：蘭臺出版社
發　　行：博客思出版社
地　　址：臺北市中正區重慶南路1段121號8樓14
電　　話：（02）2331-1675或（02）2331-1691
傳　　真：（02）2382-6225
E—MAIL：books5w@gmail.com或books5w@yahoo.com.tw
網路書店：http://bookstv.com.tw/、http://store.pchome.com.tw/yesbooks/、
　　　　　http://www.5w.com.tw/
　　　　　博客來網路書店、博客思網路書店、華文網路書店、三民書局
總 經 銷：成信文化事業股份有限公司
劃撥戶名：蘭臺出版社 帳號：18995335
香港代理：香港聯合零售有限公司
地　　址：香港新界大蒲汀麗路36號中華商務印刷大樓
　　　　　C&C Building, 36,Ting, Lai, Road, Tai,Po, New,Territories
電　　話：（852）2150-2100　傳真：（852）2356-0735
出版日期：2015年11月 初版
定　　價：新臺幣380元整（平裝）
ISBN：978-986-5633-16-5